■

카먼 아임스의 따뜻하고 친근한 문체 때문에, 독자들은 이 책에 담긴 성경 이야기의 힘과 방대함을 첫눈에 알아채지 못할 수도 있다. 창세기부터 요한계시록까지, 창조부터 새 창조까지, 아임스는 모든 인간이 하나님의 형상으로 창조되었다는 중심 주제를 탐구하면서 중요하고 도전적인 질문들을 빠짐없이 다룬다. 현명하고 유능한 안내자인 아임스는 명료함, 격려, 도전을 줄 뿐 아니라, 독자들이 더 깊이 파고들 수 있도록 수많은 다른 안내자들도 소개한다. 『하나님의 이름을 새기다』와 함께, 『하나님의 형상을 비추다』는 창조적 번영에 대한 영향력 있는 기독교 신학서로 자리매김할 것이다.

에이미 필러, 휘튼 칼리지 신약학 부교수

■

자신이 누구인지 진정으로 알기 위해서는 자신이 어디에서 왔는지 알아야 한다. 카먼 아임스는 이 생각을 진지하게 받아들이고, 창세기를 비롯한 다른 성경 구절들을 살피면서 창조, 특히 하나님의 형상을 지닌 존재로서 인간의 역할에 대한 하나님의 계획을 포착한다. 개인의 정체성과 소명, 그리고 동료 인간을 사랑하고 존중하며 협력하는 방법에 대한 지혜를 찾고 있다면, 이 책은 훌륭하고 든든한 길잡이가 될 것이다.

니제이 K. 굽타, 노던 신학교 신약학 교수

■

통찰력 있고 아름답게 쓰인 이 책은 심오한 신학적 깊이를 제공할 뿐 아니라, 창조 세계의 번영에 깊이 관여하는, 삶의 모든 영역에 걸친 실천적인 제자도를 제시한다. 나는 카먼 아임스의 지혜와 학문적 성과, 그리고 인간이 된다는 것이 무엇을 의미하는지에 대한 설득력 있는 비전에 깊이 감사한다.

도미닉 돈, *Your Longing Has a Name and When Faith Fails: Finding God in the Shadow of Doubt* 저자

■

『하나님의 이름을 새기다』의 후속작인 이 책에서, 카먼 아임스는 '하나님의 형상'(imago Dei)에 대한 탁월하고 설득력 있는 연구를 제공한다. 『하나님의 이름을 새기다』가 하나님의 백성이 지닌 고유한 소명을 강조한다면, 『하나님의 형상을 비추다』는 모든 인류가 공유하는 놀라운 지위, 존엄성, 가치를 전면에 내세운다. 하나님의 형상을 비추는 것은 하나님의 이름을 새기는 것과 분리될 수 없지만, 그 구분은 중요하다. 특히 성별, 장애, 인종, 고통, 공동체에 대해 생각할 때 그렇다. 독자들은 이 풍성한 성경적-신학적 만찬을 즐기면서 아임스가 자신의 여정에서 만난 이야기와 사람들을 접하게 되는데, 이 이야기와 사람들은 우리 모두를 자신의 형상으로 창조하신 분의 다채로운 빛과 생명을 반영한다.

매튜 린치, 리젠트 칼리지 구약학 부교수, *Flood and Fury: Old Testament Violence and the Shalom of God* 저자

■

『하나님의 형상을 비추다』는 인간이 된다는 것이 무엇인지를 성경이 어떻게 설명하는지 이해하는 데 유용한 안내서다. 카먼 아임스는 폭넓은 학문적 지식과 간결한 문체로 글을 써 내려가면서, 우리가 진정한 자신의 모습을 인식하고 창조주 및 다른 이들과 평화롭게 공존할 수 있도록 용기를 북돋아 주는 희망적인 비전을 제시한다.

데니스 R. 에드워즈, 노스파크 신학교 학장

■

아름답게 쓰이고 명확하게 제시된 『하나님의 형상을 비추다』는 성경을 통한 멋진 여정으로 독자를 이끌어 준다. 카먼 아임스는 하나님의 형상이 되도록 부르심을 받고 그분의 이름을 새기게 된 피조물로서의 경이로움을 명확하게 보여 줌으로써, 우리가 하나님의 형상으로 창조되었다는 것이 얼마나 놀라운 일인지 일깨운다.

마크 코르테즈, 휘튼 칼리지 신학교수

■ 카먼 아임스는 '성경 전체를 아우르며' 인간이 하나님의 형상이라는 개념을 성공적으로 다루었을 뿐 아니라, 창조세계라는 더 큰 맥락에서 그 개념을 고려하도록 독자를 이끌어 간다. 독자들은 아임스가 책 곳곳에 삽입한 통찰력 있는 보충설명을 통해 더 많은 유익을 누릴 것이다. 아임스는 기독교인들에게서 흔히 의견이 갈리는 쟁점들을 능숙하게 헤쳐 나가며, 광범위한 기독교 독자들에게 큰 유익이 될 중요한 성서학 작품을 만들어 냈다.

매트 휘트먼, The Ten Minute Bible Hour 제작자이자 진행자

■ 하나님의 형상은 성경 이야기와 기독교 신앙에서 가장 근본적인 개념 중 하나다. 하지만 이는 밀도 높고 다층적인 개념으로, 우리가 세상 속에서 인간의 역할과 하나님과의 관계를 이해하는 방식에 엄청난 함의를 지닌다. 카먼 아임스는 이 중요한 성경적 주제에 대한 이해하기 쉬우면서 심오한 탐구를 제공한다. 아임스는 이 개념이 고대 성경적 맥락에서 무엇을 의미했는지, 그리고 이 개념이 오늘날 예수님의 이야기와 그분을 따르는 이들의 사명으로 어떻게 연결되는지 보여 준다.

팀 맥키, 바이블 프로젝트 공동 설립자

■ 카먼 아임스가 다시 한 번 기독교의 핵심 개념인 하나님의 형상을 가져와, 이 개념이 어떻게 성경 저자들의 상상력 속에 깊이 짜여 있는지를 보여 준다. 아임스는 교회로 하여금 성경에 담긴 지적 세계의 아름다움과 정교함을 볼 수 있도록 돕는 재능을 지니고 있다. 이 책은 추상적인 사변과 거리가 멀며, 세상을 향한 하나님의 핵심적인 사명에 우리를 단단히 붙들어 매고, 하나님의 형상으로 존재한다는 것이 공동체와 일상생활에 어떻게 직접적인 영향을 미치는지 보여 준다. 아임스의 유능한 손길을 통해 성경의 깊은 구조가 생생하게 살아난다. 이런 책을 찾고 있었다!

드루 존슨, 킹스 칼리지 성서학 및 신학 부교수, *Biblical Philosophy: A Hebraic Approach to the Old and New Testaments* 저자

하나님의 형상을 비추다

Originally published in English under the title: *Being God's Image*
by Carmen Joy Imes
Copyright © 2023 by Carmen Joy Imes, Published by InterVarsity Press, 430 Plaza Drive,
Westmont, IL 60559, USA. www.ivpress.com.
All rights reserved.
License arranged through rMaeng2, Seoul, Republic of Korea.

This Korean translation edition © 2025 by Scripture Union Korea, Seoul, Republic of Korea.

이 한국어판의 저작권은 알맹2를 통하여 미국 InterVarsity Press와 독점 계약한 성서유니온에 있습니다.
신 저작권법에 의하여 한국 내에서 보호받는 저작물이므로 무단 전재와 무단 복제를 금합니다.

카먼 조이 아임스

서재은 옮김

하나님의
형상을
비추다

Being God's Image

역사는 중요하다.
왜냐하면 인간이 중요하기
때문이다. 인간이 중요한
이유는 창조세계가 중요하기
때문이다. 창조세계가 중요한
이유는 창조주가 중요하기
때문이다.…이 세상은
하늘에서와 같이 땅에서도
하나님 나라가 임해야
할 곳이다.
단지 새로운 영성이나
문제에서 벗어날 수 있는
편도 티켓, 즉 현실
세계로부터의 도피만을
제공하는 것이 창조세계에 대한
어떤 관점, 정의에 대한
어떤 관점에
도움이 될 수 있을까?
_ N. T. 라이트

차례

추천서문. 리처드 미들턴　13

　　서론　19

1부. 하나님의 세상을 살아가는 인간

1. 창조의 패턴　29
2. 창조의 면류관　51
3. 일의 시작　69
4. 인간의 계획　89

　　인터미션 / 형상을 비추고 이름을 새기다　106

2부. 지혜의 길

5. 인간의 추구　113
6. 인간의 고통　133

3부. 하나님의 새로운 세상을 살아가는 인간

7. 인간이신 예수　155
8. 새로운 인류　183
9. 사랑하는 공동체　205
10. 창조세계에서 새 창조세계로　231

　　결론　255

감사의 말　263
바이블 프로젝트 관련 영상　268
토론 질문　271
주　277
보충설명 주　292
참고문헌　296

추천서문

리처드 미들턴

나는 인간이 하나님의 형상(라틴어로 '이마고 데이')이라는 개념에 오랫동안 매료되어 왔다. 십대 시절에 나는 수줍음이 많고 자신감이 없었다. 하지만 하나님의 형상대로 지음받았다는 생각은 내가 청소년기를 보내는 데 큰 영향을 미쳤다. 처음에는 하나님의 형상대로 지음받았다는 개념이 무엇을 의미하는지 온전히 확신하지 못했지만, 그 개념은 내게 정체성을 부여했고, 내가 하나님께 가치 있는 존재며 나에게 세상에서 해야 할 역할이 있음을 함의했다.

하나님의 형상에 대해 처음 접한 해석은 내가 "YMCA 모델"이라고 부르는 것이었다. 내가 십대 때 접한 대중적인 신학은 '인간이 하나님처럼 지성, 감정, 의지를 지니고 있기 때문에, 하나님을 닮았다'는 주장이었다.[1] YMCA는 영적, 정서적, 지적, 사회적, 신체적 능력을 골고루 개발하여 균형 잡힌 인재를 양성하는 것을 목표로 했다. 완전히 같은 것은 아니지만, 인간이 하나님의 형상이라는 개념을 나는 YMCA 모델로 생각하게 되었다.

얼마 지나지 않아, 프란시스 쉐퍼(Francis Schaeffer)의 책을 읽다가 하나님의 형상이 우리의 인격 자체에 있으며 인간은 무한하고 인격적인 하나님을 반영하는 유한한 존재라는 좀 더 미묘한 제안을 접했다.[2] 쉐퍼는 현대 사회의 특징으로 관찰된 인간의 비인간화에 대응하기 위해 이 제안을 했고, 이는 귀중한 통찰이었다.

하지만 안타깝게도 쉐퍼의 제안과 YMCA 모델은 두 가지 문제를 안고 있었다. 첫째, 내적 인격('영적' 실체)에 집중하기 때문에, '이마고 데이'가 외부 세계에서는 우리의 구체화된 삶과 관계가 없는 것처럼 보인다는 것이다. 더 중요한 것은 둘째 문제인데, 둘 다 성경에 뿌리를 두지 않았다는 것이다.

내가 신학교에서 성경을 진지하게 공부하기 시작한 것은 열여덟 살 때였다. 나는 이 기간 동안 창세기의 앞부분을 공부했고, 하나님의 형상이 이 땅에서의 우리의 생활과 본질적으로 연결되어 있음을 인식하게 되었다. 창세기 1:26-28에 따르면, 인간은 하나님의 형상대로 창조되었으며 동물을 '다스리고' 땅을 '정복할' 권한을 부여받았다. 창세기 1장이 기록된 고대 세계의 정황을 고려할 때, 이는 동물을 가축으로 삼는 것과 농업을 의미했다. 농작물을 심고, 토지를 생산적으로 만들고, 동물을 식량과 노동력으로 활용함으로써, 복잡한 인간 사회가 발전하는 데 필요한 지속 가능한 식량 공급을 창출할 수 있다.

당시 정황에 따라 해석하면, '이마고 데이'는 땅을 경작하고 잠재력을 개발해야 하는 인간의 소명에 근거를 두고 있다.[3] 창세기 4장에서 최초의 도시(또는 정착지) 건설, 가축 사육의 기원, 야금술의 시작, 음악의 발전이 묘사되는 것은 당연한 일이다. 이러한 일들은 인간이 지상의 환경과 상호 작용하여 새로운 문화적 발전을 가져옴으로써 하나님의 형상을 드러냈기 때문에 생겨난 것이다. 우리는 하나님을 영화롭게 하는 방식으로 일상적인 인간 활동에 참여함으로써, 우주의 창조주이자 창조세계의 왕이신 하나님의 통치를 삶으로 나타낸다.[4]

갑자기 하나님의 형상이 더 이상 미묘한 '영적' 영역에 국한되지 않고 현실 세계에서의 나의 구체적인 삶에 말을 걸어온 것이다. 이렇게 구체화된 하나님 형상에 대한 감각은 나로 하여금 성경이 이 세상을 (비록 타락했지만) 선한 것으로 긍정하며, 하나님이 그리스도의 죽음과 부활을 통해 세상을 회복함으로써 신자들뿐 아니라(고후 5:17) 하늘과 땅 전체를 위한 새 창조를 이루려 하셨다고(계 21:1)[5] 인식하도록 만들었다.

그렇다면 이 세상에서 나의 역할은 무엇일까? 자신에 대한 이해는 '이마고 데이'의 첫 번째 함의였다. 나는 하나님이 인간(그리고 그리스도인, 즉 나를 포함한 거듭난 인간)이 축복과 치유의 주체로서 세상에 참여하길 원하신다는 것을 알게 되었다.

'이마고 데이'에 대한 이러한 '소명적'(vocational) 이해는 나에게 예술과 시에 대한 관심을 다시 불러일으키기 시작했고, 세계 문제와 역사를 이해하려는 열망을 불러일으켰으며, 해변과 산으로 하이킹을 떠나게 했고, 공동체에 참여하고 우정을 소중히 여기게 했다. 또한 성경을 가르치는 소명과 인간이라는 존재의 의미에 대한 이 놀라운 비전을 다른 사람들과 나누고 싶은 열망을 느끼게 했다(그리고 그 열망에 응답하게 했다).

카먼 아임스도 이 비전과 비슷한 소명에 사로잡혀 있다. 『하나님의 형상을 비추다』는 인간이 된다는 것이 무엇을 의미하는지에 대한 다양한 차원을 폭넓게 탐구한다. 그녀는 우리가 누구든, 정신적 육체적 능력이 어떠하든, 하나님의 형상이 어떻게 우리 정체성의 근거가 되는지에 대해 이야기한다. 그녀는 하나님의 궁극적인 창조 목적에 대한 우리의 소망을 바탕으로, 하나님의 형상이 이 땅에서 우리의 소명에 어떤 의미를 지니는지 탐구한다. 또한 인간의 성과 육체성, 장애, 인종차별, 고통과 죽음, 기도와 탄식, 하나님과의 친밀감 등에 대해서도 유익하게 다루고 있다.

그러나 이 책은 하나님의 형상이라는 주제나 인간이 된다는 것이 어떤 의미인지에 대한 주제를 훨씬 뛰어넘는다. 인간이 된다는 것이 어떤 의미인지에 대한 카먼의 폭넓은 탐구가 이 책의 핵심이지만, 카먼은 그 외에도 많은 주제를 다루고 있다.

카먼은 하나님의 이름을 지녀야 하는 이스라엘의 소명(이전에 쓴 두 권의 주제)과 세상에서 하나님을 대표해야 하는 더 광범위한 인간의 소명 사이의 관계를 명확히 한다.[6] 그녀는 예수님의 인성, 즉 그분의 연약함, 사명, 승리를 탐구한다. 그녀가 예수님의 죽음, 부활, 승천, 재림의 의미를 간략하게 기술하는 작업은 인간이 된다는 것의 의미를 탐구하는 데 핵심적인 틀을 제공한다. 책 곳곳에 에베소서에 나오는 유대인과 이방인의 관계, 로마서 8:28의 진정한 의미, 창세기 11장의 바벨탑, 전도서에 나오는 히브리어 '헤벨'의 의미(허무함이나 헛됨, 인생이 무의미하다는 뜻이 아님) 등 귀중한 보석이 담겨 있다. 그 밖의 보석 같은 이야기들은 당신이 직접 찾아보도록 더 이상 언급하지 않겠다.

『하나님의 형상을 비추다』는, 누군가는 성경신학 입문서라고 생각할 수 있겠지만, 일반 그리스도인을 대상으로 한 책이다. 카먼의 명쾌한 글을 이해하기 위해 신학자나 목회자가 될 필요는 없다. 하지만 카먼은 일반 독자를 대상으로 한 가벼운 대화처럼 보이는 책에 성서학의 진지함을 슬며시 엮어 넣었다.

당신이 이 책을 깊이 파고들어 시야가 확장될 수 있길 바란다. 카먼은 모든 사람과 모든 피조물을 향한 하나님의 놀라운 사랑을 더 깊이 깨닫도록 도와줄 것이다. 그 사랑은 창조주께서 나사렛 예수라는 한 인간이 되어 세상에 오시도록 이끌었고, 깨어진 세상과 상처 입은 인류에게 치유와 구속을 가져오게 했다. 이 놀라운 성경적 시각이, 하나님의 놀라운 세상에서 온전한 인간이 되는 소명을 살아낼 수 있도록, 당신에게 영감을 주고 힘을 실어 주기를 바란다.

서론

『사자와 마녀와 옷장』(The Lion, the Witch, and the Wardrobe)에서 루시와 동생들은 전쟁 기간 동안 머무는 늙은 교수의 넓은 집을 탐험한다. 그러다가 한 방에서 루시의 시선을 사로잡는 낡은 옷장을 발견한다. 다른 아이들은 재빨리 자리를 옮기지만 루시는 옷장을 열고 안으로 들어가 모피 코트를 만져 본다. 하지만 모피의 부드러운 촉감 대신 거친 나무껍질과 날카로운 나뭇가지, 그리고 쌓인 눈의 바스락거리는 소리를 마주하게 된다. 그리고 신비로운 나니아의 세계에 도착한다. 그곳에서 루시는, 일부는 사람이고 일부는 염소인, 호기심 많은 파우누스(faun: 고대 로마 신화에 나오는 숲의 신. 남자의 얼굴과 몸에 염소 다리와 뿔이 있는 모습을 하고 있다 — 옮긴이)를 만나 차를 마시고 집으로 돌아간다.

당연히 동생들은 터무니없는 이야기라며 믿지 않는다. 엄마가 아이들을 옷장으로 데려가 문을 열어 보지만, 마법의 세계는 전혀 보이지 않고 코트와 좀약, 나무판자만 보인다. 하지만 며칠 뒤, 방문객들과 마주치지 말아야 할 아이들이 집안을 구경하며 돌아다니고 있을 때, 마침 관광객 무리가 지나갔다. 루시는 재빨리 낡은 옷장에 들어가 숨고, 에드먼드는 '나니아'에 대해 놀리려는 듯 루시를 따라간다. 에드먼드가 모피 코트를 뒤지며 루시를 찾지만 루시는 사라진 것 같았다. 에드먼드는 갑자기 한기를 느낀다. 루시를 부르다가 희미한 불빛을 발견하고는 문이라고 생각해 다가가지만, 그 빛은 문틈으로 들어온 것이 아니다. 그것은 더 위로, 더 깊숙이, 겨울 동안 뒤덮인 어두운 숲을 통과해 비치는 빛이다. 에드먼드가 나니아에 들어온 거다.

이 이야기가 이 책과 무슨 관련이 있을까?

C. S. 루이스는 평범한 옷장을 마법의 세계로 통하는 예상치 못한 문이라고 상상했다. 불가능해 보일지 모르지만, 이것은 성경을 읽는 경험과 놀라울 정도로 유사하다. 우리는 성경을 펴서 넘기다가 모피 코트와 좀만 발견할 때가 있다. 성경의 시간과 장소는 멀게만 느껴지고 심지어 무관하게 느껴지기도 한다. 하지만 전혀 예상치 못한 순간에 성경을 통해 다른 세계로 이동하는 자신을 발견할 때도 있다. 이런 일이 일어날 거라고 보장할 수 있는 방법은 없지만, 불신이 항상 그런 일을 막는 것도 아니다. 가장 믿지 못하던 에드먼드가 자기도 모르는 사이에 나니아를 발견한다.

결국 루시와 동생들은 나니아로 돌아가고, 피터와 수잔은 루시의 이야기가 사실이라는 것을 알게 된다. 하지만 이 유비에서 가장 흥미로운 점은 바로 여기에 있다. 루시, 에드먼드, 피터, 수잔이 단순히 외부인으로 나니아를 방문하는 것이 아니라는 점이다. 그들은 이야기의 중요한 부분을 차지한다. 사실 이들은 아슬란이 백마녀를 완전히 정복하기 위해 돌아올 때 왕과 여왕으로 나니아를 다스릴 '아담의 두 아들과 하와의 두 딸'(즉, 인간)에 대한 오래된 예언의 실현이다.

당신이 이제 막 시작하려는 발견의 여정에 이보다 적절한 비유는 없을 것 같다. 성경은 다른 세계로 통하는 문이며, 그 세계는 너무나 활기차서, 우리가 사는 세상을 새로운 눈으로 보게 한다. 그것이 항상 사실이 아니라고 해서 진실이 아닌 것은 아니다(좀약을 기억하는가?). 성경은 단순히 오래전에 살았던 사람들에 관한 이야기가 아니다. 이 책을 읽다 보면 당신은 자신에 대한 깊은 진실, 즉 그것 없이는 온전히 자신이 될 수 없을 정도로 진실인 것들을 발견하게 될 것이다.

로드맵

이 책은 『하나님의 이름을 새기다』의 자매편이다. 두 책을 읽는 순서는 중요하지 않다. (루이스처럼 나도 끝 부분부터 썼다.) 두 책을 함께 읽으면 성경을 통해 자신의 정체성과 소명을 이해하는 데 도움이 될 것이다. 『하나님의 이름을 새기다』를 출간한 이후로 내가 가장 많이 받은 질문은 하나님의 이름을 지니는(새기는) 것이 하나님의 형상이 되는 것과 어떤 관련이 있느냐는 것이었다. 이 책은 그 중요한 질문에 대한 나의 확장된 대답이다. 간단히 말해, 하나님의 형상이 되는 것과 하나님의 이름을 지니는 것이 관련은 있지만 같지는 않다. 모든 인간은 하나님의 형상으로 창조되었다. '이마고 데이'는 우리 인간의 정체성이다. ('이마고 데이'는 라틴어로 '하나님의 형상'을 뜻하며, 어떤 이유에서인지 학자들은 무언가에 대해 진지하게 말하고 싶을 때 라틴어로 말한다. 미안하다. 내가 그런 규칙을 만든 것은 아니다.) 하나님의 형상이라는 우리의 정체성은 창조주 하나님이 자신을 대신하여 창조세계를 다스리도록 인간을 임명하셨다는 대리적 역할을 의미한다. 인간의 반역으로 인해 우리가 대부분 이 일을 잘 수행하지 못하고 있지만, 그럼에도 이 일은 여전히 우리의 사명이다. 인간의 반역이 초래한 망가짐에 대한 하나님의 응답은 한 가족, 즉 아브라함의 가문을 선택하여 모든 민족에게 축복을 중개하시는 것이었다. 아브라함의 후손인 이스라엘 백성은 하나님의 이름을 지닌 백성이 되어 세상에서 그분을 대표하고 나머지 인류를 창조주께로 회복시킨다.

예수님은 이 두 가지 실타래를 하나로 묶어 주신다. 그분은 아브라함의 후손으로서 그리고 하나님의 형상으로서의 소명을 완벽하게 수행해 낸 궁극적인 인간이시다. 예수님은 창조세계에 대한 하나님의 통치를 적절하게 행사하는 방법을 우리에게 모범으로 보여 주신다. 그분은 또한, 하나님이 시내산에서 아브라함의 후손들과 맺으신 언약에 충실한 이스라엘 백성으로서, 하나님의 이름과 영광을 지니며 열방에 복을 가져다주신다. 메시아 예수를 믿는 믿음으로 우리도 언약 백성에 포함된다. 우리는 하나님의 이름을 지니고 있다. 예수님 안에서 우리는, 더 넓게는 인간으로서 더 구체적으로는 언약 백성으로서, 우리의 진정한 정체성과 소명을 온전히 표현할 수 있다.

형상대로 아니면 형상으로?

본론으로 들어가기 전에, 이 책에 담긴 나의 주장이 어떤 독자들에게는 다소 의외일 수 있다는 점을 언급하고 넘어가는 게 좋겠다. 인간이 하나님의 형상대로(in the image of God) 창조되었다고 말하는 것은 흔한 일이다. 그리고 어떤 사람들에게는 이 전치사(in)가 하나님의 형상이신 예수님과 그분이 나타내신 모델에 따라 창조된 다른 사람들을 구별하기 때문에 매우 중요하다. 이 질문에 대한 답은 부분적으로 창세기 1:26의 히브리어 글자(ב)를 어떻게 해석하느냐에 달려 있다. 이 히브리어 전치사 'ב'는 대부분의 전치사와 마찬가지로 매우 유연하여, 영어로는 "in, on, within, among, into, through, at, with, by, according to, as"로 번역할 수 있다.

문제는 영어 전치사 'in'이 히브리어 전치사 'ב'만큼 유연하지 않다는 점이다. 즉, 서로 완전히 부합하지 않는다. 그렇다고 위의 가능한 전치사 목록에서 마음에 드는 번역을 선택해서는 안 된다. 히브리어 구문 전체의 의미를 고려하여 그러한 번역이 타당한지 판단해야 한다. 『성서 히브리어 구문론』(*An Introduction to Biblical Hebrew Syntax*)에 따르면, 'in'은 **위치**나 **시간**을 나타내는 의미일 때 적절한 번역이다(예를 들어, 삿 16:4; 시 46:2). 'according to'는 금전적 기준과 관련이 있을 때 적절하다(예를 들어, 민 18:16).(a) 이러한 옵션 중 어느 것도 창세기 1:26의 의미를 담아 내지 못한다.

전통적인 관점에 부합할 수 있는 두 가지 범주는 **영역**이나 **방식**이다. 전치사가 영역을 명시하기 위한 것이라면 'with regard to'(즉, '하나님의 형상과 관련하여 그들을 지으셨다')라고 말할 수 있다. 어떤 일이 행해지는 방식을 나타내는 경우에는 'like'(즉, '하나님의 형상처럼 그들을 지으셨다')라고 말할 수 있다. 이 두 가지 옵션 중 어느 것이든 가능하지만, 우리가 염두에 두어야 할 것은 진정한 하나님의 형상은 하나님이 창조하신 인간과 다른 존재, 즉 수천 년 동안 육신으로 나타나지 않을 성육신하신 하나님의 아들이라는 점이다. 바울도 아담을 그리스도의 모형으로 제시한다(롬 5:14).(b) 나의 첫 성서 언어 교수님은 교리의 근거를 전치사에만 두지 말라고 여러 번 경고하셨다. 그렇게 하기에 전치사는 너무 유연하다.

마지막 옵션이 훨씬 그럴듯해 보이는데, 바로 정체성이다. 월키(Waltke)와 오코너(O'Connor)의 설명에 따르면(월키와 오코너는 『성서 히브리어 구문론』의 공저자다—옮긴이), 이 전치사의 사용은 "행위자의 행동하는 능력을 나타낸다('~로서, ~의 역할을 하며, ~의 자격으로')."(c) 이는 하나님이 인간을 자신의 형상으로 지으셨으며, 형상에게 의도된 역할로 섬기도록 지으셨음을 의미한다. 내가 보기에 이것은 최소한의 정신적 훈련을 필요로 한다. 이 전치사 사용에 대한 두 가지 분명한 예가 있다. 출애굽기 6:3에서 야웨가 자신을 "전능한 하나님"(히브리어로 '엘 샤다이')이라고 소개하시는 부분과 시편 118:7에서 시편 기자가 "야웨가 나와 함께하시며 나의 도움이 되신다"(저자 번역)라고 말하는 부분이다. 또한 고대 근동에서 형상이 어떻게 기능했는지도 명확히 알 수 있는데, 이에 대해서는 나중에 설명하겠다.

학자들이 어떤 번역을 선호하든, 우리는 인간의 정체성이 이러한 천명에 근거하며 우리의 윤리가 모든 사람을 이러한 시선으로 바라보는 데 달려 있다고 동의한다. 또한 하나님이 우리가 어떻게 살기를 원하시는지 보여 주는 궁극적인 인간이 예수님이라는 데 동의한다. 또 인간이 하나님이 아니라는 데 동의한다. 우상이 그 자체로 신이 아니라 신을 나타내는 것일 뿐이듯, 하나님의 형상이 된다는 것이 하나님이 된다는 것은 아니다.

하지만 내가 생각할 때, [하나님의 형상대로(in) 만들어졌다고 말하기보다] 하나님의 형상으로(as) 만들어졌다고 말하는 것이 '이마고 데이'가 인간의 상실될 수 있는 능력보다 오히려 정체성에 필수적이라는 개념을 강화한다. 이러한 확언은 이 책에서 내가 주장하는 논지의 핵심이며, 내가 기꺼이 전통을 깨뜨릴 만큼 중요하다.

두 책(전작인 『하나님의 이름을 새기다』와 이 책 『하나님의 형상을 비추다』—옮긴이)의 관계에 대해 한 가지 더 말하자면, 제목이 비슷하기 때문에 사람들은 두 책을 "하나님의 형상을 새기다"라고 부를 수도 있을 것이다. 하지만 나는 그렇게 부르도록 의도하지 않았다. 하나님의 형상은 우리가 새기는 것이 아니라 우리 자신이기 때문이다. 또한 우리가 하나님을 '형상화'한다고 말하지도 않을 것이다. 하나님의 형상으로서 우리의 지위가 특정 행동으로 이어질 수는 있지만, '형상'은 우리가 무엇을 행하느냐가 아니라 우리가 누구냐를 나타낸다. 결국에는 이 구분이 중요하다는 데 당신도 동의하길 바란다.

이 책은 창세기 1-11장에서 시작한다. 1부에서는 이 기초적인 장들이 인간에 대해 우리에게 무엇을 가르쳐 주는지 살핀다. 하나님의 형상은, 우리를 동물과 구별하는 주요 특징이므로, 성경 전체에서 '인간이 된다는 것은 어떤 의미일까?'라는 더 큰 질문을 탐구하는 렌즈가 될 것이다. 우리는 하나님의 형상으로서 우리의 지위가 하나님과의 관계, 창조세계와의 관계, 그리고 서로와의 관계에서 어떻게 표현되는지 살펴볼 것이다. 2부에서는 지혜서인 잠언, 아가서, 전도서, 욥기에 대해 논의함으로써, 인간에 대한 구약의 그림을 완성한다. 지혜서는 하나님의 형상을 직접적으로 언급하지 않지만, 의미 있는 삶을 향한 인간의 탐구를 소개하고 인간의 고통이라는 현실과 씨름한다. 그렇기 때문에 인간이 된다는 것이 무엇을 의미하는지 탐구할 때 반드시 고려해야 할 책들이다. 3부에서는 신약성경으로 이동하여 궁극적인 인간으로서 예수님의 초상을 살펴볼 것이다. 예수님의 성육신, 삶, 죽음, 부활, 승천의 신학적 의미를 '인간이란 무엇인가'라는 더 큰 질문과 연관 지어 생각해 볼 것이다. 마지막 장에서는 새 창조세계에서의 새로운 인류로서 우리의 운명을 구체화할 것이다. 말 그대로다. 우리는 언젠가 구름 위에 떠 있지 않을 것이다. 우리의 미래는 육체를 가지며 몸으로 존재하는 모습이다.

   이 책을 통해 밝혀질 가장 심오한 발견 중 하나는 창조가 여전히 중요하다는 것이다. 이 창조된 세계는 현재에 그리고 영원토록 인간의 소명에서 빠져서는 안 될 부분이다. 우리는 물리적 세계와 영적 세계의 관계에 대한 우리의 가정과 예수님이 재림하실 때 이 땅에 어떤 일이 일어날 것인지에 대해 자세히 살펴볼 것이다. 그 과정에서 당신이 성경에 뿌리를 두고 온전한 삶을 살아갈 수 있는 정체성과 목적에 대한 새로운 감각을 얻게 되길 바란다.

1부

하나님의 세상을 살아가는 인간

1 창조의 패턴

전쟁터

성경의 첫 장인 창세기 1장에 대해 이야기하며 책을 시작하는 것은 위험하다. 창세기 1장은 하나님이 하신 일과 하시지 않은 일, 그리고 그 일을 하시는 데 걸린 시간에 대한 강한 신념들이 충돌하는 전쟁터가 되었기 때문이다. 내가 당신이 원하는 바를 정확하게 전달하지 못할 가능성이 높다. 기분이 상할 경우, 이 책을 불태울 수도 있을 것이다. 구약 역사와 문학을 가르칠 때마다 동일한 긴장감을 느낀다. 왜 성경은 창세기 1장부터 시작해야 할까? 서로를 알고 신뢰할 수 있는 사이가 된 후에 창세기부터 읽어 보는 게 좋지 않을까?

첫 번째 이유는 다음과 같다. 창조 이전에 무엇인가가 어떻게 존재할 수 있을까? 창조 없이 인간이 된다는 것이 어떤 의미인지는 탐구할 수 없다.

그래서 우리는 오랜 역사와 약속, 의혹을 안고 여기 모였다. 서로 어색하게 앉아서 내가 먼저 말을 꺼내기를 기다리는 것은 내가 책을 쓰는 사람이기 때문일 테지만, 솔직히 그건 공평하지 않다. 만약 우리가 같은 방에 있었다면, 나는 먼저 당신이 어디서 왔는지 물어볼 것이다. 당신의 몸짓을 읽을 수 있다면, 이 문제에 접근하는 방식에 분명한 영향을 미칠 것이다. 하지만 그렇지 않기 때문에, 불행히도 나는 어둠 속으로 뛰어들어야 한다. 나는 위험을 감수해야 한다. 당신이 책을 불태우는 유형은 아니길 바란다.

내 이야기부터 시작하겠다. 나는 교회에 다니며 자랐고 성경을 진지하게 받아들였지만, 바이블 칼리지에 진학하고 나서야 성경의 장르에 대해 알게 되었다. 레이 뤼벡(Ray Lubeck) 교수는 성경이 크게 세 가지 유형의 문학, 즉 내러티브, 시, 담화로 구성되어 있다고 말했다. 각 장르에는 고유한 전통이 있고 각기 다른 목적이 있다. 내러티브는 등장인물, 배경, 줄거리의 상호 작용을 포함한다. 시는 리드미컬하게 구성되어 있고, 성경에서는 이미지로 가득 찬 짧은 한 쌍의 행을 포함한다. 산문이라고도 하는 담화에는 교훈, 연설, 논리적으로 배열된 가르침의 단락이 포함되어 있다.

나는 열광했다. 이것은 내게 새로운 렌즈였고, 나는 그것들을 사용해 보고 싶었다. 장르는 텍스트가 어떤 주장을 하고 있는지에 대한 우리의 기대에 영향을 미치기 때문에, 나는 성경 전체를 다시 읽고, 내가 읽는 것이 내러티브인지 시인지 또는 담화인지 나타내기 위해 세 가지 색상 중 하나로 여백에 칠하기로 했다.

하지만 창세기 1장을 펼치자마자 나는 벽에 부딪혔다. 하나님이라는 등장인물만 있고, 내가 아는 한 줄거리의 갈등은 없었다. 텍스트는 리드미컬해 보였지만 히브리 시처럼 깔끔하게 한 쌍의 행으로 이어지지는 않았다. 영어 번역가들도 어떻게 분류해야 할지 고민하는 것 같았다. 창세기 1장에는 정상적인 단락이 없다. 성경을 찾아보라. 나는 당황했다.

내게 창세기 1장은 하나님이 세상을 어떻게 만드셨는지에 대한 역사적 기록일 뿐이었다. 나는 내러티브를 기대했다. 그런데 내가 발견한 것은 내러티브도 시도 담화도 아닌, 성서 문학의 오리너구리 같은 하이브리드 장르였다. 이건 무슨 의미일까? 나는 그 의문을 신학교로 가져갔고, 거기서 헨리 블로허(Henry Blocher)의 『태초에』(In the Beginning)라는 책을 읽었다. 블로허(프랑스인이기 때문에 '블로샤이'라고 발음한다)는 내가 바이블 칼리지에서도 완전히 놓쳤던 창세기 1장의 예술성을 보여 주었다.

텍스트를 예술적이라고 부른다고 해서 비역사적이 되는 것은 아니다. 역사적 사건을 시적으로, 추상적으로, 감정적으로, 또는 직설적으로 묘사하는 등 다양한 방식으로 묘사할 수 있으며, 이러한 묘사는 그 사건이 실제로 발생했는지 여부에 영향을 미치지 않는다. 그러나 사건이 묘사되는 방식은 그 사건에 대한 우리의 인식에 분명한 영향을 미친다. 그것은 저자가 그 사건에 대해 우리가 무엇을 보기 원하는지를 전달한다. [그 반대의 경우도 마찬가지다. 텍스트가 단순해 보인다고 해서 역사적 사실이 되는 것은 아니다. 『톰 소여의 모험』(The Adventures of Tom Sawyer)이나 『라모나는 아무도 못 말려』(Ramona Quimby, Age 8)는 충분히 그럴듯해 보이지만, 둘 다 상당히 허구적인 이야기다.] 문제를 더 복잡하게 만드는 것은 특정 텍스트의 진실 가치가 실제 사건과의 연관성에만 있는 것이 아니라는 점이다. 『나니아 연대기』는 결코 역사적이지 않지만, 실제 상황에 대한 진실을 강력하게 전달한다.

다시 창세기 1장으로 돌아가자. 블로허는 창세기 1장이 고도로 정교한 문학이라고 확신했다. 나는 창조가 **어떻게** 일어났는지에 대한 논쟁이 창조가 **왜** 일어났는지에 대한 신학적 질문을 종종 가린다는 사실도 깨달았다. 하나님은 왜 세상과 그 안의 모든 것을 만드셨을까? 창조 행위가 이런 식으로 묘사되는 이유는 무엇일까? 그것이 왜 중요할까? 아이러니하게, 창조의 **방법**에 대한 격렬한 논쟁에도 불구하고, 성경을 주의 깊게 읽는 사람들에게 창조의 **목적**은 분명하다.

성경을 믿는 그리스도인들은 하나님이 세상을 **어떻게** 만드셨는지에 대해 다양한 스펙트럼을 가지고 있다. 내 주변에는 6일간의 젊은 지구 창조론(기원전 4천 년경에 하나님이 6일 만에 지구를 만드셨다는 견해)을 열렬히 옹호하는 그리스도인 친구들도 있고, 유신론적 진화론(하나님이 만물을 창조하실 때 사용하신 방법이 진화라는 견해)을 받아들이는 그리스도인 친구들도 있다. 이 두 극단 사이에 서 있는 친구들도 있다. 이 친구들은 모두 하나님 말씀의 권위와 영감을 믿는다는 공통점을 지니고 있다. 다른 점은 장르의 문제다.

내 목표는 이 문제에 대한 당신의 생각을 바꾸려는 것이 아니라, 하나님이 모든 것을 만드신 **방법**에 대한 확신을 잠시 내려놓고 그 **이유**를 생각해 보도록 당신을 초대하는 것이다. 이것은 인간의 정체성과 목적에 대한 질문과 관련이 있다.

템플릿

자신의 생각을 성경에 주입할 위험을 최소화하는 한 가지 방법은 저자가 강조를 위해 사용하는 패턴에 주의를 기울이는 것이다. 블로허는 창세기 1장이 하나님이 설계하신 창조의 대칭과 질서를 전달하기 위해 세심하게 만들어진 예술 작품이라는 것을 깨닫게 해 주었다. 창세기 1:2의 '형체가 없고 텅 빈' 세상, 깊은 바다가 어둠 속에서 출렁이는 세상을 배경으로, 하나님은 6일 동안 창조세계에 질서를 부여하신다. 처음 3일은 하나님이 거주할 수 있는 공간을 마련하시는 것을 묘사하고, 마지막 3일은 하나님이 그 공간에서 살아갈 거주자를 창조하시는 것을 묘사한다. 다시 말해, 하나님은 '형체가 없고 텅 빈' 세상에 '형체와 채움'을 부여하셨다.

    이렇게 말이다. 첫째 날, 하나님은 빛을 창조하시고 어둠으로부터 분리하셨다. 빛의 근원이나 빛이 어떻게 조절되는지는 알려 주시지 않았다. "저녁"이 되고 "아침"이 되니 첫째 날이 지나갔다. 하지만 하나님이 해와 달과 별을 창조하신 것은 넷째 날이 되어서다. 이 날은 빛과 어둠의 영역에 거주자가 채워지는 날이다. 천체들은 살아 있지 않지만 '낮과 밤을 주관하고 빛과 어둠을 가르는'(창 1:18) 존재로 지정되어 있다. 또한 '계절과 날과 해를 나타낸다'(창 1:14). 즉, 절기와 시간의 주기를 지정한다는 것이다. 넷째 날은 해, 달, 별의 기원 이야기 이상이다. 그것은 그들의 존재 목적을 드러낸다. 첫째 날과 넷째 날은 달력의 기원과 인류 문화의 기초를 함께 기념하는 날이다. 빛은 하늘에 내장되어 있지만, 그 목적은 땅을 비추는 것이다. 창세기 1장이 단순한 역사 기록 이상이라는 첫 번째 단서가 여기에 있다. '날'을 표시하는 천체들은 첫째, 둘째, 셋째 날에 아직 존재하지 않았다. 창조의 날은 창조 사건을 구성하는 방식임에 틀림없다(그림 1.1을 보라).[1)]

■ 그림 1.1. 창세기 1장에 나오는 창조의 대칭

창조의 날들		목적
영토	거주자	
첫째 날 빛(어둠과 분리된)	넷째 날 해, 달, 별들	시간(절기)
둘째 날 하늘(물과 분리된)	다섯째 날 공기(정렬된 공간)	공기(정렬된 공간)
셋째 날 초목	여섯째 날 땅에 거주하는 동물들 사람들	땅과 음식 (거주 가능 공간)
일곱째 날 (다른 날들과 구별하기 위해)		안식

    대칭은 둘째 날과 다섯째 날에도 계속된다. 둘째 날에 하나님은 위의 물과 아래의 물을 나누어 그 사이에 하늘을 여셨다. 고대인들은 하늘의 물을 가두어 공기가 통하게 하는 돔(하늘)을 상상했다. (그들은 가끔 하늘에서 물이 새어 나와 땅을 적시는 것을 보며 하늘이 물을 가두고 있다고 생각했다.)[2] 다섯째 날, 하나님은 하늘과 물에

새와 물고기를 채우셨다. 하나님은 이 최초의 생명체들에게 물과 하늘에 생육하고 번성하여 충만하라는 명령을 내리며 축복하신다(창 1:22). 다시 말하지만, 창세기 1:2의 '형체가 없고 텅 빈' 문제가 해결되어 형체와 채움을 갖추게 되었다.

셋째 날과 여섯째 날은 특별한 날로, 각각 두 번의 창조 사건이 있었다. 셋째 날에 하나님은 물과 마른 땅을 분리하셨다. 그런 다음 과일과 씨앗으로 초목을 창조하셨다. 즉, 아직 먹을 사람이 없는데도 음식을 만드신 것이다. 이 모든 것은 여섯째 날을 위한 준비였다. 여섯째 날에 하나님은 마른 땅을 채우기 위해 땅에 사는 동물과 인간을 창조하신다.

하나님은 인간에게 자신의 '형상'으로서 특별한 지위를 부여하셨다. 창세기 1:26에 따르면, 하나님의 형상이라는 인간의 정체성은 '바다의 물고기와 공중의 새와 땅 위에 사는 온갖 들짐승과 땅 위를 기어다니는 모든 길짐승을 다스리는' 책임을 수반한다. 해, 달, 별과 마찬가지로, 인간은 창조세계를 다스리는 역할을 한다. 천체가 달력에 질서를 부여한다면, 인간은 다른 모든 생명체와 그 서식지에 질서를 부여한다. 다섯째 날의 물고기, 새와 마찬가지로, 하나님은 인간에게 생육하고 번성하라는 명령을 내리시고 사람과 동물 모두의 식량 공급원이 다섯째 날에 제공된 초목임을 알려 주신다.

첫째-셋째 날은 영토로, 넷째-여섯째 날은 거주자로 이해하는 것은 나를 당혹스럽게 했던 몇 가지 수수께끼를 푸는 데 도움이 되었다. (첫째-셋째 날에 해가 없는데 어떻게 빛이 있을까? 식물은 해가 없이 어떻게 생존할 수 있을까? 물고기와 새는 왜 다른 동물과 다른 하루를 보낼까? 어떻게 사람이 존재하기 전에 이미 길들여진 동물이 있을까?) 6일에 걸쳐 펼쳐지는 창조 이야기를 들려주는 것은 우주를 거주할 수 있는 영토와 그 거주자로 구성하고, 분리를 통해 무질서에 점차 질서를 부여하는 방식이다(빛과 어둠, 하늘과 물, 마른 땅과 바다).

블로허는 또한 "상징적 숫자"[3)]라고 부르는 특정 단어와 구절의 반복을 통해 창세기 1장의 리듬감이 어떻게 구현되었는지를 보여 준다.

- '하나님이 이르시되'는 사람에 대해 3회, 그 외 모든 것에 대해 7회 나온다(=10회).
- '있으라'는 하늘에서 3회, 땅에서 7회 나온다(=10회).
- '만들다'는 10회 나온다.
- '그들의 종류에 따라'는 10회 나온다.
- '복을 받다'가 3회 나온다.
- '창조하다'는 창세기 1장에서 3회 나오며, 마지막은 3중적으로 나온다.
- '그대로 되었다'가 7회 나온다.
- '하나님이 보시기에 좋았더라'가 7회 나온다.

블로허는 여기 나오는 7 가운데 어느 것도 7일과 정확히 일치하지 않는다고 지적한다. 그는 말한다. "창세기 1장에는 무슨 일이 있었는지 알려 달라는 요청에 대한 응답으로 쓰일 만한 평범한 역사가 없고, 심오하고 광대한 생각을 지닌 대가의 작품이 있다."⁴⁾ 누가 왜 의도적으로 창조를 1주일로 정리하는 수고를 했을까? 블로허는 창조의 주간이 "안식일 신학"을 제공하는 "인간 노동의 원형"이 될 수 있다고 제안한다.⁵⁾ 창세기 1장을 하나님이 세상을 어떻게 만드셨는지 알려 주는 역사적 기록으로 읽든 하나님의 창조 목적을 기념하는 전례로 읽든, 이 메시지는 분명하다. 어느 쪽이든 일주일은 인간을 위한 패턴이다.

당신의 머릿속이 빙글빙글 돌고 있을지도 모르겠다. 나도 이 모든 것을 처음 알았을 때 머릿속이 복잡했다. 하지만 이 경험은 성경이 **나의** 질문에 답하기 위해 쓰인 것이 아니라는 사실을 깨닫는 데 도움을 주었다. 물론 종종 그렇다. 성경은 고대 문화에 속한 고대인들에게 나의 언어가 아닌 다른 언어를 사용하여 말하고 있다. 성경은 하나님의 영감을 받아 그들이 이해할 수 있는 언어로 **그들의** 질문과 관심사를 다루었다. 이러한 관심사를 염두에 두고 성경을 읽으려 할 때, 오늘날의 논쟁에 대한 적절성을 고려하기 시작할 수 있다.

고대인들은 물질의 기원에 대해 별다른 관심이 없었던 것 같다.⁶⁾ 그들의 창조 신화는 과정보다 목적과 관련이 있다. 그렇다고 해서 창조의 방법이 중요하지 않다는 뜻이 아니라, 고대인들은 그것에 대해 궁금해 하지 않았다는 뜻이다. 그들이 중요하게 생각한 것은 결실이었다. 식량이 자라지 않으면 생존할 수 없었으니까. 잠시 후에 이 주제로 돌아가겠다.

과학과 기독교인

기독교와 과학의 관계는 복잡하다. 일부 기독교인은 과학 이론에 의문을 제기하는 것을 미덕으로 여긴다. 다른 사람들과 마찬가지로, 과학자들도 선입견과 추정으로 인해 데이터에 대한 평가가 왜곡되고 정확한 결론에 도달하지 못할 수 있다. 하지만 기독교인들이 성경의 가르침과 상충된다고 성급하게 추정하여 과학 이론을 무시했을 가능성도 있지 않을까? 어떤 형태의 기독교 가르침과 과학 사이의 적대적인 관계는 불필요해 보인다. 사실 현대 과학의 창시자 대부분은 기독교인이었다.(a)

현대 과학뿐 아니라 고대 과학도 고려해야 한다는 점을 감안하면 문제는 더욱 복잡해진다. 성경 저자들은 각자의 정황에서 이해되는 방식으로 소통했다. 하나님은 고대의 결함 있는 과학 이론에 관심이 없으신 것 같다. 하나님은 그들의 과학을 바로잡지 않으신다.

예를 들어, 창세기 1장은 달이 스스로 빛을 내는 것이 아니라 태양의 빛을 반사한다는 사실을 굳이 가르치지 않는다. 태양을 별로 분류하지도 않는다. 창세기 1장은 하늘 위의 물을 떠받치기 위해 별들이 박힌 궁창 또는 창공이 있다는 고대인들의 일반적인 우주관을 전제로 하고 있다(창 1:6; 그림 1.2를 보라). 창세기 1장은 우리가 학교에서 배운 동물계의 35문(門)을 구분하지 않는다. 다양한 종류의 바다 생물은 모두 '물고기'로, 날아다니는 것은 모두 '새'로 불리며, 육지 동물은 야생 동물, 가축, "땅에 기는 모든 것"(창 1:26)의 세 가지 범주에만 속한다.

그렇다고 해서 하나님이 우리의 잘못된 현실 인식에 만족하신다는 뜻은 아니다. 성경은 매번 이를 바로잡는다. 창세기 1장은 세상이 신들 사이의 거대한 갈등 속에서 탄생했으며, 신들이 더러운 일을 하도록 인간을 창조했다는 고대 사상을 놀랍게 수정한다. 창세기 1장은 또한 현대 과학과 관련된 개념에 대한 경계선 역할을 한다. 세상이 어떻게 생겨났는지에 대해 어떤 결론을 내리든, 성경을 진지하게 받아들인다면 인간이 단지 시간과 우연의 산물이라고 결론 내릴 수 없다. 창세기 1장은 인간이 하나님의 창조 사역의 절정이며 창조의 면류관이라고 주장한다.

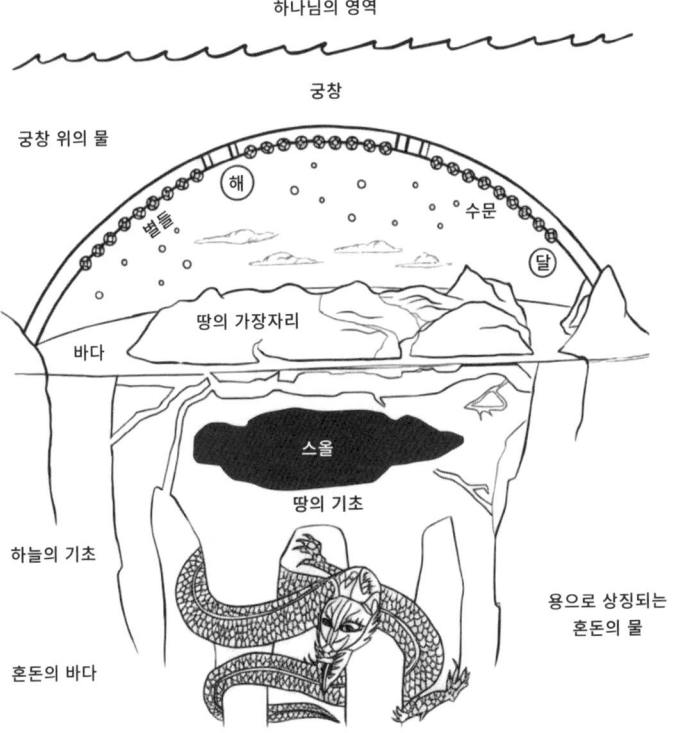

그림 1.2. 고대 이스라엘의 우주론

눈에 띄지 않는 것

예술 작품을 한참 동안 바라보고 토론한 적이 있는가? 오래 볼수록 더 많은 것을 발견할 수 있다. 그룹에 속한 누군가가 화가이거나 미술사에 대해 또는 작품이 만들어진 시대에 대해 알고 있다면, 그룹 토론을 통해 처음 봤을 때 놓친 부분이 얼마나 많은지 알 수 있다. 다른 사람과 성경을 읽는 것도 마찬가지다. 혼자였다면 놓쳤을 만한 많은 것을 배울 수 있다! 우리는 각기 다른 생각과 삶의 경험을 성경으로 가져와 성경에서 다른 것을 발견하곤 한다. 성경에 자신의 견해를 투영하는 것을 막는 한 가지 방법은 공동체 안에서 함께 읽는 것이다. 그렇게 할 때, 다른 사람들이 솔직하게 "나는 당신이 보는 것을 보지 못하고 있어요"라고 말해 줄 수 있기 때문이다. (또 다른 방법은 누군가 성경 해석을 제시하면 친절한 독자들이 부드럽게 수정해 주는 것이다.)

익숙한 성경 본문을 읽을 때의 문제점은 자신이 이미 본문의 내용을 알고 있다고 생각한다는 것이다. 그러면 눈이 흐려지고 눈에 잘 띄지 않는 세부 사항을 놓치게 된다. 이 문제에 대한 해결책은 속도를 늦추고, 가급적 여러 번역본을 주의 깊게 읽고, 질문을 많이 하는 것이다.

나는 앞서 창세기 1장의 창조 이야기를 구성하는 틀인 형체와 채움에 대해 설명했다. 이제 창세기 1장으로 돌아가, 창세기 1장을 주의 깊게 읽어야 할 필요성을 강조하는 몇 가지 흥미로운 세부 사항을 짚어 보려 한다. 창세기 1:1에는 '하나님이 하늘(*shamayim*, '샤마임')과 땅('*erets*, '에레츠')을 창조하셨다'고 기록되어 있어, 창조가 이미 끝난 것처럼 보인다. 그러나 창세기 1:6에서, 하나님은 위의 물과 아래의 물을 나누는 '궁창'(expanse) 또는 '돔'을 만드시고,[7] 이 '궁창'을 '하늘'('샤마임')이라고 부르신다. 창세기 1:10에서 하나님은 '뭍' 또는 '땅'('에레츠')을 창조하신다. 이것은 창세기 1장을 읽는 방법에 대한 단서가 될 것이다. 하나님은 이미 창조된 것을 어떻게 또 창조하실 수 있을까? 한 가지 가능성 있는 방법은 창세기 1:1이 하나님의 전체 창조 사역에 대한 요약을 제공하고, 1장의 나머지 절들은 하나님이 어떻게 창조하셨는지에 대한 단계별 설명을 제공한다고 보는 것이다. 하지만 나는 이미 단계별 접근 방식이 몇 가지 해석상의 문제를 야기한다고 주장한 바 있다. 따라서 더 가능성이 높은 방법은 창세기 1:1이 '하늘과 땅'이라는 표현을, 우리가 'A부터 Z까지'라고 말하는 것처럼, 모든 것을 포괄하는 일반적인 의미로 사용하여 하나님의 창조 사역 전체를 요약한다고 보는 것이다. 그리고 이후의 절들에서는 '샤마임'과 '에레츠'가 좀 더 구체적인 의미로 사용되어, 눈에 보이는 '하늘'(창 1:8-9)과 마른 '땅'(창 1:10-11)을 가리킨다고 보는 것이다. 창세기 1장 후반부에 나오는 '샤마임'과 '에레츠'의 의미를 창세기 1:1로 가져와 하나님이 '하늘과 마른 땅'을 만드셨다고 선언하는 것처럼 읽는다면 이치에 맞지 않는 일이다. (게다가 창 1:2에서 '에레츠'는 물로 덮여 있다!) 문맥은 항상 주어진 단어의 의미를 결정한다. 이 원칙은 다른 절에서도 도움이 될 것이다.

    다섯째 날과 여섯째 날의 기록에는 주목할 만한 다른 세부 사항이 있다. 영어 성경에서 놓칠 수 있는 한 가지는 다섯째 날에 하나님이 바다의 다른 생물들보다 먼저 "커다란 바다 짐승들"(*hat-*

tanninim haggedolim, '핫탄니님 학게돌림', 창 1:21)을 창조하셨다는 점이나. 바다 짐승은 출애굽기 7:10-12에서 아론의 지팡이가 '탄닌'(*tannin*)이 되어 바로의 지팡이를 삼킬 때까지 나타나지 않는다. 거기서 창조주 하나님은 창조세계를 돌보라는 명령을 왜곡하여 통치하는 인간을 다스리신다. 바로는 하나님의 형상대로 지음받은 인간이라기보다 바다 괴물처럼 행동한다. 구약성경 후반부에서는 바다 괴물을 '리워야단'(사 27:1)이라고 명명하고 오만함으로 심판받을 바로에 대한 은유로 사용한다(겔 29:3; 32:2). 이러한 언급들은 하나님이 사람이든 동물이든, 심지어 우리가 무서워하거나 길들일 수 없다고 생각하는 존재(욥 41장 참조)까지 포함하는, 모든 창조세계에 대해 주권을 가지고 계심을 입증한다.

앞서 언급했듯이, 하나님은 여섯째 날에 야생 동물과 가축(창 1:24-25)은 물론 땅에 기어다니는 것까지 창조하셨다. 인간이 가축을 길들이기 전에 이미 가축이 등장한다는 점이 흥미로운데, 이는 창세기 1장에 묘사된 생물들의 분류가 훗날 공동체들이 이해한 방식대로 표현된 것이기 때문이다.

하나님이 땅으로 하여금 "그 종류대로" 생물을 내라고 요구하셨다는 점도 주목할 만하다. 동물의 창조를 묘사하는 이러한 방식은 동물이 땅과 연결되어 있음을 강조한다. 이와 대조적으로 창세기 1장에서 하나님이 인간을 직접 창조하시는 것은 인간과 하나님의 친족 관계를 암시한다. 하나님의 말씀에 따르면, 인간은 '하나님의 형상을 따라서, 하나님의 모양대로' 하나님이 창조하셨다(창 1:26).[8]

마이클 르페브르(Michael LeFebvre)는 그의 책 『창조의 전례』

(*The Liturgy of Creation*)에서 창조 기록의 배경에 대한 설득력 있는 설명을 제공한다.[9] 그의 결론은 앞에서 언급한 블로허의 통찰과 잘 맞아떨어진다. 그는 "셋째 달 첫째 날에"와 같이 성경의 처음 다섯 권에 나오는 날짜를 철저하게 조사하는 것으로 시작한다. 르페브르는 이러한 날짜들이 기자들의 보도처럼 사실적인 것이 아니라 전례적인 것이라고 결론을 내린다. 즉, 성경의 처음 다섯 권은 일관되게 날짜를 사용하여 사건이 언제 일어났는지를 알려 주는 게 아니라 이스라엘이 그 사건을 기념하는 절기를 언제 지켜야 하는지 알려 준다. 날짜들은 절기에 영감을 준 사건과 절기를 연결하는 역할을 한다.

르페브르는 이 연구를 바탕으로 창조 기록이 하나의 전례, 즉 공적 예배에 사용되는 대본으로 형성되었다고 제안한다. 창조 기록의 주된 관심사는 풍요이며, 하나님을 질서 있고 풍요로운 땅을 경작하는 모범적인 농부라고 생각한다. 창조 기록의 7일 틀은 이스라엘 백성이 일주일 동안 일하면서 땅과 백성에게 풍요로움을 가져다주는 패턴을 본받기 위해 고안되었다.

지금까지 창세기의 첫 장을 살펴봤다. 당신이 여전히 이 책을 읽고 있다면, 적어도 아직은 이 책을 집어던지지 않았다는 뜻일 것이다. 감사하다! 앞으로 다룰 내용이 더 많다.

안식일 휴식

창조의 처음 3일과 마지막 3일 사이의 아름다운 대칭은 7일째에 완성될 창조의 절정을 위한 준비 과정이다. 서기관들은 본문이 기록되고 수백 년이 지난 후에 장과 절을 구분했다. 창세기 1장과 2장 사이의 단절은 안타까운데, 창세기 2:1("그리하여 하늘과 땅, 그리고 그 안에 있는 모든 것이 완성되었다", 저자 번역), 즉 해와 달과 별과 하늘과 바다와 땅의 생물을 포함하여 그 공간을 채우는 모든 것이 완성될 때까지는 하나님의 창조 사역이 불완전하기 때문이다.

창세기 2:1에서 창조의 역사가 마무리되지만, 창조의 전례는 창세기 2:2-3에 이르러서야 절정에 이른다. "하나님이 그가 하시던 일을 일곱째 날에 마치시니 그가 하시던 모든 일을 그치고 일곱째 날에 안식하시니라. 하나님이 그 일곱째 날을 복되게 하사 거룩하게 하셨으니 이는 하나님이 그 창조하시며 만드시던 모든 일을 마치고 그 날에 안식하셨음이니라"(개역개정).

우리는 하나님이 일곱째 날을 '복되게' 또는 '거룩하게' 하셨다고 듣는다. 하나님은 일곱째 날을 다른 날과 구별하셨다. 일곱째 날의 축복은 노동이 단조롭거나 억압적인 것이 되지 않게 하는 휴식의 오아시스다. 하나님은 안식일을 따로 정함으로써 인간의 한 주에 영원한 리듬을 부여하셨다.

그런데 왜 일주일이 7일일까? 다른 모든 고대 달력 체계와 달리 7일 주기는 천체를 기반으로 하지 않는다.[10] 대신 하나님의 명령에 따라 달라진다. 히브리어로 '7'은 완전함의 수다.[11] 이는 주간 달력, 농업의 7년 주기, 다양한 절기의 길이, 제사장 위임식 기간의 근거가 된다.

일곱째 날은 처음 두 세트의 3일이 대칭을 이루는 날일 뿐 아니라 안식이 창조의 '마지막'임을 나타낸다. 학자들은 종종 이를 '텔로스'(telos)라고 부르는데, 여기에는 완성과 목표에 대한 개념이 포함되어 있다. 우리는 일반적으로 휴식을 피곤한 상태와 연관시키지만, 하나님은 모든 것을 창조하느라 지쳐서 낮잠을 주무신 것이 아니다. 하나님이 일곱째 날에 쉬신 것은 왕이 왕좌에서 쉬는 것과 비슷하다. 예를 들어 열왕기상 8:56에서 솔로몬은 야웨께서 솔로몬의 왕국을 세움으로써 "그의 백성 이스라엘에게 안식을 주셨으며"라고 인정한다.[12] 이사야 66:1-2은 하나님의 안식에 대해 이야기한다.

주님께서 이렇게 말씀하신다.
"하늘은 나의 보좌요,
땅은 나의 발 받침대다.
그러니 너희가 어떻게 내가 살 집을 짓겠으며,
어느 곳에다가 나를 쉬게 하겠느냐?"
주님의 말씀이시다.
"나의 손이 이 모든 것을 지었으며,
이 모든 것이 나의 것이다."

이 구절에서 창조, 성전, 하나님의 보좌 사이의 연관성을 주목하라. 하나님의 영역이 정돈된 상태에서 하나님은 보좌에 안식하시며 그 영역을 다스리신다. 시편 132:7-8은 이를 이렇게 표현한다.

"그분 계신 곳으로 가자.

그 발 아래에 엎드려 경배하자."

주님, 일어나셔서 주님께서 쉬실 그 곳으로 드십시오.

주님의 권능 깃들인 법궤와 함께 그 곳으로 드십시오.[13]

7일째 되던 날의 하나님의 안식은 많은 학자로 하여금 창세기 1장을 성전 낙성식 본문으로 간주할 수 있을지 궁금하게 만들었다. 하나님이 안식이 우리의 안식을 위한 본보기이기 때문에 우리는 이 가능성을 탐구할 필요가 있다.

바빌로니아의 창조 서사시

성경의 창조 이야기를 고대 근동의 다른 이야기와 비교하면 고대인들의 기본적인 세계관, 즉 그들의 고민과 질문 그리고 그에 대한 답을 이해하는 데 도움이 된다. 한 가지 예를 들면, 〈에누마 엘리쉬〉라고도 알려진 바빌로니아의 창조 신화는 신들 간의 싸움을 묘사하고 있으며, 여기서 마르둑이 승리한다.(a) 마르둑은 살해당한 증조할머니 티아마트의 잘린 시신을 펴서 천지를 창조한다. 그는 여러 신을 닮은 별자리를 만들고 날과 달과 해를 표시한다(V:4-49). 세상을 창조함으로써 마르둑은 "자신의 특권을 설계하고 자신의 책임을 고안"했다(V:67). 마르둑의 어머니는 그의 작품을 "좋다"(V:82)고 평가했다. 그 후, 다른 모든 신은 그가 왕으로 다스리는 바빌론에 성소를 짓고 모두 "쉴" 수 있도록 했다(VI:51-54). 신들이 '쉼'을 필요로 했던 것이 세상을 창조하게 된 신들의 싸움(I:122)을 일으켰고, 심지어 대홍수까지 불러온 결정적인 원인이었다.

성경은 이스라엘의 신 야웨를 다른 나라의 신들과 다르게 소개한다. 야웨와 바빌론의 신들은 세상에 대해 근본적으로 다른 성향을 지니고 있다. 다른 나라의 신들은 잠이 필요하고 잠을 재워 줄 누군가가 필요한 덩치 큰 인간 같다. 〈에누마 엘리쉬〉에서 신들은 잠을 잘 수 있을 때까지 징징거리는 반면, 성경은 야웨가 결코 주무시지 않는다고 주장한다(시 121:3-4). 2장에서는 바빌로니아의 창조 서사시가 인간의 기원을 어떻게 묘사하고 있는지에 대해 이야기할 것이다.

고대 근동의 사람들은 창조와 신전, 신전과 정원을 연관시켰다. 신전은 고대 생활의 중심이었으며, 신이 신전에 즉위할 때까지 창조는 완성되지 않았다.[14] 신전에는 보통 정원이 딸려 있었다. 게다가 신전 낙성식은 종종 7일에 걸쳐 진행되었다.

당연히 이스라엘의 성전은 성소 중앙 입구를 지키는 그룹(cherubim)을 비롯해 에덴동산을 연상시키는 이미지로 장식되어 있었다. 시편 78:69에 따르면, 하나님은 성전이 모든 창조세계를 닮도록 지으셨다. 따라서 이스라엘의 성전은 창조세계를 모델로 삼았다. 하지만 다른 방향으로도 작동할까? 고대 이스라엘의 창조 이야기가 성전 건축을 위한 본문이 될 수 있을까? 존 월튼(John Walton)은 "하나님이 이 우주 성전에서 안식을 취하실 때, 그분의 임재로 인해 성전이 (기능적으로) 존재하게 된다"고 결론을 내리면서 그렇다고 말한다.[15] 그의 말이 맞다면, 모든 창조세계는 하나님을 예배하기 위해 지어진 성전이다. 그렇다면 창세기 1장의 다른 날들과 달리 일곱째 날이 끝나지 않는다는 것은 의미심

장할 수 있다. 즉, 일곱째 날에는 첫째 날부터 여섯째 날을 마무리하는 '저녁과 아침'이 없으며, 하나님의 통치도 끝나지 않는다.

그러나 창조 이야기를 성전 낙성식 텍스트로 본다고 해서 창세기 1장이 인간의 일에 대한 패턴이 된다는 생각이 사라지는 것은 아니다. 르페브르와 블로허가 창조 주간이 인간 사회의 패턴이라고 본 것이 맞다면, 하나님의 일곱째 날 안식은 우리에게 가장 중요한 시사점을 줄 수 있다.

나처럼 보수적인 기독교 환경에서 자랐다면 안식일을 지키는 것을 율법주의와 연관시킬 수 있다. 유대교인, 메시아닉 유대교인, 제칠일안식일예수재림교인의 경우 안식일은 금요일 저녁부터 토요일 저녁까지다. 대부분의 다른 기독교인들은 '일주일의 첫 날'인 일요일에 예수님의 부활을 기념하기 위해 안식일을 지킨다. 내가 어린 시절에는 일요일에 피해야 할 활동 목록에 유급 노동, 쇼핑, 외식, 여행, 정원 일, 학교 일, 중요한 집안일 등이 포함되었다. 아버지는 리모델링 공사를 하는 자영업자이셨는데, 드물게 발생하는 긴급한 배관 공사 외에는 일요일에 고객 집에 가시는 일이 없었다.

당시에는 이러한 규칙이 어떻게 번영할 수 있는 여지를 만들어 주는지 충분히 이해하지 못했다. 나는 부지런히 일하는 집안에서 성장했다. 쉬는 날을 따로 정함으로써, 우리는 일중독이라는 우상숭배를 경계했다. 쉬지 않고 일하는 문화에서, 안식일은 노동의 결실을 축하하고 즐길 수 있는 가족만의 시간을 만들어 준다. 어릴 적에는 그렇지 않았는데, 자라면서 일은 끊임없이 울리는 디지털 알림과 함께 우리가 깨어 있는 모든 시간을 잠식해

버렸다. 그 어느 때보다도, 하나님은 일주일에 하루를 구별하여 일을 내려놓고 그분의 공급을 신뢰하도록 우리를 초대하신다.[16]

안식일은 우리에게 노예처럼 일하는 것을 멈추고 하나님의 왕실 가족처럼 살라고 촉구한다. 안식하려면 하나님의 은혜로운 공급에 대한 신뢰가 필요하다. 그러나 안식일은 그보다 중요하다. 이집트에서 바로가 안식일을 거부한 것은 그의 착취적인 노동 정책을 보여 주는 단면이다. 바로는 모세와 아론이 백성들의 일을 '멈추게'(문자 그대로 '안식일을 지키게') 한 것에 대해 꾸짖는다(출 5:5). 이스라엘의 하나님 야웨는 이스라엘 가정의 가장들에게 가족 구성원들이 쉴 수 있도록 하라고 명령함으로써 인간의 착취를 막으셨으며(출 20:8-11), 이 명령의 근거를 창조 주간에 두셨다. 어린이, 종, 이민자, 심지어 동물도 자유롭게 쉴 수 있다. 안식일은 모두를 위한 날이다.

> **핵심 개념**

○ 창세기 1장의 문학적 설계에 주목하면 질서와 결실에 대한 주된 관심을 알 수 있다. 하나님은 창조세계에 질서를 부여하여 더 이상 '형체가 없고 텅 빈' 것이 아니라 충만하고 풍요롭게 하신다.

○ 창조세계는 야웨를 모시는 우주의 성전이다. 야웨는 창조세계를 관장하시지만 인간을 창조세계의 통치자로 임명하여 질서를 유지하는 임무를 맡기셨다.

○ 6일 동안의 창조와 그 후의 쉼은 인간이 따를 만한 패턴이 된다. 우리는 6일 동안 일하며 창조세계에 질서를 부여한 다음, 하루를 쉬며 거룩하신 왕의 공급을 누려야 한다.

더 깊은 연구를 위하여

별표(*)가 있는 자료는 폭넓은 독자들이 사용 가능한 것이다.

Blocher, Henri. *In the Beginning: The Opening Chapters of Genesis*. Downers Grove, IL: InterVarsity Press, 1984.

* LeFebvre, Michael. *The Liturgy of Creation: Understanding Calendars in Old Testament Context*. Downers Grove, IL: IVP Academic, 2019.

* Lubeck, Ray. *Read the Bible for a Change: Understanding and Responding to God's Word*. Waynesboro, GA: Authentic, 2005.

* Walton, John H. *The Lost World of Genesis One: Ancient Cosmology and the Origins Debate*. Downers Grove, IL: IVP Academic, 2009.『창세기 1장의 잃어버린 세계』(그리심).

바이블 프로젝트 관련 영상: "하늘과 땅", "안식일", "창세기 1장."

2 창조의 면류관

왕족

안식일은 창조 주간의 절정이다. 그러나 하나님의 창조 사역의 면류관은 인간이다. 창세기 1장에서는 다른 어떤 피조물보다 인간에 대해 많은 단어를 할애한다. 인간은 육지 동물과 함께 6일째에 창조되지만, 하나님은 가장 좋은 것을 마지막에 남겨 두신다. 하나님은, "그 종류대로" 창조하신 동물들과 달리, 인간을 자신의 형상대로 만드셨다.

    하나님이 당신의 형상대로 사람을 창조하셨으니,
        곧 하나님의 형상대로 사람을 창조하셨다.
        하나님이 그들을 남자와 여자로 창조하셨다. (창 1:27)

사람들은 인간이 하나님의 형상(*imago Dei*)이라는 것이 어떤 의미인지 깊이 생각해 왔다. 하나님의 형상이라는 우리의 지위는 분명 어떤 면에서 우리를 동물과 구별한다. 하나님의 형상은 우리의 지성일까? 우리의 감정일까? 우리의 자의식일까? 우리의 관계 능력일까?[1] 이 질문에 대한 나의 접근 방식의 기초를 이루는 두 가지 증거는 (1) 고대 문화와 (2) 성경의 다른 구절이다. 고대 문화는 도움이 될 수 있다. 다른 고대 언어에도 형상을 뜻하는 히브리어 '첼렘'(tselem, image)과 같은 뜻의 단어가 있기 때문이다. 그 언어들 중 '첼렘'은 분명 어떤 구체적인 것을 의미한다. 그것은 신전에 있는 신의 신상이나 조각상을 가리킨다.[2]

우리는 이미 창세기 1장이 성전 창조에 관한 기록일 가능성을 생각했다. 이스라엘 성전에 야웨의 신상이 없는 것은 하나님이 이미 우주적 성전에 그분의 형상을 두셨기 때문일까? 신상의 존재가 특정 영역에 대한 신의 주권을 나타내기 위한 것이라면, 인간은 창조주 하나님을 지상에서 물리적으로 표현한 존재다. 그리고 신상이 실제 신에게 영광을 돌리기 위해 있는 것처럼, 인간은 야웨께 찬양을 돌리는 존재여야 한다. 신학자 마크 코르테즈(Marc Cortez)는 이것을 "상징적 존재"(representational presence)라고 부른다.[3] "우리는 하나님이 세상에서 자신의 거룩한 임재를 나타내기 위해 인간을 창조하셨다는 선언으로 하나님의 형상(imago Dei)을 이해해야 한다."[4] 하나님은 눈에 보이지 않으시므로, 인간을 창조하고 서로에게 자신의 존재를 상기시키도록 위임하셨다. 하나님이 세상을 다스리시기 때문에, 우리의 대표적인 역할은 하나님을 대신하여 다스리는 것이다. N. T. 라이트(Wright)는 우리가 "하나님의 지혜로운 질서를 세상에 반영하고 모든 피조물의 찬양을 창조주께 되돌려 드리는 각진 거울"이 되어야 한다고 말한다.[5] 좋은 표현이다.

창세기 1장에는 다스림이라는 개념이 분명하게 나와 있다. 창세기 1:26, 28은 인간이 하나님의 형상임을 알려 준다. 이 두 절은 인간이 물고기, 새, 짐승을 다스린다는 내용을 담고 있다. 하나님의 피조물을 책임감 있게 다스리는 것은 우리가 하나님의 형상이라는 지위를 행사하는 방법이며, 우리의 목적을 달성하는 것이다.[6] 인간만 땅에 충만하라는 명령을 받은 것이 아니다. 하나님은 창세기 1:22에서 물고기와 새들에게도 그렇게 하라고 말씀하셨다. "생육하고 번성하여 땅에 충만하여라"(창 1:28)라는 명령은 피조물로서의 임무다. 하나님의 형상으로 지음받은 인간의 주된 임무는 세상을 다스리는 것이다.[7]

하나님의 형상이 무엇을 의미하는지에 대한 또 다른 단서는 창세기 5장에 있다. 창세기 5장은 하나님이 인간을 '자신의 형상대로' 만드셨다는 내용을 다시 언급하며 시작한다.[8] 그런 다음 내레이터는 다른 인간의 탄생에 대해서도 동일한 표현을 사용한다. "아담은 백서른 살에 자기의 형상 곧 자기의 모습을 닮은 아이를 낳고, 이름을 셋이라고 하였다"(창 5:3).[9] 내레이터는 우리에게 유비(analogy)를 제시한다. 셋은 아담의 형상이고, 우리는 하나님의 형상이다. 하나님의 형상이 된다는 것은 친족 관계를 의미한다.[10] 우리는 하나님의 가족이다. 하나님의 형상이 된다는 것은 친족 관계와 왕권을 모두 포함하기에, 우리는 또한 왕족의 일원이다. 하나님의 형상이 된다는 것은 인간의 정체성이다.

인간의 정체성과 소명에 초점을 맞추는 데서 발생할 수 있는 위험 중 하나는 자부심이 과도하게 커질 수 있다는 것이다. 우리는 셀피(selfie)에 푹 빠진 세상에 살고 있다(나도 오늘 아침에 셀피를 몇 장 찍었다). 자기중심적인 태도가 표준이다. 자아 발견은 우리의 집착이다. 그것은 어쩌면 당신이 이 책을 선택한 이유일 것이다.

인간은 하나님의 다스림에 대한 반란을 일으킨 후에야 자신의 벗은 몸을 깨달았다. 그 전에는 자의식이 덜 발달되어 있었다. 창조 이야기가 인간의 출현으로 절정에 달하지만, 우주의 중심은 인간이 아니라 하나님이다.

건강한 리더는 다른 사람들의 필요를 고려하고, 그 필요를 충족시키기 위해 미리 계획을 세운다. 세상에는 자신의 힘을 남용하고 원하는 것을 취하는 리더들의 사례가 가득하다. 그들 중 많은 사람은 너무 자기중심적이어서 다른 사람들의 필요를 우선시하지 않는다. 이와 대조적으로, 창세기에 묘사된 인간의 다스림은 자비롭다. 우리는 다른 사람의 번영을 우선시해야 한다. 하나님이 인간과 동물에게 동일한 식량 공급원을 주신 것을 알고 있는가? 녹색 식물은 공유되어야 한다(창 1:29-30). 땅을 "정복"한다는 것은 땅을 차지하고 경작하는 것을 의미하지만, 다른 육지 동물들의 식량 공급원을 희생하는 것이 아니다.[11] 우리는 모든 창조 세계가 계속 번성하도록 '땅에 충만하고 땅을 정복하라'(창 1:28)는 사명을 받았다.

디즈니의 고전 애니메이션 〈라이온 킹〉에서 무파사왕은 아들 심바에게 왕으로서의 미래 운명을 소개한다.[12] "심바야, 빛이 닿는 모든 곳이 우리 왕국이란다."

심바는 흥분해서 묻는다. "이 모든 게 내 것이 된다고요?"

무파사는 왕국은 착취하는 것이 아니라 돌보는 것이라고 설명한다. 심바는 혼란스러워한다. "왕은 원하면 뭐든 할 수 있는 줄 알았어요!"

무파사는 그의 생각을 바로잡는다. "왕이 되는 것은 항상 자기 마음대로 하는 것이 아니다.…네가 보는 모든 것은 섬세한 균형 속에서 함께 존재한다. 왕으로서, 너는 그 균형을 이해하고 기어가는 개미부터 뛰어오르는 영양에 이르기까지 모든 생물을 존중해야 한다."

〈라이온 킹〉에는 창조주가 등장하지 않지만, 왕에 대한 무파사의 생각은 성경적이다. 하나님이 인간을 위해 설계하신 통치권은 지속 가능성을 희생하면서 이익을 극대화하는 것이 아니다. 어떤 대가를 치르더라도, 이익 이외의 가치가 우리의 행동을 형성해야 한다. 인간이 된다는 것은 하나님을 대신하여 창조세계를 돌보는 일에 참여하는 것이다. 우리의 임무는 창조주가 하실 법한 방식으로 지구를 돌보는 것이다. 우리는 하나님의 창조 사역을 계속한다.[13] 이 중요한 임무는 우리에게 자신 이외의 다른 것에 집중할 것을 요구한다.

〈에누마 엘리쉬〉에서의 인간 창조

1장에서 우리는 바빌로니아의 서사시 〈에누마 엘리쉬〉에 표현된 고대 근동 지역의 창조 개념을 살펴보았다.(a) 여기서는 그 서사시로 돌아가 그것이 인류의 창조를 어떻게 묘사하는지 살펴보자(VI:5-9). 〈에누마 엘리쉬〉에 따르면, 마르둑 신은 티아마트와의 전쟁을 선동한 죄로 죽임을 당한 신 퀸구(VI:29-34)의 피로 인간을 창조했다. 인류의 목적은 "신들이 쉬도록 신들의 짐을 지는 것"이었다(VI:8). 인간은 신들의 할 일이 줄어들도록 일해야 했다. 성경의 하나님과 달리, 바빌로니아의 신들은 낮에는 "쉬고" 밤에는 잠을 잤다. "한 몸으로 존경받되, 둘로 나뉘어 있게 하라"는 구절에서, 우리는 인간이 하나의 종(種)이었지만 남성과 여성으로 나뉘어졌다는 것을 알 수 있다(VI:10). 마르둑은 인간, 즉 "검은 머리의 백성, 그의 피조물"(VI:107)을 보살피며, 인간은 "그를 섬긴다"(-VI:113).

성경의 기록과 유사한 점은 인간이 신을 '섬긴다'는 점이다(창 2:15). 그러나 차이점도 주목할 만하다.

- 창세기의 창조 기사에는 신들 간의 갈등이 묘사되어 있지 않다.
- 물질세계는 죽은 신들의 몸으로 만들어진 것이 아니다.
- 인간은 반역한 신의 피로 만들어진 것이 아니라, 하나님의 선한 창조물인 흙으로 만들어졌다.
- 인간의 사명은 창조세계를 다스리고 모든 창조세계의 유익을 위해 하나님을 대신하여 결실을 맺는 것이지, 신들이 먹고 잘 수 있도록 육체노동을 하는 것이 아니었다.

바빌로니아의 서사시는 신의 후손을 그들의 "형상"이라고 부른다. 마르둑의 아버지는 신 안샤르가 "그의 후손인 아누를 자신과 동등한 존재로 만들었다. 그러자 아누는 자신의 형상인 누디무드를 낳았다"고 말한다(I:16). 핵심 개념은 친족 관계다. 지금까지 살펴본 바와 같이, 성경의 "형상" 개념에는 친족 관계도 포함된다. 그러나 창세기에서는 신이 아니라 평범한 인간이 하나님의 형상으로 존엄성을 부여받는다. 우리는 하나님의 가족의 일원으로 간주된다. 메소포타미아의 창조 신화에서는 보통 왕들만 신의 형상으로 여겨졌지만, 성경에 따르면 그러한 지위는 모든

인간에게 주어졌다. 이는 모든 인간이 하나님을 나타낸다는 의미다.(b)

팀워크

이런 대조적인 측면을 염두에 두고, 성경 본문을 면밀히 살펴보자. 놀랍게도, 창세기 1장에서 하나님은 "우리가 우리의 형상을 따라서, 우리의 모양대로 사람을 만들자"라는 말로 인간 창조 행위를 시작하신다(창 1:26). 하나님은 유일하신 분이지만, 그럼에도 "우리"라는 복수형을 사용하신다. 어떤 해석자들은 이것을 삼위일체에 대한 언급으로 여긴다. 하나님이 삼위일체(한 분 안에 세 위격이 있는)이시기에, 자신 안에서 대화를 나누실 수 있다는 것이다. 하나님의 위격적 상호 관계라는 개념은 신약성경에 가서야 명확하게 드러나며, 신약성경에서 예수님은 성육신하신 하나님이자 하나님의 정체성에 포함된 존재로 표현된다.[14] 설령 하나님이 창세기 저자에게 미리 보여 주셨더라도, 그 구절이 원래의 청중에게 삼위일체를 의미했을 가능성은 거의 없다.

고대 근동의 정황에서, 최초의 청중은 이 구절을 하나님의 하늘 궁정을 가리키는 것으로 들었을 것이다. 오직 하나님만 무에서 유를 창조하실 수 있지만, 여기에서 하나님은 천사들을 자신의 회의에 참여시키신다. 이 해석은 천상 회의(divine council)의 존재를 인정하는 수많은 구약성경 구절(예를 들어, 욥 1:6-12; 시 82편; 사 6:8)과 일치한다.

어느 견해가 가장 설득력 있는 견해든, 인류는 공동체에서 태어났다. "우리"와 "우리의 형상"과 "우리의 모양대로"는 집단적 숙고를 함의한다. 그리고 하나님의 독창적인 창조 작업 결과는 한 사람이 아니라 한 쌍의 인간이다. 남자와 여자 둘 다 하나님의 형상으로 만들어졌고 둘 다 땅을 정복하고 다스리도록 위임받았다.15) 루시 페피아트(Lucy Peppiatt)가 주장하듯, "하나님의 형상(imago Dei)이라는 신학이 인간 공동체 내에서 어떤 함의를 지니는지에 대한 이해 없이, 이것을 개인에게만 적용하거나 하나님과의 관계에 있어서 개별적 인간에게만 적용하는 것은 만족스럽지 않다."16) 우리는 **모두** 하나님의 형상이다. 하나님은 남자와 여자가 서로 교제하고 세상에서 나란히 일할 수 있도록 만드셨다.

그렇다면 왜 우리는 서로를 "이성"(the opposite sex)이라고 부를까? 우리는 서로 반대되는 게 아니라 대응하는 존재다. 우리는 이웃이고, 서로에게 가장 가까운 존재다.17) 이 이야기의 요점은 우리의 유사성이지 차이점이 아니다.18) 초대 교부인 니사의 그레고리우스(Gregory of Nyssa)의 견해를 요약하면서, 루시 페피아트는 "성별의 차이나 성적 결합은 우리가 형상을 지니는 데 본질적이지 않다"19)라고 설명한다. 그는 이어서 우리가 함께 세상에서 하나님의 일을 수행한다고 결론짓는다.

결혼이 공동 작업의 전제 조건은 아니지만, 우리가 이 현실을 세상에 반영할 수 있는 여러 방법 중 하나이긴 하다. 나의 결혼 생활이 그 예다. 지난 몇 년 동안 남편과 나는 가족을 향한 하나님의 부르심을 분별하고 그에 따라 역할을 조정했다. 아이들이 아기였을 때 나는 집에서 대부분의 쇼핑, 요리, 청소를 담당했고, 신학교에서 파트타임으로 공부했다. 아이들이 학교에 다니기 시작하자 나는 박사 과정을 시작했고, 남편과 나는 아이들과 좋은 시간을 보낼 수 있도록 집안일을 분담했다. 나는 요즘 전임강사로 일하고 있고, 남편은 파트타임으로 일하면서 집안을 돌보고 있다. 남편과 나는 한 팀이다.

그러나—여러분은 이렇게 말할지도 모른다—하나님은 아담의 돕는 배필로 하와를 만드신 게 아닌가? 그리고 그것은 아담의 경력이 우선이고, 하와의 일이 아담을 섬기는 것이라고 암시하는 게 아닐까? 반드시 그런 것은 아니다. 이 질문에 대한 답은 창세기의 두 번째 창조 기록 중간쯤에 나온다. 그것을 잘 이해하려면 문맥을 고려해야 한다.

관리인

창세기 2장은 처음에 다소 혼란스럽다. 다시 창조를 하신다는 말일까? 우리는 이미 창세기 1장에서 인간의 창조를 봤지만, 창세기 2:5에는 여전히 인간이 없다. 식물도 없다. 하나님은 계속 창조를 진행하시지만, 창세기 1장과 다른 순서로 진행하신다(남자가 동물보다 먼저고, 동물이 여자보다 먼저다).

분명히 창세기 1장과 2장은 연대순으로 정리된 것이 아니다. 각 장은 하나님의 창조적 활동에 대해 다른 각도에서 설명하고 있다. 창세기 1장에서, 하나님은 중심에 계신다. 우리는 잘 짜인 문학적 구조 안에서 그분의 말씀의 능력과 창조의 경이를 목격한다. 따라서 창세기 1장은 인간에게 창조세계에 대한 지배권을 비롯해 규칙적인 휴식의 리듬을 포함하는 모범적인 일주일을 제시한다.

　창세기 2장은 하나님과, 땅과, 식물과, 동물과, 그리고 서로와 관련하여 인간이 된다는 것이 무엇을 의미하는지 탐구한다. 창세기 3장이 끝날 때까지 최초의 인간에겐 이름이 없다. 왜냐하면 그들은 우리 모두의 모범이 되기 때문이나. 창세기에 나오는 두 번째 창조 이야기를 자세히 읽어 보면 우리가 누구인지 알 수 있다.

　창세기 1장과 마찬가지로, 이 장들이 역사를 전달하려는 것인지에 대한 기독교인들의 의견은 분분하며, 그 논쟁은 이 책의 범위를 벗어난다. 창세기 2-3장을 인간이 된다는 것이 무엇을 의미하는지에 대한 상상적인 "비유"로 읽을 것인지 최초의 인간 부부에 대한 역사적 기록으로 읽을 것인지에 대해 의견이 분분하지만, 이 장들이 기독교 인류학의 기초가 된다는 점에는 모두 동의할 수 있다.

　이야기에 주의를 기울여 보면, 인간이 정원사로 살아가도록 지음받았다는 사실을 가장 먼저 발견하게 된다. 하나님은 인간을 창조하셔서 기쁨이 가득한 창조적 일에 참여하고 피조물과 조화를 이루며 살도록 하셨다. 이것은 태초부터 분명하다. 창세기 2:5은 땅에 열매가 없는 것을 두 가지 요인으로 돌린다. (1) 하나님이 아직 비를 내리지 않으셨고, (2) 인간이 아직 땅을 경작할 수 있는 상태가 아니었다. 이 말씀은 땅을 경작하는 일이 하나님과 인간이 함께 하는 것으로 의도되었음을 암시한다.

　인간이 없는 상태는 하나님의 창조 행위로 해결된다. 우리는

"주[야웨] 하나님이 땅의 흙으로 사람을 지으셨"다는 것을 안다(창 2:7), 이것은 우리가 동물과 공유하는 기원이다(창 2:19 참조). 이 진술은 인간과 지구의 본질적인 연결을 강조한다. 우리는 라틴어의 humus(흙)에서 유래한 human(인간)이고, 히브리어의 *adamah*(흙)에서 유래한 *adam*(사람)이며, 영어의 earth(지구)에서 유래한 earthling(지구인)이다. 그러나 우리는 흙 그 이상이다. 하나님은 자신의 숨을 불어넣어 인간을 살리시고, 그에게 동물의 이름을 지으라고 말씀하셨다(창 2:19-20). 이 두 가지 행위는 인간을 무생물과 생물에서 각각 분리시킨다.

창세기 2:5에 암시된 하나님과 인간의 협력 관계는 그 다음 구절에서 구체화된다. 우리는 하나님이 정원사라는 것을 알게 된다. 하나님은 에덴에 동산을 일구시고 지으신 인간에게 그것을 맡기셨다(창 2:8). 하나님은 에덴동산에 첫 인간을 두시면서 그에게 "그곳을 맡아서 돌보게 하셨다"(창 2:15). 즉, 인간의 역할은 하나님의 동산을 유지하고 보호하는 것이었다.[20] 하나님이 인간에게 주신 첫 번째 지침은 그곳의 열매를 즐길 수 있도록 허락하시는 것이었다.

우리는 인간이 먹을 수 없었던 열매에 초점을 맞추는 경향이 있지만, 이 이야기를 다시 말하자면, 하나님은 인간이 다른 모든 나무의 열매를 자유롭게 먹을 수 있도록 허락하셨다. 동산은 풍요와 선한 일과 안식의 장소다. 재배와 청지기 직분의 기쁨으로 돌아가는 것은 어떤 모습일까? 첫 번째로 익은 토마토를 맛보는 것은 어떨까? 신선한 복숭아의 달콤한 향기를 맡는 것은 어떨까? 하나님이 만드신 동물들과 자유롭게 생산물을 나누는 것은 어떨까? 태초부터 우리 인간의 소명은 창조물을 경작하고 돌보는 일, 즉 땅의 나머지를 에덴과 같이 만드는 일이었다. 우리는 그것을 소홀히 하고 있으며, 그로 인해 우리 자신과 아이들이 위험에 처하게 된다.

기독교인과 환경

지금은 환경 보호가 인간의 소명에 얼마나 중요한지 알지만, 어린 시절에 경험한 기독교 공동체와 환경 보호 운동 사이의 대립적인 관계에 대해서는 여전히 의아하다. 환경 보호가 우리가 하나님의 형상으로 존재한다는 것을 증명하는 핵심적인 방법이라면, 투표를 비롯한 우리의 행동은 창조물을 돌보는 것을 고려해야 한다. 우리는 가능한 한 우리가 참여하는 기관들이 환경을 지속 가능하게 하는 관행을 실행하도록 도움으로써 그 기관들에 영향을 미칠 수 있다. 또한 소비자로서는 개별 기업들이 유통과 생산 과정에 필요한 변화를 일으키도록 압력을 가할 수 있으며, 깨끗한 생산과 유통이 보장되지 않는다면 제품을 구매하지 않을 수 있다.

어떤 그리스도인은 복음 문제에 우선순위를 두어야 한다고 주장할 것이다. 그러나 창세기 1장과 2장을 보면, 창조세계를 돌보는 것은 인류에 대한 하나님 계획의 중심이다. 그것은 하나님이 우리를 그분의 왕족의 일원으로 살도록 설계하신 방식이다. 샌드라 리히터(Sandra Richter)는 환경 파괴가 취약 계층 공동체에 불균형적으로 영향을 미친다고 지적한다.(a) 우리는 우리 자신뿐만 아니라 다른 사람들의 복지를 고려하여 왕족으로서 창조세계를 돌봐야 한다. 이후 장들에서, 우리는 창조세계가 어떻게 영원토록 중요한 의미를 지니게 될지 계속 살펴볼 것이다. 환경 문제에 사용하는 에너지는 낭비되는 에너지가 아니다. 그것은 복음 선포와 일치한다.

그 반대도 마찬가지다. 인간의 죄는 지구에 파멸적인 방식으로 영향을 미친다. 4장에서 이 주제에 대해 더 자세히 살펴보겠다.

두 번째 창조 이야기

두 번째 창조 이야기는 인간의 정체성과 소명에 초점을 맞추고 있다. 인간은 창조세계와 본질적인 특성을 공유하지만, 동시에 하나님의 숨을 마시며 창조적 청지기로서 하나님의 일에 동참한다. 이러한 목적을 염두에 두고, 첫 번째 남자와 첫 번째 여자의 관계에 대한 질문을 다시 생각해 볼 수 있다. 첫째, 하나님은 남자를 만드셨다(창 2:7). 그리고 나서 하나님은 그에게 동산을 가꾸고 돌보는 일을 주셨고, 먹을 것을 제공하셨다. 그리고 그에게 어떤 나무의 열매는 먹지 말라는 명령을 내리셨다(창 2:15-17). 즉시, 하나님은 그 남자가 혼자 있으면 안 된다고 결론을 내리셨다. 그에게는 자신의 임무를 수행할 파트너가 필요했고, 옳은 일을 할 수 있도록 도와줄 사람이 필요했다. 다시 말해 그에게는 일과 예배에 파트너가 필요했다.

하나님은 남자에게 의미 있는 일을 부여함으로써 인간이 스스로 선택하고 행동할 수 있는 여지를 마련해 주셨다. 그리고 그에게 동물의 이름을 지어 보라고 권유하셨다.[21] 하나님이 그에게 데려오신 동물들의 행렬은 그가 모든 동물과 동떨어져 있다는 느낌, 즉 자신이 혼자라는 느낌만 더욱 부각시킬 뿐이었다. 그에게 짐을 짊어질 누군가가 필요했다면, 그는 말이나 노새를 택했을 것이다. 그에게 필요한 것은 동반자였다. 하나님이 남자의 몸으로 여자를 창조하셨다는 것은 그들의 본질적인 유사성과 하나님 앞에서의 동능한 지위를 보여 준다. 동물들과 달리, 여자는 남자에게 '대응하는 존재'(counterpart)다. 여자가 남자의 몸에서 태어났다는 사실은(미래의 모든 남자는 여자의 몸에서 태어날 것이다), 둘 사이에 신비한 연결이 있음을 암시한다. 여자는 '남자와 대응하는 존재다'(히브리어로 '케네그도', 창 2:18, 20). 나중에 "뼈도 나의 뼈, 살도 나의 살"이라는 표현은 친족 관계임을 암시한다.[22]

그렇다면 왜 하나님은 그녀를 남자의 '돕는 자'라고 부르셨을까? 남자는 혼자서 자신의 목적을 달성할 수 없기 때문이다. 그는 부족하다. 그에게는 그녀가 필요하다. 인간은 공동체를 위해 만들어졌다. 구약성경은 나머지 부분에서 '돕는 자'(히브리어로 '에제르')를 두 가지 주요 방식으로 사용한다. (1) 전투에서 동맹군을 돕는 병사를 가리키는 데 사용되고(예를 들어, 수 1:14; 대하 12:1-22 참조), (2) 이스라엘의 조력자로 하나님을 가리키는 데 사용된다(예를 들어, 창 49:25; 대하 32:8; 시 10:14; 사 41:10-14 참조). 분명히 그 구절들에서 '돕는 자'는 종속적인 역할을 하지 않는다. 오히려 그 반대다. 하나님은 이스라엘에게 부족한 것을 공급해 주신다. 사실 '에제르'(ezer)는 구약성경에 90회 이상 일반 명사로 등장하지만,

결코 주인을 위해 일하는 종이나 부하를 가리키지 않는다. '에제르'는 주로 군사적 맥락에서 사용되며, '동료'로 번역하는 것이 가장 적절하다.

첫 번째 인간은 동산에 배치되어 임무와 명령을 받았다. 그는 이 명령을 수행하는 데 도움을 줄 동료가 필요했다. 동물보다는 자신과 더 비슷한 사람이 필요했다. 하나님은 이 역할을 수행할 여자를 만드셨다. 우리는 왜 창세기 2:18을 읽을 때 여자를 남자에게 종속된 존재로 여길까? 우리는 창세기 3장에서 일어난 인간 반역의 파멸적인 결과가 마치 하나님의 본래 의도된 설계를 보여주는 것처럼 생각하고, 성급하게 그 내용으로 넘어가는 경향이 있을지도 모른다. 그러나 하나님이 가시와 엉겅퀴, 그리고 여자가 지배받는 것을 원하신 것은 아니었다. 그것은 마치 예비 부모가 아이가 태어나기도 전에 벌을 주기 위한 공간을 세심하게 마련해 두는 것과 마찬가지다.

아담과 하와가 하나님께 반역하기 전에는 어떤 위계도 그들을 구분하지 않았다.[23] 남자와 여자는 모두 하나님의 형상이다(창 1:27). 어느 쪽도 다른 쪽을 지배하지 않는다. 하나님의 계획은 우리가 파트너로 일하는 것이다. 우리는 모두 창조세계를 다스리도록 부름받았다. 자손을 번성하게 하려면 남자와 여자가 모두 필요하다(창 1:28).[24]

비록 대부분의 인간이 자손을 낳지만, 자손을 번성하게 하는 것이 인간의 본질을 결정하거나 하나님의 형상으로서 우리의 지위를 정하는 데 필수적인 요소는 아니다. 피터 젠트리(Peter Gentry)와 스티븐 웰럼(Stephen Wellum)은 창세기 1:27-28의 교차대구(chiasm) 또는 문학적 샌드위치 구조에 주목한다.

> (A) 하나님이 하나님의 형상대로 사람을 창조하셨다.
> (B) 하나님이 그들을 남자와 여자로 창조하셨다
> (B´) 생육하고 번성하여 땅에 충만하여라.
> (A´) 땅을 정복하여라. 바다의 고기와 공중의 새와 땅 위에서 살아 움직이는 모든 생물을 다스려라.[25]

성적 구분은 우리가 번성할 수 있게 하는 필수 조건이지만(B), 하나님의 형상으로서 우리의 지위는 정복하고 다스리는 것으로 표현된다(A´). 이 샌드위치 구조의 짝을 이루는 요소들은 우리가 하나님의 대리자로 창조세계를 다스림으로써 하나님의 형상이라는 우리의 정체성이 표현된다는 것을 보여 준다. 하나님이 창세기 1:22에서 동물들에게도 번성을 명하시기 때문에, 번성은 하나님의 형상이라는 우리 정체성의 기초가 될 수 없다.

"남자와 여자"라는 표현이 "하나님의 형상"과 나란히 쓰인 것은 하나님의 형상이라는 인간의 지위가 특정 내용보다는 포괄성에 있음을 강조한다.[27] 본문은 '하나님이 그들을 하나님의 형상이 될 수 있도록 남자와 여자로 창조하셨다'고 말하지 않는다. 이 경우 우리의 생물학적 성별은 하나님의 형상으로 기능하는 데 필요한 측면이 될 것이다. 오히려 본문은 하나님의 형상이라는 지위가 성별에 관계없이 모든 인간에게 적용된다고 말한다. 요점은 우리의 성, 성별, 결혼 여부, 부모라는 지위가 하나님의 형상이라는 정체성의 필수적인 구성 요소가 아니라는 것이다. 성경의 이야기가 끝날 때쯤, 우리는 결혼하지 않고 세상에서 하나님의 일에 종사하는 많은 남녀를 보게 된다. 그중에서도 가장 대표적인 사람이 바로 바울과 예수님이다. 예언자 안나도 자녀가 없는 것 같고(눅 2:36-37), 에티오피아 내시도 기꺼이 신앙 공동체에 받아들여졌다(행 8:26-39).

창세기 1장은 오늘날 성과 성별에 관한 모든 질문에 답하기 위해 만들어진 것이 아니다. 그러나 하나님의 숙고가 복수형이었다는 사실("우리가…사람을 만들자")과 그 결과가 복수형("남자와 여자")이었다는 사실을 기억하는 것은 중요하다. 요점은 하나님의 형상이라는 지위에서 어떤 사람도 배제되지 않으며, 그와 관련된 임무를 혼자 완수할 수 있는 사람은 아무도 없다는 것이다. 우리 중 누구도 모든 것을 혼자 할 필요가 없다. 하나님의 사명을 완수하기 위해서는 서로가 필요하다.

> **핵심 개념**

- 하나님의 형상은 구체적이다. 왕이나 신을 상징하는 조각상처럼 인간은 창조세계 안에서 야웨를 상징한다. 하나님의 형상이 되는 것이 인간의 정체성이다.
- 하나님의 형상이 된다는 것은 친족 관계와 왕권을 의미한다. 인간은 하나님의 왕족의 일부다.
- 이 정체성은 환경 보호와 다른 인간과의 협력 등 창조세계에 대한 책임 있는 다스림으로 표현된다.
- 성별이 우리가 하나님의 형상으로 만들어졌다는 것을 증명하거나 부정하지는 않는

다. 모든 인간은 하나님의 형상이다.

더 깊은 연구를 위하여

McDowell, Catherine L. *The Image of God in the Garden of Eden: The Creation of Humankind in Genesis 2:5 3:24 in Light of* mīs pî pīt pî *and* wpt-r *Rituals of Mesopotamia and Ancient Egypt.* Siphrut 15. Winona Lake, IN: Eisenbrauns, 2015.

Middleton, J. Richard. *The Liberating Image: The Imago Dei in Genesis 1.* Grand Rapids, MI: Brazos, 2005. 『해방의 형상』(SFC).

* Moo, Douglas J., and Jonathan A. Moo. *Creation Care: A Biblical Theology of the Natural World.* Grand Rapids, MI: Zondervan, 2018. 『창조 세계 돌봄』(죠이북스).

Peterson, Ryan S. *The Imago Dei as Human Identity: A Theological Interpretation.* Journal of Theological Interpretation Supplement 14. Winona Lake, IN: Eisenbrauns, 2016.

* Richter, Sandra L. *Stewards of Eden: What Scripture Says About the Environment and Why It Matters.* Downers Grove, IL: IVP Academic, 2020. 『에덴의 청지기』(CLC).

바이블 프로젝트 관련 영상: "창세기 1-11장", "하나님의 형상", "관대함"

3 일의 시작

실행

신학은 결과를 가져온다. 우리가 창세기의 초기 장들을 어떻게 읽느냐는 우리가 살아가는 방식을 형성한다. 우리의 정체성은 우리가 하는 일에서 표현된다. 그러므로 이 장에서는 인간의 소명에 대한 이러한 생각을 실제 삶에 적용해 보겠다.

오랫동안 꾸준히 일해 온 사람들에게는 일하는 것이 특권으로 여겨지지 않을 수 있다. 그들에게는 월요일 아침에 출근하는 것이 부담일 수 있다. 그러나 한 달 이상 실직 상태이거나 고용이 불안정한 사람들에게 물어 보라. 그들은 자신의 상황이 얼마나 의욕을 잃게 하는지 말할 것이다. 하나님은 우리가 일에서 만족을 찾도록 우리를 만드셨다.

대학을 졸업한 후, 대니얼(남편)과 나는 선교사가 되어 필리핀으로 이사했다. 그곳에 가기 위해 수많은 훈련을 받고, 책을 읽고, 생각을 정화하고, 짐을 정리하고, 물건을 팔고, 기도해야 했다. 가족이 해외로 이동하는 것은 결코 쉬운 일이 아니다. 하나님은 우리를 위해 기도하고 재정적으로 지원해 줄 엄청난 팀을 만드셨다. 우리의 임무는 필리핀의 소수 언어 집단을 섬기는 일에 참여하는 것이었지만, 가장 먼저 해야 할 일은 필리핀의 공용어인 타갈로그어를 배우는 것이었다. 몇 달 동안의 언어 공부 끝에 우리는 일할 준비가 되었다. 그러나 문제가 있었다.

대니얼이 팀의 행정 관리자로 발탁된 것이다. 그의 임무는 재정, 정부 서류 작업, 여행 준비, 매뉴얼 및 절차 등 팀의 전반적인 업무를 처리하는 것이었다. 우리 팀은 네 가족으로 구성된 소규모 팀이었다. 다른 팀원들은 이미 그곳에 오래 머물렀고, 우리는 팀 관리자가 있으면 우리 팀에 더 많은 선교사를 모집할 수 있을 거라고 생각했다. 그러나 대니얼이 일을 시작하자마자, 국제 본부로부터 서양 사람들이 필리핀 사람들에게 일을 넘겨줄 때가 되었다는 소식이 들려왔다. 우리 팀은 단계적으로 해체될 예정이었다.

우리는 큰 충격을 받았다. 우리는 필리핀에 가기 위해 많은 공을 들였고, 타갈로그어를 배우는 데도 엄청난 노력을 기울였다. 그러나 선교 단체에서 우리에게 더 이상 선교사를 보내지 않는다면, 어떻게 그곳에 머물 수 있었을까? 대니얼은 한 달에 하루나 이틀 정도 현재 주어진 책임을 다할 수 있었을 뿐, 나머지 시간에는 쓸모없는 존재처럼 느껴졌다.

우리는 그가 할 수 있는 일을 열심히 찾아봤다. 그는 다른 선교 단체에 재무나 행정 관련 업무를 제안하기도 했다. 그러나 아무도 그의 도움을 필요로 하지 않았다. 나는 대니얼이 우울증에 빠지는 것을 무력하게 지켜봐야 했다. 하나님이 우리를 세상에서 그분의 일에 적극적으로 참여하도록 빚으셨기 때문에, 그렇게 할 수 없다면 우리는 낙담하게 된다.

메리 맥더모트 쉬들러(Mary McDermott Shideler)는 다음과 같

이 담대하게 주장한다.

> 인간이 된다는 것은 행동하고 일하는 것이다. 일함으로써 우리는 진정한 우리 자신이 되고, 진정으로 자신과 서로를 알게 된다. 따라서 본질적으로 하찮거나 조잡하거나 가치가 없는 것을 만드는 일은 생산, 교환, 사용이라는 모든 측면에서 그 일에 종사하는 사람을 감소시킨다.[1)]

좋은 일을 하는 것은 우리의 목적을 표현하는 한 가지 방법이다. 이스라엘의 율법은 근면하게 일하는 것을 긍정적으로 여긴다. 레위기 19:9-10은 농부들에게 수확한 곡식을 모두 거두지 말고 가난한 사람들과 이방인들이 거둘 수 있도록 가장자리의 곡식을 남겨 두라고 한다. 땅이 없는 사람(동물도 포함!)들이 저절로 자라는 것을 거두어들일 수 있도록, 땅을 7년마다 1년씩 쉬게 해야 한다(레 25:2, 7). 이것은 무상 급식이 아니다. 이 율법은 사회의 가장 취약한 구성원들조차 생계를 위해 일할 수 있도록 보장한다.

출애굽기 21:2, 7에 나오는 이른바 노예법 조항도 자선보다 계약 노역이 빈곤에 대한 더 나은 해결책이라고 가정한다. 빚을 감당할 수 없는 사람들은 장기간 다른 가정에 합류하여 일하면서 빚을 갚아 나갈 수 있었다. 이스라엘 사람들에게는 빚을 갚지 못했다고 감옥에 가두는 제도가 없었다. 대신 어려운 상황에 처한 사람들의 존엄성을 보호하기 위해 그들에게 일할 기회를 제공했다.

사람들은 대부분 넷플릭스를 보거나 비디오 게임을 하거나 SNS를 스크롤하는 것을 일로 간주하지 않는다. 농구 경기를 보거나 휴가를 가는 것도 마찬가지다. 아마도 많은 북미 사람들이 삶에 대해 불안감을 느끼는 이유 중 하나는 우리 중 상당수가 목표 없는 시간을 보내기 때문일 것이다. 우리는 우리의 소명을 이루지 못하고 있다. 주변을 둘러보라. 당신이 있는 세상은 어떠한가? 당신은 창조주의 소망을 반영하고 있는가? 창조세계의 번영을 촉진하는 질서를 가져오는 것 말이다. 대부분의 경우 우리가 그 일을 감당하는 모습은 화려하지 않다. 설거지를 하거나 빨래를 개는 일은 상을 받을 만한 일도 인스타그램에 올릴 만한 일도 아니다. 하지만 우리가 우리 주변 세상에 질서를 가져오기 위해 부지런히 노력할 때, 우리 주변 사람들은 번성할 수 있는 공간을 얻게 된다.

하나님은 우리에게 좋은 일을 주셨고, 그 일은 우리에게 만족을 가져다준다. 그러나 궁극적으로 우리의 가치는 우리가 무엇을 생산할 수 있느냐에 달려 있지 않다. 우리의 일은 우리를 정의하지 않으며, 우리를 소비해서도 안 된다. 안식일의 리듬은 하나님이 필요한 것을 채우신다는 믿음 안에서 쉬도록 그리고 자신의 가치를 일의 성과나 생산성에서 찾지 않도록 우리를 일깨워 준다.

창세기 1장의 절정은 하나님이 자신이 창조한 인간에게 축복을 주시는 장면이다. 하나님의 형상이라는 우리의 정체성은 우리가 어떤 면에서 하나님처럼 창조되었다는 사실로 인해 우리를 하나님과 연결한다. 하나님이 우리를 창조하셨다는 성경의 주장을 진지하게 받아들인다면, 인간으로서 우리의 정체성은 창조주와 확고하게 연결된다. 우리는 하나님이 어떤 분인지 그리고 하나님이 우리를 어떤 존재로 의도하셨는지에 따라 지금의 우리가 된 것이다. 하나님을 언급하지 않고는, 우리는 자신을 정확하게 정의할 수 없다.

우리가 하나님의 형상이라는 사실은 또한 우리를 서로에게 연결시키는데, 이는 남자와 여자 모두 이 이 지위를 공유하기 때문이다. 어느 누구도 혼자서 하나님의 목적을 성취할 수 없다. 우리에게는 서로가 필요하다. 우리의 정체성은 공동체 안에서 정의된다. 다스리는 임무는 전체 종족에게 부여된 것이다.

우리가 하나님의 형상이라는 사실은 우리를 다른 피조물과 연결해 준다. 우리는 다른 피조물들과 관계를 맺음으로써 정의되며, 우리의 양식은 하나님이 열매 맺는 식물과 나무들을 공급하시는 데 달려 있다(창 1:29-30). 더글라스 무(Douglas Moo)와 조나단 무(Jonathan Moo)가 말한 것처럼, "하나님의 형상은 하나님을 대신하여 세상을 다스리도록, 하나님과 서로와, 그리고 모든 피조물과 특별한 관계로 맺어진 존재임을 의미한다."[2)]

이전 장에서 살펴본 바와 같이, 다른 나라의 창조 기사와 달리 성경은 인간 존재를 특권으로 나타낸다. 하나님이 주신 소명을 감당하는 것은 (그 이상도 이하도 아닌) 축복이다!

성별과 사역의 역할

이서 맥컬리(Esau McCaulley)가 기독교인들이 하나의 구절을 선택해서 그 구절을 렌즈 삼아 다른 모든 구절을 보는 방식에 대해 말하는 것을 들은 적이 있다. 그는 그 방식을 "반지의 제왕 접근법"(Lord of the Rings approach)이라고 불렀는데, 이 말은 "하나의 반지로 모든 것을 다스린다"는 뜻이다. 그의 주장은 하나의 구절만으로는 어떤 주제에 대한 성경 가르침의 깊이를 온전히 담아낼 수 없다는 것이었다. 반지의 제왕 접근법은 특히 여성 사역자들과 관련하여 나타나곤 한다. 바울은 여성이 할 수 있는 공적 사역의 범위를 제한하는 것 같은 몇 가지 언급을 했다. 이 몇 구절은 여성이 할 수 있는 일과 할 수 없는 일을 두고 논쟁하는 긴장된 대화의 장이 되었다.

이 접근법은 두 가지 문제를 지니고 있다. 첫째, 바울은 우리에겐 낯선 문화적 맥락에 놓인 특정 교회에 편지를 쓰면서 그 맥락의 문제를 다루려 했다. 둘째, 이러한 금지 사항에 지나치게 집중하는 사람들은 바울이 여성 동역자들을 지속적으로 칭찬하고 있다는 사실을 간과하는 경우가 많다(예를 들어, 롬 16장).

창세기 1-2장은 이 문제를 자세히 살펴보는 출발점으로 아주 좋은 본문이다. 이 기초적인 장들에서 드러나는 것은 여자와 남자가 창조의 면류관으로 나란히 서 있다는 성경의 분명한 주장이다. 여자는 하나님의 형상이고, 동등한 존엄성을 지니고 있으며, 창조세계에 하나님을 나타내는 동등한 책임을 지고 있다. 하나님의 형상이라는 사실과 관련된 일들이 주로 남자에게만 해당된다는 것을 나타내는 본문은 없다. 사실 땅에 충만해지는 것이 인류에 대한 하나님의 의도의 일부이기 때문에, 남자만으로는 그것을 이룰 수 없다.

창세기 2장은 남자가 혼자서 인간의 목적을 이루려는 시도가 불완전함을 강조한다. 남자의 고독한 상태는 창세기에서 처음으로 '좋지 않다'고 묘사된 경우다(창 2:18). 남자에게는 함께 책임을 나눌 수 있는 동등한 동반자가 필요하다. 남자에게는 여자가 필요하다. 남자에게 동반자가 없다는 사실이 하나님이 그에게 명령을 내리신 직후에 가장 먼저 언급된다는 점은 흥미롭다. 그것은 우리가 하나님을 신실하게 따르기 위해 서로를 필요로 한다는 사실을 함의한다. 우리가 서로의 죄에 대해 책임을 지는 것은 아니지만, 건강한 동반 관계는 긍정적인 영향을 미칠 수 있다.

에덴동산에서는 동반 관계가 잘 이루어지지 않았지만, 하나님이 처음부터 인간에게 의도하신 동반 관계는 분명히 더 큰 신실함을 격려하기 위한 것이었다. 그러므로 당신이 바울의 가르침에 대해 어떤 결론을 내리든, 여자가 사역에서 맡아야 할 역할에 대한 가르침을 기억해 주었으면 한다. 창세기 1-2장의 가르침은 여자의 존엄성과 하나님 나라 사역을 수행하는 책임에 관한 것이다. 남녀 간의 동반 관계는 인간이 된다는 것의 본질적인 부분이다.

더 잘 알기

신학은 중요하다. 신학은 우리가 어떻게 살아야 하는지에 대한 동력이다. 하나님이 어떤 분이며, 우리가 어떤 존재이고 왜 여기에 있는지는 우리가 세상과 상호작용하는 방식을 결정한다. 모든 인간이 하나님의 형상이며 세상에 하나님의 존재를 알리기 위해 창조되었다고 믿는다면, 이 믿음은 우리가 동료 인간을 존엄하게 대하도록 만들어야 한다. 하나님의 형상으로서 우리의 지위나 정체성이 함께 일할 때 가장 잘 표현된다고 믿는다면, 나는 동반 관계를 우선시할 것이다. 세상에 대한 당신의 기여는 나에게 중요할 것이고, 나도 세상에 대한 나의 기여를 아끼지 않을 것이다. 하나님이 서로 협력하여 이 땅을 가꾸고 돌보도록 남자와 여자를 창조하셨다고 믿는다면, 나는 남자를 경쟁자가 아닌 협력자로 볼 것이다. 내 행동이 자연 세계에 미치는 영향에 더 신경을 쓸 것이다.

아담과 하와가 죄를 지었을 때 하나님의 형상이 손상되거나 파괴되었다고 믿는다면, 나는 이웃의 존엄성을 인식하지 못할 것이다. 지금과 마찬가지로, 신학은 에덴동산에서도 중요했다. 남자와 여자에게는 하나님을 직접 알 수 있는 기회가 있었다. 하나님에 대한 그들의 반응은 그들이 하나님에 대해 진실로 믿는 바를 드러낸다.

뱀이 에덴동산의 여자에게 접근하여 유혹했을 때, 우리는 그가 "간교하였다"고 들었다. '간교하다'라는 뜻의 히브리어 단어('arum', '아룸')는 '벌거벗다'라는 단어('erom', '에롬')와 비슷하게 들린다. 뱀이 들어오기 직전에 우리는 "남자와 그 아내가 둘 다 벌거벗고 있었으나, 부끄러워하지 않았다"라는 구절을 읽을 수 있다(창 2:25). 인간은 자신의 모습 그대로 편안함을 느꼈다. 그들에게는 하나님이나 서로로부터 숨을 이유가 없었다. 그러나 모든 것이 곧 바뀌게 되었다. 뱀의 질문은 하나님의 선하심에 대한 의심을 불러일으켰다.

"하나님이 정말로 너희에게, 동산 안에 있는 모든 나무의 열매를 먹지 말라고 말씀하셨느냐?"(창 3:1)

하나님이 말씀하신 대상은 복수였는데, 이는 창세기 2장에서 하나님이 남자에게 내리신 명령이 두 사람 모두를 위한 것임을 인정하는 것이다. 하나님이 하신 말씀은 한 가지를 제외하면 동산에 있는 모든 나무의 열매를 먹을 수 있다는 것이었다. 하나님은 그들이 필요로 하는 모든 것을 아낌없이 제공하셨다. 그러나 뱀은 하나님이 그들이 원하는 것을 무엇이든 먹을 수 있도록 허락하지는 않으셨다며 그 선물을 부정적으로 해석했다. 여자는 덫에 걸려들었다. 뱀의 질문은 기술적으로 정확했지만, 하나님의 성품을 고려하지는 않았다. 뱀은 하나님을 관대한 은인이 아니라 그들에게 뭔가를 숨기고 우주의 흥을 깨는 존재로 묘사했다.

여자는 대답하면서, **금지된** 나무를 언급하기 전에 허용된 것을 지적했다. 그러나 그녀는 그 나무를 만지는 것조차 금지되었다고 말하며 하나님의 명령을 확장했다.

뱀은 하나님의 명령에 직접적으로 반하는 대답을 하면서 더욱 대담해졌다. "너희는 절대로 죽지 않는다"(창 3:4). 그런 다음 그는 하나님이 그들에게 뭔가를 숨기고 있다고 뻔뻔스럽게 주장한다. "하나님은, 너희가 그 나무 열매를 먹으면, 너희의 눈이 밝아지고, 하나님처럼 되어서, 선과 악을 알게 된다는 것을 아시고, 그렇게 말씀하신 것이다"(창 3:5).

하나님과 같이 되는 것은 여자에게 호소력이 있었다. 결국 인간은 그분의 형상을 따라, 그분과 같이 되려고 창조되었다. 우리는 친족 관계에 있다. 뱀의 주장은 그녀를 끌어들이기에 충분할 정도로 하나님의 계획과 비슷하게 느껴진다. 그러나 '하나님의 형상'(*imago Dei*)은 하나님을 대신하여 다스리는 것을 의미하며, 이 임무는 하나님의 통치에 대한 충성과 그분의 방식이 최선이라는 믿음을 필요로 한다.

이 일에 대해 내가 지금까지 본 모든 예술적 묘사와 달리, 이 대화는 선악을 알게 하는 나무에서 이루어지지 않은 것 같다. 여자는 나무가 "동산 한가운데" 있다고 묘사한다(창 3:3). 그녀가 나무 그늘 아래 서 있었다면, "이 나무"라고 간단히 말할 수 있었을 것이다. 이것은 뱀이 여자의 마음속에 의심의 씨앗을 심어, 금지된 나무를 바라보고 고미하게 만들었음을 시사한다. 그 순간, 여자는 혼자가 아니었다. 그녀의 남편이 곁에 있었다. 이 장면에서 남자는 침묵을 지키지만, 우리는 창세기 3:6을 통해 그가 함께 있었다는 것을 알 수 있다. 여자가 먼저 먹는다. 아마도 남자는 여자가 즉시 죽지 않는 것을 보고 자신도 먹도록 설득되었을 것이다. 그들은 어리석게도 금지된 것을 손에 넣으려 하면서 함께 하나님의 명령을 어기고 만다.

다시 말하지만, 뱀이 부분적으로는 옳다. 하나님을 거역하는 것은 그들의 눈을 뜨게 한다. 그러나 그들이 본 것은 그들을 당혹케 했다. 그들은 순식간에 자신들이 벌거벗었음을 **알게** 되었다. 이것은 그들이 예상했던 게 아니다. 그들은 몸을 가리는 것으로 대응했다(창 3:7). 하나님이 그들에게 말씀하시자, 최초의 인간은 "비난 게임"을 시작한다. 남자는 아내를 비난하고(그리고 아내를 준 하나님을 비난한다), 여자는 자신을 속인 뱀을 비난한다.

불순종과 하나님의 선한 의도를 신뢰하지 않는 태도는 즉시 하나님과의 관계, 서로 간의 관계, 그리고 하나님이 만드신 세상과의 관계를 깨뜨린다. 우리의 영적인 삶은 몸으로 구현된다. 인간은 몸과 마음이 분리될 수 없는 존재다. 몸은 우리가 서로에게 자신의 존재를 알리고 관계를 맺는 수단이다.[3] 최초의 인간들은 금단의 열매를 먹고(물리적 행위), 수치심을 느끼고, 몸을 가린다. 하나님은 그들이 생명나무의 열매를 먹는 것을 막기 위해 그들을 낙원인 에덴동산에서 쫓아내셨다. 이는 그들이 이 손상된 상태로 영원히 살지 않도록 하기 위함이었다.

최초의 인간들은 하나님과 동등한 존재가 되려고 했다. 더 많은 것을 알려고 했던 그들의 노력은 결국 그들의 약화를 초래했다. 이것은 인간이 하나님의 명령을 거부하고 하나님의 선하심을 믿지 않을 때 항상 나타나는 결과다. 그 손실은 헤아릴 수 없을 정도로 컸고, 지금도 그렇다.

우리가 잃어버린 것

최초의 인간들은 서로에 대한 신뢰와 존중, 순수함, 그리고 하나님과 서로에 대한 친밀함을 잃어버렸다. 무엇보다도 그들은 동산에서 하나님의 임재를 느낄 수 있는 능력을 상실했다. 이것은 그들이 반역한 후에 하나님과 만난 일을 통해 알 수 있다. 그들은 숨었다. 하나님은 "네가 어디에 있느냐?"라고 물으신다. 남자는 숨어 있는 곳에서 대답한다. "하나님께서 동산을 거니시는 소리를, 제가 들었습니다. 저는 벗은 몸인 것이 두려워서 숨었습니다"(창 3:9-10).

하나님에 대한 이런 태도는 상호 신뢰의 상실을 의미한다. 우리에게 감출 것이 있을 때, 하나님의 임재는 위안이 아니라 위협이 된다. 어렸을 때, 아버지가 퇴근하고 집에 오시길 얼마나 기다렸던지 오빠와 나는 번갈아 가며 현관 창문을 내다보곤 했는데, 아버지의 트럭이 보이자마자 "아빠다!"라고 소리쳤다. 아빠가 집에 들어오시면, 우리는 아빠의 가슴에 얼굴을 묻고 땀과 섞인 톱밥 냄새를 맡으며 아빠를 꼭 끌어안곤 했다.

그러나 아빠가 일하시는 동안 오빠나 내가 잘못을 저지르면, 우리는 "아빠가 집에 오실 때까지 기다려!"라는 엄마의 위협하는 말을 듣곤 했다. 엄마에게 말썽을 피우면, 아빠는 집에 도착하자마자 우리를 혼내셨다. 우리가 아빠의 말을 듣지 않으면, 우리는 아빠의 불쾌한 심기를 느꼈다. 그럴 때면, 재미로 숨는 게 아니라 불순종 때문에 두려움에 떨며 숨고 싶어졌다.

최초의 인간들이 숨은 것은 반역에 대한 그들의 본능적인 반응이었다. 금단의 열매를 먹음으로써 그들은 많은 것을 잃었다. 하지만 그들이 하나님의 형상이라는 정체성을 잃어버렸을까? 우리는 인간의 반역이 하나님의 형상에 미치는 영향에 대해 신중하게 생각해야 한다. 많은 목사, 학자, 그리고 성경을 읽는 일반 독자들은 창세기 3장에서 하나님의 형상이 상실되거나 심하게 손상되었다고 가정한다. 우리의 지위가 상실될 수 있다면, 인간의 존엄과 하나님과의 본질적인 관계도 상실될 수 있다.

아니다, 하나님은 인간에게 능력과 무관하며 죄로 인해 사라지지 않는 고유한 존엄성을 부여하셨다.[4] 존 킬너(John Kilner)는 이 개념을 깊이 연구한 기독교 윤리학자다. 다른 많은 교수와 목사들처럼, 그는 아담과 하와의 타락으로 인해 하나님의 형상이 손상되고 사라지고 왜곡되었다고 자주 언급했다. 그러나 그는 이 개념을 좀 더 자세히 연구하면서, 성경은 하나님의 형상이 파괴되거나 손상되었다고 가르치지 않는다는 것을 깨달았다. 형상을 특정한 인간의 속성이나 능력으로 이해한다면, 잘 수행하지 못하는 사람이나 제한된 환경에서 태어난 사람을 보고 그들이 인간 이하라고 결론 내릴 수 있다. 이러한 접근 방식에는 매우 문제가 많다. 킬너는 이렇게 설명한다. "일단 사람들이 타락할 수 있는 형상이라는 생각을 받아들이자, 인간이 하나님의 형상대로 창조되었다는 사실만으로는 더 이상 인간의 존엄성을 온전히 보장하기 어려워졌다. 죄는 하나님의 형상을 상당히 약화시킬 수 있었고, 그 결과 하나님의 형상이 부여했던 존엄성이나 가치 또한 약화되었다."[5]

정체성은 현대적인 개념이지만, 하나님의 형상을 이야기할 때 유용하다. 우리는 하나님의 형상이라는 정체성을 잃을 수 없다. 이것은 마치 자녀가 아들이나 딸로서의 정체성을 잃을 수 없는 것과 같다. 나의 자녀 중 하나가 내 말을 거부하고 내가 설정한 경계를 무시하며 반항하더라도, 그 아이는 여전히 내 자녀다. 아무것도 그 사실을 바꿀 수 없다. 우리가 서로 멀어질 수는 있지만, 여전히 엄마와 자녀로 남아 있다. 하나님의 형상으로서의 우리의 정체성이 이와 같다. 우리가 하나님의 형상으로 제대로 살지 못할 수는 있지만, 하나님의 형상이라는 정체성은 결코 잃어버리지 않는다. 하나님의 형상은 우리의 능력이나 기능이 아닌 우리의 정체성에 대한 본질이기 때문에, 우리는 그것을 잃을 수 없다.

하나님의 형상이 상실되지 않았다는 결론에 이르게 하는 가장 설득력 있는 요소 중 하나는 타락 이후(창 5:1-3)와 홍수 이후

(창 9:6)에도 인간의 지위가 하나님의 형상으로서 다시 강조된다는 점이다. 나는 이것이 인간의 정체성이 변하지 않았음을 보여주는 충분한 증거라고 생각한다.[6] 하나님과의 관계가 긴장되거나 깨어졌을지라도, 인간은 여전히 하나님의 형상으로 남아 있다.

니콜라스 월터스토프(Nicholas Wolterstorff)는 인간의 존엄성이 그의 능력이 아니라 그가 하나님의 사랑을 받는다는 단순한 사실에 근거한다고 주장한다. "하나님이 모든 인간을 동등하게 영원히 사랑하신다면, 인간이 지닌 고유한 가치는 바로 하나님의 사랑으로부터 주어지며, 그 가치로부터 자연스럽게 인권이 발생한다."[7] 이 개념은 나중에 다시 살펴보겠다.

그러나 인간의 반역은 근본적으로 관계를 변화시켰다.

여자와 창조세계의 관계는 적대감으로 특징지어진다. 땅에 충만하고 다스리라는 소명을 따르는 여자의 능력은 고통으로 특징지어진다. 임신으로 인한 고통과 출산의 고통이 그것이다.[8] 여자와 남편의 동반 관계가 깨어져서, 남편의 지지를 갈망하는 여자는 오히려 남편의 지배를 받게 되었고, 그 결과 본래 하나님이 부여하신 사명을 온전히 함께 수행할 수 없게 되었다(창 3:16). 처음으로, 한 인간이 다른 인간을 지배하게 될 것이다.

마찬가지로, 남자가 식량을 생산하는 능력은 가시와 엉겅퀴의 고통으로 표시될 것이며, 그는 자신의 필멸성에 직면하게 될 것이다. 남자는 날마다 자신이 왔던 땅에서 일하고, 죽으면 그 땅으로 돌아갈 것이다. 우리는 하나님의 형상이라는 정체성을 잃은 것이 아니다. 리처드 미들턴(Richard Middleton)은 말한다. "죄는 인간의 삶을 왜곡했고, 그로 인해 우주라는 성전에서 하나님의 임재를 나타낼 수 있는 우리의 능력은 손상되었다."⁹⁾ 하나님과, 서로와, 세상과의 깨어진 관계는 우리의 직업적 성취를 방해하고, 세상에 비춰야 할 하나님의 영광을 희미하게 만든다.

우리가 계속 잃어버리는 것들

아담과 하와의 실패라는 비극은 그들과 함께 사라지지 않는다. 그들의 자녀는 이 유산을 이어 가고, 그들의 갈등은 모든 인간 갈등의 전형적인 예가 된다. 그들의 아들 아벨은 자신의 가장 좋은 것을("양 떼 가운데서 맏배의 기름기를") 하나님께 바쳤기 때문에 그의 제물이 더 낫게 여겨졌지만, 그의 형제 가인은 단지 "어떤 것"을 가져왔을 뿐이다(창 4:3-4). 하나님이 아벨을 분명히 선호하셨을 때, 가인은 회개할지 반항할지 선택해야 했다. 미로슬라프 볼프(Miroslav Volf)가 설명하듯, "가인은 진정으로 중요한 것과 진정으로 위대한 것이 무엇인지에 대한 하나님의 기준에 직면했다. 그는 그 기준을 바꿀 수 없었고, 자신을 바꾸는 것을 거부했기 때문에, 하나님과 아벨을 자신의 삶에서 배제했다."¹⁰⁾ 가인은 동생을 살해함으로써 하나님과 자신의 공동체, 그리고 동생으로부터 자신을 차단했다. 적대감이 지배했다. 그의 부모처럼, 가인의 죄는 자연 환경에 부정적인 영향을 미쳤고, 가인은 안식 없는 방랑자가 되었다. 사람들 사이의 폭력은 땅을 더럽히고 결실의 결핍을 초래한다. 땅은 아벨의 죽음에 대해 울부짖었다(창 4:10-12). 모든 것이 원래의 상태로 돌아가지 않았다.

디트리히 본회퍼(Dietrich Bonhoeffer)는 제2차 세계대전 당시 나치 정권에 저항한 독일 목사였다. 그는 다른 사람들을 하나님의 형상으로 지음받은 존재로 인식하는 것의 의미에 대해 성찰했다. 이것은 가인이 하지 못했던 것이다. 본회퍼는 우리에게 다른 사람들에 대해 느끼는 어떤 판단도 소리 내어 말하지 말라고 권고한다.[11] 이런 자제를 실천한다면, 우리가 그들을 폭력적으로 대할 가능성은 줄어들 것이다. 본회퍼는 이렇게 말한다.

하나님은 이 사람을 내가 만들었을 법한 모습으로 만들지 않으셨다. 하나님은 내가 그를 지배하고 통제하도록 나에게 형제로 주신 것이 아니라, 내가 그 사람에게서 창조주를 발견하도록 주신 것이다. 이제 다른 사람은 자신이 창조된 자유 안에서 기쁨의 근원이 된다. 이전에는 그저 성가시거나 고통스러운 존재였는데 말이다. 하나님은 내가 보기에 좋은 모습, 즉 나의 형상대로 다른 사람 만들기를 원하지 않으신다. 오히려 하나님은 그 사람을 나로부터 자유로운 바로 그 상태에서 자신의 형상으로 만드셨다.[12]

다른 사람들이 하나님의 형상으로 창조되었다는 사실을 인식하는 것은 우리로 하여금 그들을 존엄하게 대하도록 이끌어야 한다.

간단한 조사를 통해 인간의 탐욕과 착취가 계속해서 세상의 아름다움을 훼손하고 있음을 알 수 있다. 전쟁은 파괴적이지만, 환경 파괴의 유일한 원인은 전쟁이 아니다. 이익을 위해 서두르는 인간은 지속 가능성을 고려하지 않은 채 원하는 것을 취한다.

가장 가난한 지역 사회는 권력자의 보호가 부족하기 때문에 가장 큰 고통을 겪는다. 고급 주택가 근처에서 채굴하는 광산 프로젝트를 본 적이 있는가? 아니다. 사회는 가장 지저분하고 위험한 프로젝트를 외부로 떠넘겨, 권력자들이 그 혼란을 직접 보지 않아도 되는 곳을 파헤친다.[13]

넷플릭스 시리즈 "더 크라운" 시즌3를 통해 나는 1966년 웨일스의 애버판(Aberfan) 광산 참사를 알게 되었다. 산 전체가 무너져 성인들이 산 채로 묻혔을 뿐만 아니라, 116명의 어린이들이 목숨을 잃었다.[14] 채굴 작업으로 인해 생긴 잔해물들이 지하 샘물 위에 위험할 정도로 가까이 쌓였다. 지역 사회는 더 나은 안전 대책을 요구했지만 무시당했다. 폭우가 내린 뒤, 30미터가 넘는 높이의 광산 폐기물 더미(일명 '팁') 전체가 붕괴되면서, 마을로 9미터 높이의 진흙 파도가 밀려들어 초등학교와 많은 가정집을 집어삼켰다. 이러한 재난은 탐욕스러운 소유주들이 안전을 무시하고 비용을 아끼려다 결국 수십 명이 목숨을 잃게 된 위험한 직업 현장의 또 다른 사례로 기록된다. 모든 피조물이 인간의 폭력으로 인해 신음하고 있지만, 그중 가장 연약한 이들이 인간의 착취를 가장 고통스럽게 감당한다.

세계에서 가장 가난한 지역 사회는 환경 파괴의 영향으로 인한 불균형으로 고통받고 있다. 국제 무역의 일부 측면은 예전보다 잘 규제되고 있지만, 우리는 여전히 폐기물과 가장 파괴적인 산업을 다른 나라로 떠넘기고 있다. 그중 일부 국가는 환경, 지역 주민, 식량 자원을 보호할 만한 적절한 규제를 갖추지 못하고 있다.[15] 하나님은 가난한 자의 편에 계신다. 하나님은 부자들에게 취약한 사람들을 보호할 책임을 지라고 끊임없이 말씀하신다.[16] 이 책을 읽고 있다면, 당신도 그 책임을 지고 있는 사람들 중 하나일 것이다. 소득이나 계급에 관계없이, 모든 인간은 하나님의 형상과 고유한 존엄성을 지니고 있다. 우리의 임무는 주변 사람들이 잘 성장하고 번영할 수 있도록 돕는 것이다.

이 임무를 이행하지 않으면, 환경뿐 아니라 여러 가지 면에서 재앙적인 결과를 초래한다. 우리 사회는 (이유 여하를 막론하고) "이상적인 인간 표본"의 기준에 맞지 않는 사람들, 즉 어린아이들, 아직 태어나지 않은 생명, 노인들, 장애나 만성질환을 가진 사람들, 다른 인종이나 민족에 속한 사람들, 여성들, 그리고 다른 성 정체성을 지닌 사람들을 무시하는 것으로 인해 고통받고 있다.

모든 인간이 하나님의 형상이라는 성경의 가르침을 진지하게 받아들인다면, 우리가 다른 사람에 대해 생각하고 상호작용하는 방식은 근본적으로 달라질 것이다. 하나님의 형상 교리는 실제 삶 속에서 행동으로 옮겨져야 한다.

| 핵심 개념 |

- 일하는 것은 우리가 하나님과 함께 창조세계를 다스리는 데 참여하는 한 가지 방법이다. 일이 우리를 규정하진 않지만, 일은 우리에게 일정한 만족을 가져다준다.
- 남자와 여자는 하나님의 형상이라는 지위와 그에 따른 책임을 동등하게 공유한다.
- 인간의 반역은 근본적으로 하나님의 선한 의도를 신뢰하지 않고 그분의 명령을 따르지 않는 데서 비롯된다. 그럼에도 하나님의 형상이라는 우리의 정체성은 결코 상실

될 수 없다.
- 하나님의 형상 교리는 나이, 인종, 계급, 결혼 여부 또는 능력에 관계없이 우리가 모든 다른 인간과 교류하는 방식을 변화시켜야 한다. 모두가 존엄하게 대우받아야 한다.

더 깊은 연구를 위하여

* James, Carolyn Custis. *Half the Church: Recapturing God's Global Vision for Women.* Grand Rapids, MI: Zondervan, 2011.

Kilner, John F. *Dignity and Destiny: Humanity in the Image of God.* Grand Rapids, MI: Eerdmans, 2015.

Volf, Miroslav. *Exclusion and Embrace: A Theological Exploration of Identity, Otherness, and Reconciliation.* Revised and updated. Nashville: Abingdon, 2019. 『배제와 포용』(IVP).

바이블 프로젝트 관련 영상: "시험", "영생", "생명나무"

4 인간의 계획

견고함

에덴 동쪽의 삶은 잔인하다. 인간의 노력은 갈등 속에서도 계속되고 확장된다. 가인은 아내를 만나고 자녀를 낳는다. 또한 도시를 건설한다. 그의 후손 라멕은 가정을 지배하고, 여러 명의 아내를 취하며, 자신에게 가해진 범죄에 비해 지나치게 과도한 폭력적 복수를 자랑한다(창 4:19-24). 그는 살인을 정당화하기 위해 조상 가인의 이야기를 왜곡한다. 내레이터는 라멕을 하나님의 창조 목적에 부합하는 사람으로 예시하지 않는다. 오히려 정반대다. 라멕의 이야기는 일이 얼마나 빨리 엉망이 되는지를 보여 줄 뿐이다.

그러나 희망의 빛도 보인다. 하나님은 아벨을 잃은 슬픔에 잠겨 있던 아담과 하와에게 또 다른 아들인 셋을 허락하셨다. 그리고 그들의 손자들이 태어날 무렵에는 "사람들이 주님의 이름을 불러 예배하기 시작하였다"(창 4:26). 모든 사람이 폭력에 휘말린 것은 아니다.

창세기 5장은 셋의 가계도를 기록하면서 에녹을 강조한다. 가계도는 일반적으로 영감을 얻기 위해 찾는 자료가 아니지만,

인내심을 가지고 살펴보면 훌륭한 통찰을 얻을 수 있다. 에녹의 경우 가계도의 패턴이 깨진다. 에녹이 몇 년을 살았는지 알려 주는 대신 얼마나 오래 '하나님과 동행'했는지 알려 준다(창 5:22). 에녹의 삶은 생존 그 이상의 의미를 지니고 있다. 그는 그 시대에 신실함의 본보기였다. 그는 흔들림이 없었다. 그의 삶은 너무나 놀라웠기 때문에, 사망 소식 대신 "하나님이 그를 데려가신 것"이라는 말이 전해진다(창 5:24).[1] 에녹은 인간이 되는 다른 방식을 보여 주었다.

인간이 된다는 것의 의미에 대한 단서를 찾기 위해 창세기 초반 장들을 계속 탐색하다 보면, 한 가지 이상한 이야기를 만나게 된다. 많은 문화권에서 신의 피를 몸에 지니고 특별한 힘을 가진 인간들에 대한 신화를 전하고 있다.[2] 성경도 예외는 아니다. 창세기 6장은 "하나님의 아들들"이 아름다운 "사람의 딸들"에게서 눈을 떼지 못하는 흥미로운 이야기를 담고 있다(창 6:2). 그들은 자신들에게 금지된 것을 보고 취하는 최초 인간들의 죄를 반복했다. 이 이야기는 짧고 신비해 많은 의문점을 남긴다.

"하나님의 아들들"은 누구였을까? 그들은 타락한 천사였을까? 그렇지 않다면, 왜 이런 결합이 문제가 되었을까? 네피림은 그들의 자손이었을까, 아니면 단순히 같은 시대에 살았던 것일까?(창 6:4 참조) 이런 옳지 않은 관계에서 태어난 아이들은 불멸의 존재였을까?

이 이야기에 나오는 "하나님의 아들들"의 정체에 대한 세 가지 주요 이론이 있다. (1) 그들은 일반 여성과 결혼한 왕족 출신이거나, 신랑에게 신부를 넘기기 전에 모든 신부와 잠자리를 갖는 "첫날밤의 권리"를 행사하는 사람일 수 있다.[3] (2) 또는 하나님의 형상을 지닌 셋의 신성한 혈통의 후손일 수 있으며, 이는 가인의 혈통에서 나온 "사람의 딸들"과 대조적이다. (3) 마지막으로, 인간 여성과 성관계를 맺는 천사와 같은 영적 존재일 수 있다. 동일한 표현인 "하나님의 아들들"이 욥기 1:6, 2:1에서는 천사들을 가리킨다(벧후 2:9-11과 유 1:8-10 참조).[5]

역사적으로 대부분의 문화권에서는 산 자와 죽은 자, 인간과 영적 존재, 평민과 왕족 사이의 경계를 넘나드는 로맨스를 다룬 신화를 만들어 왔다. 나는 이 장르에 맞는 TV 프로그램과 영화를 추천해 달라는 간단한 요청을 소셜 미디어에 올렸다. 그 결과 80개가 넘는 예시 목록이 빠르게 생성되었다![6] 아마도 이러한 이유로 당신은 창세기 6장을 문제 삼기 어려울 것이다.

결론은 질서다. 이 책의 1장에서 설명했듯이, 창세기 1장은 창조를 무질서에 질서를 부여하는 과정으로 묘사한다. 하나님은 모든 생명체가 번성하고 열매를 맺을 수 있도록 적절한 영역을 마련해 주신다. 그런데 창세기 6장은 하나님이 세우신 질서가 의도적으로 붕괴되는 것을 보여 준다.

어떤 설명이든 그럴듯하게 들리겠지만, "하나님의 아들들"은 경계를 넘었다. 그 결과 하나님은 인간의 수명에 더 엄격한 제한을 두셨고, 심지어 인간을 창조한 것을 후회하셨다. 이처럼 걷잡을 수 없는 타락은 하나님으로 하여금 새로운 시작을 하시게 만들었다.

구약학자 마이클 하이저(Michael Heiser)는 이 구절에 대한 연구로 잘 알려져 있다. 다른 고대 문헌의 도움을 받아, 하이저는 반역한 천사들이 인간 여성과 짝짓기하여 거인들을 만들어 냈다고 결론을 내렸다.[7] 그의 해석에 따르면, 이 이야기는 "거대하고 거의 신에 가까운" 존재들의 후손임을 자랑하는 바빌로니아 문화를 대담하게 비판하는 기능을 한다. 하이저가 설명하듯,

> 성경의 저자들은 바빌로니아 사람들이 자신들의 신성한 유산의 증거라고 생각하는 것을 가지고 다른 이야기를 했다. 그렇다. 홍수 전후로 거인들, 즉 유명한 사람들이 있었다(창 6:4). 그러나 그 후손들과 그들의 지식은 참 하나님께로부터 온 것이 아니었다. 그들은 하위 신들이 야웨께 반역한 결과였다.[8]

이 이야기가 인간이 된다는 것이 무엇을 의미하는지 이해하는 데 어떻게 도움이 될까? 인간이 된다는 것은 창조된 질서 속에서 우리의 위치를 아는 것이다. 하나님은 인간과 천사 모두를 각자의 영역을 다스리도록 임명하셨다(신 32:8 참조). 인간과 천사의 반역은 하나님의 창조 질서를 어지럽혔고, 하나님의 통치를 충실히 나타내는 대신 죄를 퍼뜨렸다.[9] 죄는 우리가 하나님의 형상이라는 정체성을 지우는 것이 아니라, 하나님의 영광을 온전히 반영하는 것을 방해한다. 우리가 우리의 영역을 벗어나 하나님께만 속한 것을 빼앗으려 할 때, 우리는 큰 문제에 봉착하게 된다. 이 경우에는, 아주 큰 문제에 봉착하게 된다!

사탄의 "몰락"

성경은 기독교 전통에서 사탄이라고 부르는 존재의 기원에 대해 말하지 않는다. 구약성경에 국한한다면, 거의 아무런 정보도 얻을 수 없다.

창세기는 동산에 있는 뱀을 사탄이라고 밝히지 않는다. (기다릴 테니, 창 3장을 다시 읽어 보라!) 현대 유대인 해석가들도 마찬가지다. 그러나 고대 근동에서는 때때로 뱀이 신성한 공간을 수호하는 천사라고 여겨졌기 때문에, 이 이야기에 뱀이 등장하는 것은 고대 독자들에게 어색하지 않았을 것이다. 그렇다면 이 뱀은 어떻게 악한 존재가 되었을까? 요한계시록 12장에 나오는 요한의 환상은 사탄을 뱀과 분명하게 연관시키며, 그를 패배 직전에 놓인 용으로 묘사한다. 그러나 이것이 사탄의 기원을 파악하는 데 도움이 되지는 않는다.(a)

천상의 회의에서 욥을 반대하는 인물은 이름이 밝혀지지 않는다. 그는 단순히 '고소인'으로 불린다(히브리어로는 '하사탄', hasatan). 히브리어 '사탄'은 앞에 정관사가 붙기 때문에 고유명사가 될 수 없다. 그는 욥의 헌신의 진정성을 시험한 천사("하나님의 아들들" 또는 "천사들" 중 하나)로 등장한다(욥 1:6-7).

사탄의 "몰락"을 증명하는 데 가장 흔히 인용되는 구절은 이사야 14:12-20과 에스겔 28:1-19이다. 그러나 문맥을 고려해 읽으면, 이 구절들은 인간 왕의 교만을 비난하고 있다. 이러한 인간 왕들의 몰락이 사탄의 몰락을 반영할 가능성이 있으며, 따라서 사탄의 몰락은 인간 왕에게 유비(analogy)를 제공한다.(b) 각자 자신에게 적합한 수준을 넘어선 위대함을 열망한다. 그렇다면 이 예언서 구절들은 성경에 명확하게 기록되지 않은 고대 이야기를 암시하는 것이다.

내가 보기에, 천사들의 반역에 대한 가장 분명한 증거는 창세기 6장에 있다. "하나님의 아들들"이 천사라면, 나중에 사탄으로 알려진 인물도 그들 중 하나였거나 그들을 이끌고 있었을 수 있다. 그러나 만약 그렇다면, 천사들의 반역은 첫 인간이 금지된 열매를 먹은 것보다 뒤에 일어난다. 분명히 성경은 악의 기원에 대한 많은 질문에 답하지 않는다.

신약성경은 사탄을 유혹자로, "거짓말쟁이며 거짓의 아비"(요 8:44)로, "이 세상의 통치자"(요 12:31)로, "공중의 권세를 잡은 통치자"(엡 2:2)로, "악마"(엡 6:11)로 더 명확하게 묘사한다. 성경은 그러한 반역적인 천사의 존재를 분명하게 가르친다. 그러나 사탄에 대한 상세한 신학을 구축하는 것은 주의해야 한다. 성경은 우리가 사탄에 대해 품는 많은 질문에 침묵하기 때문이다.

다시 시작하기

인간이 선을 넘으면 하나님은 어떻게 반응하실까?

나는 바이블 칼리지를 졸업한 후 첫 아이를 낳았다. 우리는 깊고 푸른 바다 위에 다채로운 동물들을 가득 실은 노아의 방주로 아이의 방을 장식했다. 당시 나는 성경에 나오는 장면으로 아기 방을 꾸미는 것이 매우 흥미로웠다. 돌이켜 보면, 그것은 이상한 선택이었다. 왜 갓 태어난 아이를 인간 역사상 가장 전면적인 하나님의 심판 행위가 담긴 장면들로 둘러쌌을까? 물론 하나님이 동물들과 노아의 가족을 익사로부터 구출하셨다는 점에서 방주는 하나님의 구속적 은혜를 상징하는 것이지만, 다른 모든 인간과 동물의 생명은 파괴되었다. 역사적으로 볼 때, 그것은 한탄을 불러일으키는 순간이었다. 아기 방에 어울리는지는 의문이다.

노아의 아버지 이름은 라멕이었는데, 이 이름은 수상쩍은 동명인물인 라멕의 이름을 따서 지어졌다(창 5:28; 4:19-24). 그러나 이 두 번째 라멕은 달랐다. 그는 인간이 반역한 결과로부터 안식을 갈망했다. 그는 안식을 바라며 아들의 이름을 노아('안식' 또는 '위로')라고 지었다(창 5:29). 그러나 노아는 위로 대신 인간의 악에 대한 하나님의 단호한 심판을 목격했다. 하나님이 더 이상 참으실 수 없었던 것이다.

우리는 이미 가인과 아벨 이야기에서 인간의 폭력이 땅을 어떻게 오염시키는지 간략히 살펴보았다. 홍수 이야기는 그러한 오염이 돌이킬 수 없는 지경에 이르렀음을 암시한다. 하나님은 깨끗한 상태로 다시 시작하기로 결정하셨다. 창세기 6-9장은 하늘 위의 물이 붕괴되어 땅을 덮치고 바다가 육지를 뒤덮음으로써 지구의 창조가 무너지는 과정을 묘사한다. 창세기 1장의 창조가 원상태로 돌아간 것이다.

홍수 이야기는 거대한 교차대구 또는 문학적인 샌드위치 구조로 만들어졌다. 이야기의 후반부는 전반부를 반영한다.[10] 이러한 문학적 구성의 변동은 물의 불어남과 줄어듦에 상응한다. 그 결과 동물들로 다시 채워진 세상이 재창조되었으며, 아담의 자리를 이어받아 '첫 사람'이 된 노아가 가꾸는 새로운 동산이 탄생했다. 이 문학 작품의 중심에 "그 때에 하나님이, 노아와 방주에 함께 있는 모든 들짐승과 집짐승을 돌아보실 생각을 하시고, 땅 위에 바람을 일으키시니, 물이 빠지기 시작하였다"는 구절이 있다 (창 8:1). 첫 번째 창조 이야기에서 물 위에 움직이던 바람(혹은 하나님의 영)이 홍수 이야기에서 다시 땅 위로 지나가자 사람이 살 수 있게 되었다. 하나님은 홍수로 세상을 심판하시는 중에도, 자신의 순종으로 하나님의 구원을 가능하게 한 사람(노아)을 잊지 않으셨다. 오히려 하나님은 이전에 하신 약속에 따라 행동하셨다.

  A 노아(6:9)
   B 셈, 함, 야벳(6:9)
    C 지으실 방주(6:11-16)
     D 홍수 예고(6:17)
      E 노아와의 언약(6:18)
       F 방주에 들어갈 음식(6:21)
        G 방주에 들어가라는 명령(7:1)
         H 비가 오기를 7일 동안 기다리다(7:4)
          I 홍수가 닥치기를 7일 동안 기다리다(7:10)
           J 새들이 방주로 들어오다(7:13)
            K 하나님이 방주를 닫으시다(7:16)
             L 40일 동안의 홍수(7:17)
              M 물이 더 많아지다(7:18)
               N 방주가 산 위에 뜨다(7:18-19)
                O 150일 동안의 홍수(7:24)
                 P 하나님이 노아와 동물들을 기억하시다(8:1)

O´ 홍수가 150일 동안 물러가다(8:3)

　　　N´ 방주가 산 위에 머무르다(8:3-4)

　　　M´ 물이 물러가다(8:5)

　　　L´ 홍수가 40일 동안 물러가다(8:6)

　　　K´ 노아가 방주를 열다(8:6)

　　　J´ 새들이 방주에서 나오다(8:6-9)

　　　I´ 홍수가 가라앉을 때까지 7일 동안 기다리다(8:10)

　　　H´ 마른 땅이 나올 때까지 7일 동안 기다리다(8:12)

　　　G´ 방주를 떠나라는 명령(8:15)

　　　F´ 방주 밖에서 먹는 음식(9:3)

　　　E´ 노아와의 언약(9:8-15)

　　　D´ 홍수 없을 것임을 선언하다(9:15)

　　　C´ 방주를 떠나다(9:18)

　　　B´ 셈, 함, 야벳(9:18)

　　　A´ 노아(9:19)

　내레이터는 홍수 이전의 노아의 인품에 대해 극찬을 아끼지 않는다. 그는 "당대에 의롭고 흠이 없는 사람이었다. 노아는 하나님과 동행하는 사람이었다"(창 6:9). 노아의 흠 없는 인품은 그를 둘러싼 '사람의 가득 찬 악'과 대조를 이룬다. 이 대조는 '노아가 주님의 눈에 들었다'(창 6:8, 새번역은 "노아만은 주님께 은혜를 입었다")는 이유를 설명해 준다. 하나님에 대한 그의 신실함은 그 이전의 에녹과 아벨처럼 그의 세대에서도 주목할 만한 것이었다.

　그러나 홍수 이후의 동산 장면은 미래에 대한 우리의 낙관주의를 약화시킨다. 그곳에서 노아가 술에 취해 옷을 벗고 아들에게 망신을 당하며, 부모와 자식 사이에 심각한 갈등이 발생한다(창 9:20-24). 분명히 홍수는 인류를 고치지 못했다. 새로운 세계로 다시 시작하는 것은 인간의 반역과 그로 인해 분열된 관계의 문제를 해결하지 못했다. 우리는 다시 한 번 동산에서 죄를 본다.

이 암울한 상황에 하나님은 노아에게 복을 내리시며 인류의 목적을 다시 한 번 강조하셨다. 타락과 홍수는 인간의 존엄성을 훼손하지 않는다. 그와 반대로, **인류는 반역과 형벌에도 불구하고 하나님의 형상이라는 정체성을 유지한다.** 하나님의 축복도 그대로다. "생육하고 번성하여 땅에 충만하여라"(창 9:1). 흥미롭게도 이때 하나님은 그들에게 땅을 "정복하여라"라고 말씀하지 않으신다(창 1:28 참조). '카바쉬'(kabash)는 '진압하다'라는 강한 의미를 담고 있는 단어로, 무력을 사용해야 할 수도 있음을 암시한다. 인간은 폭력적인 성향 때문에 부여된 소명을 제대로 완수하지 못하고 타락했다. 그래서 하나님은 두려움과 식량이라는 두 가지 혁신을 도입하셨다. 하나님은, 폭력을 행사하지 않고도 인간 사회의 질서를 더 쉽게 유지할 수 있도록, 동물들이 인간을 두려워하게 만드셨다. 그리고 사람들에게 동물을 식량으로 주셨다. 이전에는 하나님이 인간에게 식량으로 식물만 지정하셨는데, 이제는 고기를 먹을 수 있게 되었다(창 9:3). (축하하는 분들도 있을 것이다!)

육식을 허용하는 것은 그 자체로 문제를 야기할 수 있기 때문에, 하나님은 동물과 인간 사이에 폭력을 억제하기 위해 두 가지 안전장치를 마련하셨다. 첫째, 동물의 피는 인간이 먹을 수 없다. 동물의 생명은 그 피가 땅으로 흘러들게 함으로써 존중되어야 한다. 둘째, 인간의 생명은 동물과 동료 인간 모두에게 침범할 수 없는 영역이다. 하나님은 야생 동물이 인간을 죽인 것에 대해 책임을 지게 하시고, 인간이 서로를 살해한 것에 대해서도 책임을 지게 하신다(창 9:4-5). 하나님은 인간에게 살인자를 처벌할 책임을 부여하신다. "누구든지 사람을 죽인 자는 죽임을 당할 것이다"(창 9:6). 인간의 폭력에 대한 이러한 견제는 하나님의 형상이라는 인간의 정체성에 명시적으로 근거를 두고 있다. "사람은 하나님의 형상대로 지음을 받았으니"(창 9:6).

부패와 폭력이 홍수를 일으켰다(창 6:11). 홍수 이후에, 하나님은 그분의 형상이라는 우리의 정체성을 재차 강조하시면서 인간의 본질적인 존엄성을 역설하신다. 이 정체성이 바로 우리가 서로를 잘 대해야 하는 근거다. 사는 게 엉망진창이지만, 모든 희망이 사라진 것은 아니다.

주도권을 잡다

모든 생각이 다 좋은 생각은 아니다.

홍수 이후 많은 나라가 탄생했다. 노아의 아들들이 퍼져 나가고, 그들의 자녀들은 자녀를 낳았다. 창세기 10장은 하나님이 계획하신 대로 땅을 점차 채워 가며 다양한 언어를 사용하는 70족속을 열거하고 있으며, 이는 문화적 다양성의 확산으로 이어졌다. 이러한 다양성은 인류의 특징이다.

하나님은 인간에게 창의력을 부여하시고, 땅에 충만하라고 명령하셨다. 그러나 인간은 종종 하나님의 선물을 자신의 계획에 맞게 왜곡한다. 이것을 우리는 창세기 11장에 나오는 바벨탑 이야기에서 보게 된다. 우리는 이 이야기를 흔히 "바벨탑 이야기"라고 부르지만, 사람들은 도시와 탑을 모두 건설한다. 이 이야기의 초점은 도시다. 이 이야기는 승인되지 않은 중앙 집권 권력에 대한 하나님의 반응을 보여 준다.

창세기 10장에서, 다양한 족속의 목록이 나온 직후에 사람들이 하나의 언어를 사용했다는 주장은 다소 의심스럽다. 데이비드 스미스(David Smith)는 아시리아 문헌에서 "하나의 언어"라는 표현이 "피정복민을 정복하고 동화시키는 것에 대한 은유"로 일관되게 기능한다고 지적한다.[11] 그의 견해가 옳다면, "하나의 언어"는 유토피아적인 이상이 아니라 오히려 사람들에게 강요되는 통일성을 의미한다—공용어는 다양성을 억압한다.

창세기 11:3에 나오는 남자들의 말은 수스(Seuss) 박사의 운율처럼 읽는다. '하바, 닐베나 르베님 베니스레파 리스레파'(Habah, nilbenah lebenim venisrephah lisrephah). 이런 긴밀한 언어유희가 외국어로 소통해야 했던 사람들의 줄어든 어휘력을 시사하는 것일까? 그들은 서로에게 "와서 벽돌을 만들자. 그리고 [벽돌에] 불을 지펴 보자"(저자 번역, 새번역은 "자, 벽돌을 빚어서, 단단히 구워내자")라고 말한다.

많은 독자는 바벨탑이, 마치 하나님과 같아지려는 듯, 인간이 하늘로 올라가는 수단이라고 생각한다.[12] 어떤 사람들은 건축자들이 하나님이 자신들에게 내려오시기를 바랐다고 주장한다.[13] 고대 지구라트(Ziggurat)의 목적에 비추어 볼 때, 두 번째 옵션이 더 그럴듯해 보인다. 지구라트는 신들이 지상의 사원과 천상의 사원 사이를 오갈 수 있도록 지은 거대한 계단식 건축물이었다. 이 설명을 듣고 창세기 28장에 나오는 야곱의 꿈을 떠올렸다면, 당신은 보너스 점수를 받을 것이다! 야곱은 돌로 만든 베개를 베고 누워서 천사들이 오르내리는 돌계단을 꿈꿨는데, 아마도 지구라트일 것이다.

신전은 고대 문명의 중심지였으며, 인구의 4분의 1이 신전 유지에 관여했다.[14] 지구라트는 그런 신전 옆에 지어졌다. 지구라트는 잔해로 채워진 견고한 구조물로, 전체 구조물은 가장 바깥층에 내장된 계단을 안정화하기 위한 것이었다. 사람들은 이 구조물을 오르지 않았다. 이 구조물은 신을 위한 것이었다.

그러나 바벨탑에 대한 계획에는 신전에 대한 언급이 나오질 않는다.[15] 우리는 세 번째 가능성에 흥미를 느낀다. 탑은 히브리어로 '믹달'(*migdal*)인데, 이 단어는 보통 망루를 의미한다. 일부 망루는 포도밭 한가운데 세워져, 파수꾼들이 잘 익은 열매를 도난당하지 않도록 지킬 수 있었다. 다른 망루들은 군사적 보호를 위해 성벽에 세워졌다. 사람들이 도시를 건설하고 있었기 때문에, '믹달'은 도시 방어 체계의 일부였을 수 있다. 하늘에 꼭대기가 있는 탑은 사람들이 멀리서 접근하는 군대를 발견할 수 있게 해 주기 때문에, 전투 준비를 위한 충분한 시간을 확보하게 했다. 망루는 이 계획이 두려움에 의해 추진되고 있음을 시사한다. 그들의 도시가 침략을 당하면, 그들은 흩어져야 할 것이다.

도시의 탑에 대한 군사적 해석은 창세기 10:8-12에 남겨진 단서와 잘 맞아떨어진다. 여기서 내레이터는 긴 족보를 중단하고, '반역자'라는 뜻의 이름을 지닌 전사이자 사냥꾼이자 도시 건설자 니므롯을 소개한다.16) 바벨은 그의 도시다. 호세 미구에즈-보니노(José Míguez-Bonino)는 니므롯의 직함이 서로 연결되어 있다고 설명한다. "그는 '깁보르'(gibbor, 강력한 전사)이자 '깁보르 사이드'(gibbor-sayid, 짐승들의 강력한 전사)다. 바벨의 창시자는 인간과 짐승 모두에게 폭군이었다."17) 니므롯은 폭력으로 악명이 높았다. 인류에 대한 하나님의 의도를 왜곡한 사람이라 할 수 있다!

창세기 11장에 나오는 탑을 지구라트로 보든 망루로 보든, 이 이야기의 요지는 분명하다. 하나님은 인간이 주도권을 잡으려는 노력을 좌절시키신다. 어느 쪽이든, 이 이야기는 아이러니로 가득 차 있다. 이야기의 전환점은 야웨께서 "사람들이 짓고 있는 도시와 탑을"(창 11:5) 보러 내려오신 순간이다. 그들이 하나님이 자신들 가운데 거하시기를 바랐다면, 그들의 소원은 이루어진 것이다. 야웨께서 내려오셨지만, 그 결과 그들이 가장 두려워하던 일이 실현되었다. 하나님은 그들의 계획이 옳지 않다고 판단하시고, 그들이 피하고 싶었던 바로 그 일을 행하셨다.

반면에 군사 방어 목적으로 탑을 건설했다면, 그들은 가장 큰 위협인 야웨를 예상하지 못한 것이다. 우습게도 그들의 인상적인 도시와 탑은 하나님께 너무 작아서, 하나님은 그것을 보기 위해 내려오셔야 했다.18) 인류는 그 이상의 적을 만났다.

이 도시의 이름이 바벨이라는 사실이 중요하다. 창세기 10:10에서 같은 도시(히브리어로 '바벨', *Babel*)가 NIV 성경에는 'Babylon'(바빌론)으로 번역되어 있다. 바빌론은 나중에 예루살렘을 황폐하게 만들고 하나님의 백성을 포로로 잡아간 나라의 수도

다. 이 이야기는 불멸의 명성을 추구하는 세속 권력에 대한 비판으로 작용한다. 하나님은 억압적인 제국을 용납하지 않으신다.

바벨(즉, 바빌론)이라는 도시는 땅에 충만하라는 창조 명령을 피하려는 시도를 상징한다. 사람들은 창조세계의 구석구석을 경작하고 돌보기 위해 퍼져 나가는 대신, 도시 성벽 뒤에서 음모를 꾸몄다. 그들은 스스로 이름을 떨치고 싶어 했다. 에덴동산의 두 가지 선물인 성숙한 지혜와 불멸성은 이곳에서도 여전히 그들에게 요원하다.

하나님은 바빌론에 세워진 군사 제국을 중단시키신다. 그러나 그분의 흩으심은 징벌이 아니라 회복이다. 인간이 땅을 채우도록 되어 있었다면, 그분의 흩으심은 제국의 지배로부터 사람들을 구출함으로써 이야기를 원래의 궤도로 되돌려 놓는 것이다. 미구에즈-보니노가 지적했듯이, "바빌론 제국에 대한 징벌은 동시에 다양한 민족의 해방이다."[19]

제국의 건설이라는 우상숭배는 우리가 하나님을 신뢰하지 못하는 한 가지 표현이다. 우리는 우리에게 안정감을 주는 확실한 무언가를 갈망한다. 아이러니하게도 우상숭배는 우리의 창조 목적과 반대된다. 피조물을 정복하는 것이 아니라 피조물에 복종하고 정복당한 것이다.[20]

창세기 11장에 나오는 건축업자들의 흩어짐은 인류에게 '리셋 버튼'과 같은 역할을 했다. 그것은 인간이 다른 사람들을 지배하기 위한 요새를 짓는 것이 아니라 '땅에 충만하라'(창 1:28)는 하나님의 의도를 회복하는 것이었다. 그러나 창세기 1장부터 11장에 걸친 하향 곡선에는 사태를 수습하는 것 이상의 대응이 필요했다. 우리에게는 대규모 구조 작업이 필요했다.

> **핵심 개념**
>
> ○ 인간과 천사 모두 하나님의 통치에 반항하여 하나님이 세우신 질서 유지를 거부했다.
> ○ 이러한 반항과 그와 유사한 반항은 폭력에 의존했고, 그 결과 폭력이 발생했다.
> ○ 하나님은 인간의 폭력에 대한 응답으로 홍수를 보내시며, 이는 모든 피조물에게 새로운 시작을 허락하는 창조의 해체 행위다.
> ○ 제국의 건설은 창조주께 의존하기보다 폭력을 휘두르고 다양성을 지워 버림으로써 권력을 중앙 집중화하려는 경향이 있는 인간의 노력 중 하나다.

더 깊은 연구를 위하여

Heiser, Michael S. *The Unseen Realm: Recovering the Supernatural Worldview of the Bible.* Bellingham, WA: Lexham, 2015. 『보이지 않는 세계』(좋은씨앗).

* Longman, Tremper III, and John H. Walton. *The Lost World of the Flood: Mythology, Theology, and the Deluge Debate.* Downers Grove, IL: IVP Academic, 2018. 『노아 홍수의 잃어버린 세계』(새물결플러스).

* Lynch, Matthew J. *Flood and Fury: Old Testament Violence and the Shalom of God.* Downers Grove, IL: IVP Academic, 2023.

Míguez-Bonino, José. "Genesis 11:1-9: A Latin American Perspective." In *Return to Babel: Global Perspectives on the Bible*. Edited by John R. Levison and Priscilla Pope-Levison, 13-16. Louisville, KY: Westminster John Knox, 1999.

Smith, David. "What Hope After Babel? Diversity and Community in Gen 11:1-9; Exod 1:1-14; Zeph 3:1-13 and Acts 2:1-13." *Horizons in Biblical Theology* 18, no. 2(1996): 169-91.

바이블 프로젝트 관련 영상: "영적 존재들 시리즈"

인터미션

형상을 비추고 이름을 새기다

1부 마지막 부분에서는 학자들이 "원시 역사"라고 부르는 창세기 1-11장을 다룬다. 창세기 11장의 마지막 부분과 12장의 첫 부분은 하나님의 우주적 목적과 아브라함 가족에 대한 하나님의 목적을 연결하는 고리 역할을 한다. 그러나 이 두 부분이 무작위로 같은 두루마리에 포함된 관련 없는 두 개의 텍스트라고 생각하지는 말라. 창세기의 이 두 부분은 서로 밀접하게 연결되어 있다. 그 방법은 다음과 같다.

(1) 창세기에는 히브리어 단어 '톨레도트'(*toledot*)가 10회 사용된다. 이 단어는 '세대' 또는 '기록'을 의미하며, 줄거리에서 각 연속적인 세대에 초점을 맞춘 부분을 구분하는 역할을 한다. '톨레도트'는 창세기 1-11장에 5회, 12-50장에 5회 등장한다. 이 대칭이 우연의 일치는 아닐 것이다.

(2) 하나님이 아담을 데려다가 에덴동산에 두어 인간이 창조 세계를 관리하게 하셨던 것처럼, 이제 하나님은 아브람을 인간 문명의 중심지이자 모든 반역의 근원지(바벨/바빌론을 기억하라)인 메소포타미아에서 떠나게 하시고, 약속의 땅의 중심으로 옮기셔서 잃어버린 것을 회복하기 시작하셨다. 다시 말해, 두 줄거리는 서로를 반영할 뿐 아니라 서로 의존한다. 아담과 하와의 실패는

아브라함과 사라에게 하신 하나님의 약속이 우리에게 필요한 이유다.

창세기 12:1-3에서 하나님은 아브람을 부르시어 땅, 자손, 축복이라는 세 가지 약속으로 맺어진 언약에 들어가게 하신다. 하나님은 나중에 에덴동산처럼 묘사될 땅을 아브라함에게 주신다(신 8장 참조). 하나님은 아브람("아버지")이 아브라함("많은 사람의 아버지")이 될 거라고 약속하신다. 그리고 앞으로 이어질 성경 이야기의 흐름을 결정하는 다음과 같은 말씀을 하신다.

> 너를 축복하는 사람에게는 내가 복을 베풀고,
> > 너를 저주하는 사람에게는 내가 저주를 내릴 것이다.
> 땅에 사는 모든 민족이
> > 너로 말미암아 복을 받을 것이다. (창 12:3)

이 약속은 창세기 1-11장의 내용과 창세기 12-50장의 내용을 연결하는 핵심적인 요소다. 아브라함의 가족은 아담과 하와가 시작한 인간의 반역 문제를 해결하기 위해 모든 민족에게 하나님의 복을 가져다 줄 것이다. 이것이 바로 '하나님의 이름을 지닌다/새긴다'는 개념이 등장하는 배경이다. 창세기 12장에서 시작되는 성경 내러티브의 초점은 주로 하나님의 이름을 지닌 사람들에게 맞춰져 있으며, 하나님의 형상인 존재라는 개념은 배경으로 사라진다. 물론 하나님의 이름을 지닌 사람들은 인간이기 때문에 하나님의 형상이라는 정체성을 유지한다. 그러나 창세기 12장과 복음서 사이에는 성경이 주로 다루는 내용인 언약에 관한 내용이 있다. 원한다면 이 책을 잠시 멈추고 『하나님의 이름을 새기다』를 읽어도 좋다. 그 다음에 다시 여기로 돌아와서 『하나님의 형상을 비추다』를 끝마칠 수 있다. 각 책은 성경의 다른 부분을 다루고 있지만, 서로 연결되어 있다.

이 주제들은 십계명에서 교차한다. 시내산에서 야웨는 자신의 이름을 지닌 사람들에게(출 20:7) 숭배할 형상을 만들지 말라고(출 20:2-6) 말씀하셨다. 팀 맥키(Tim Mackie)가 바이블 프로젝트의 영상 "하나님의 형상"에서 언급한 것처럼, 사람들은 하나님의 형상을 만들 필요가 없다. 왜냐하면 하나님이 이미 당신의 형상, 곧 인간을 만드셨기 때문이다![1] 이것은 우상숭배를 새로운 시각으로 바라보게 한다. 크리스토퍼 라이트(Christopher Wright)는 "우상숭배는 하나님의 영광을 훼손하고, 인간이 하나님의 형상으로 만들어졌기 때문에, 우리 인간성의 본질에도 해롭다는 결론을 내릴 수 있다"[2]고 말한다.

예수님은 우리 소명의 두 가지 측면인 인간됨과 언약의 동반자됨을 모두 보여 주셨다. 예수님은 하나님의 이름을 온전히 지니셨을 뿐 아니라 하나님의 형상으로서 완벽하게 기능하셨다. 예수님의 인성이 중요한 이유는 그것이 없으면 예수님이 우리의 인간적 소명을 구현하실 수 없기 때문이다. 3부에서는 예수님이 우리의 정체성과 목적을 어떻게 보여 주시고 우리의 미래를 어떻게 확보하시는지 살펴볼 것이다. 하지만 먼저 우리가 어떻게 여기에 도달했는지 이해해야 한다.

2부에서는, 구약성경의 지혜 문학에 속하는 몇 권을 살펴볼 것이다. 이 책들은 이스라엘의 역사와 덜 관련이 있고 덜 '언약적인' 경향이 있다. 오히려 지혜 문학은 창조에 뿌리를 두고 있으며 더 광범위하게 인간의 조건과 씨름한다. 즉, 친밀함에 대한 갈망, 의미에 대한 갈망, 실제적인 지혜에 대한 갈망, 그리고 고통을 이해해야 할 필요 등이다. 지혜 문학은 인간이 된다는 것이 무엇을 의미하는지 발견하려는 우리의 탐구에 지혜를 제공한다.

더 깊은 연구를 위하여

> Imes, Carmen Joy. *Bearing God's Name: Why Sinai Still Matters.* Downers Grove, IL: IVP Academic, 2019. 『하나님의 이름을 새기다』 (성서유니온).
>
> 바이블 프로젝트 관련 영상: "복과 저주"

2부

지혜의 길

5 인간의 추구

어떻게 알 수 있을까?

막내 이스턴이 세 살쯤 되었을 때, 그 아이에게는 자신의 사고 과정을 설명하는 재미있는 방식이 있었다. 우리가 "어떻게 그런 생각을 했어?" 또는 "어떻게 그걸 알았어?"라고 물으면, 이스턴은 "배가 말해 줬어"라고 대답하곤 했다.

이스턴이 생각할 때, 인간의 인지 활동에서 정상적인 부분인 내적 숙고는 그의 존재의 중심, 즉 배 속에서 일어났다. 그가 무언가를 알고 있는데 아무도 그에게 말해 준 적이 없다면, 그 지식은 그의 배 속에서 나온 것이었다. 이것이 아마도 우리가 직감이라고 부르는 게 아닐까 싶다.

창세기 1장과 2장을 우리의 사고에 반영한다면, 사고 능력이나 행동 능력이 인간의 가치를 측정하는 기준이 되어서는 안 된다. 우리는 지능이나 덕목에 관계없이 하나님의 형상이다. 그러나 우리의 몸은 우리가 세상과 소통할 수 있도록 돕는다. 몸은 우리가 세상을 알고 세상에 알려지는 수단이다. 창세기 3장에서, 욕망은 하나님에 대한 하와와 아담의 생각을 바꾸어 놓았다. 그들은 하나님처럼 되고 싶어 했다. 그들은 뱀이 자신들에게 선과 악을 규정하도록 허락했고, 그 결과 하나님이 금하신 것을 먹게 되었다.

신학자 제임스 스미스(James K. A. Smith)는 우리가 막대기에 달린 뇌가 아니라고 주장한다. 우리의 몸은 중요한다. 우리의 사고는 허공에서 빚어지는 것이 아니라 우리가 사랑하는 것들이 형성하는 습관들에 의해 빚어진다. 스미스가 말하듯, 당신이 사랑하는 것이 바로 당신이다(you are what you love).[1] 우리가 욕망하는 것이 우리가 하는 일을 결정하고, 이는 다시 우리가 생각하는 방식에 영향을 미친다.

만약 앎이 몸으로 체화되고 욕망에 뿌리를 두고 있다면, 지혜란 세상과 바르게 관계 맺고 올바른 것들을 추구하는 것이다. 성경에 따르면, 우리는 두 가지 방법으로 지혜를 함양한다. 첫째, 지혜의 근원이신 하나님을 신뢰하는 것이다. 하나님은 예언자를 통해 역사 속에서 그분의 뜻을 드러내신다. 성경은 그 계시를 기록한 것이다. 시내산에서 하나님은 언약 백성이 지혜롭게 살 수 있는 방법에 대해 많은 세부 사항을 알려 주셨다. (『하나님의 이름을 새기다』에서 하나님의 계시적 지혜에 대해 살펴봤다.) 이 모든 세부 사항에는 하나님의 명령에 순종하여 특정한 일을 하거나 하지 않는 것, 하나님이 사랑하시는 것을 사랑하고 하나님이 미워하시는 것을 미워하는 것을 배우는 게 포함된다.

지혜를 함양하는 또 다른 방법은 세상이 돌아가는 방식을 주의 깊게 관찰하고 좋은 것을 선택하는 것이다. 경험이 우리에게 가르쳐 준다. 잠언, 전도서, 아가서는 잘 사는 방법에 대한 현명한 관찰을 제공한다. 잠언은 영감받은 성경의 일부이지만, 직접적인 하나님의 계시로 제시되지는 않는다. 지혜자들은 하나님을 대신하여 말한다고 주장하지 않는다. 그들은 관찰을 통해, 인생을 잘 아는 사람들과의 대화를 통해, 자신의 경험을 통해 배운 것을 다른 사람들에게 가르치고 있다. 이 책들은 모두 어떤 면에서 솔로몬왕과 관련이 있다.

잠언은 지혜를 여인으로 의인화한다.

지혜를 버리지 말아라. 그것이 너를 지켜 줄 것이다.
　지혜를 사랑하여라. 그것이 너를 보호하여 줄 것이다.
지혜가 으뜸이니, 지혜를 얻어라.
　네가 가진 모든 것을 다 바쳐서라도 명철을 얻어라.
지혜를 소중히 여겨라. 그것이 너를 높일 것이다.
　지혜를 가슴에 품어라. 그것이 너를 존귀하게 할 것이다.
(잠 4:6-8)

지혜는 우리가 원해야만 얻을 수 있는 것이다. 욕망이 핵심이다. 우리는 지혜를 사랑하고 지혜를 위해 모든 것을 바쳐야 한다. 지혜를 소중히 여기고 포용해야 한다.

열왕기는 솔로몬을 당대에 가장 현명한 사람으로 묘사한다. 하나님이 꿈으로 그에게 기회를 주셨을 때, 솔로몬은 '지혜로운 마음으로 백성을 재판하고 선과 악을 분별할 수 있기를'(왕상 3:9) 택했다.[2] 이것은 그가 가장 원했던 것이다. 부나 명예보다 원했던 것이다. 솔로몬의 선택은 그 자체로 현명하다. 지혜를 구함으로써 솔로몬은 부와 명예도 얻는다.

솔로몬은 공의를 행하고(왕상 3:16-28), 자신이 다스리는 영역에 평화를 유지하고(왕상 4:20-28), 잠언과 노래를 지어 자연에 대한 지식을 보여 줌으로써(왕상 4:29-34) 자신의 지혜를 나타냈다. 그러나 그의 이야기는 좋지 않게 끝났다. 그는 지혜가 자랑할 만한 어떤 것이 아니라 실천해야 할 능력임을 입증해 보였다. 솔로몬이 통치 초기에 가졌던 지혜는 그가 끝까지 통치하는 데 도움이 되지 못했다. 새로운 사랑이 그를 방해했다. 그는 하나님이 정의하신 선과 악에 대한 말씀에 귀를 기울이지 않게 되었다.

지혜는 항상 선택을 수반한다. 에덴동산에서의 선택은 하나님의 뜻을 신뢰하느냐 하나님이 주신 것 이상을 탐내느냐였다. 우리 모두와 마찬가지로 솔로몬도, 하나님의 선한 명령을 신뢰할 것인지 자신의 길을 갈 것인지, 날마다 선택의 기로에 서 있었다. 솔로몬은 모세가 신명기 17장에서 이스라엘의 미래 왕들에게 내린 지시를 반복적으로 무시했다. 그것은 부와 군사력, 아내를 축적하지 말라는 경고였다. 그는 정치적 권력을 좇느라 마음을 정도(正道)에서 벗어나게 했다. 그는 하나님보다 자신과 군사력, 외교적 관계를 신뢰했다. 그의 많은 아내는 그를 설득해 다른 신을 숭배하는 것을 용인하고 결국에는 참여하게 만들었다.

그렇다면 우리는 무엇이 최선인지 어떻게 알 수 있을까? N. T. 라이트는 "사랑은 가장 깊은 수준의 인식이다. 왜냐하면 사랑은 다른 대상과 깊이 교감하면서 그 존재 자체를 있는 그대로 받아들이고 기뻐하기 때문이다"[3]라고 주장한다. 라이트의 주장이 옳다면, 무엇이 최선인지 분별하는 가장 확실한 방법은 하나님에 대한 사랑과 이웃에 대한 사랑을 키우는 것이다. 예수님은 이 두 가지가 가장 큰 계명이라고 말씀하셨다(마 22:36-40).

성경의 지혜는 독특한 것일까?

때때로, 성서학계의 연구 결과가 주요 언론사의 헤드라인을 장식하며 중대한 발견을 알린다. 이런 이야기들은 성경이 사람들이 생각했던 것만큼 독특하지 않다는 점을 암시함으로써 사람들의 두려움을 부추기곤 한다. 성경이 전적으로 독특해야 한다고 생각하는 사람들에게는 성경이 다른 고대 문헌에서 차용했을 수 있다는 사실이 충격으로 다가온다. 〈아메네모페의 교훈〉(Instruction of Amenemope)의 경우를 살펴보자.

〈아메네모페의 교훈〉은 기원전 1200년경에 기록된 이집트 문헌으로, 그 내용이 성경의 잠언과 매우 흡사하다. 예를 들어, 〈아메네모페의 교훈〉 6장에는 이렇게 적혀 있다. "땅의 경계를 표시한 돌을 옮기지 말며, 측량줄을 움직이지 말라. 탐욕을 부려 땅 한 마지기를 더 달라고 하지 말며, 과부의 경계를 침범하지 말라."(a) 이것은 "너의 선조들이 세워 놓은 그 옛 경계표를 옮기지 말아라"라는 잠언 22:28과 놀라울 정도로 유사하며, "고아들의 밭을 침범하지 말아라"라는 잠언 23:10-11과도 유사하다.

> 옛날에 세워 놓은 밭 경계표를 옮기지 말며,
> 　고아들의 밭을 침범하지 말아라.
> 그들의 구원자는 강한 분이시니,
> 　그분이 그들의 송사를 맡으셔서 너를 벌하실 것이다.

비슷한 우려를 다루는 여러 가지 예를 인용할 수 있다. 그뿐만 아니라 잠언 22:20은 "서른 가지 교훈"을 별개의 모음집으로 소개하는 반면, 〈아메네모페의 교훈〉은 서른 개의 짧은 장(chapter)으로 구성되어 있다. (b) 〈아메네모페의 교훈〉과 유사한 내용이 대부분 잠언의 이 섹션에 나타난다. 우리가 성경의 '차용'(borrowing) 가능성에 대해 우려해야 할까? 성경은 솔로몬이 당대에 가장 지혜로운 사람이었다고 말한다. 특히 그의 잠언은 먼 곳에서 온 방문객들이 즐겨 읽을 정도였다(왕상 4:32, 34; 10:23-25). 이러한 사실은 성경의 잠언 중 일부가 이스라엘 외부에서 유래했거나 그 반대의 경우일 가능성에 대해 우리가 덜 의심하게 만든다. 솔로몬 왕국에 대한 글을 읽으면 국제적인 대화와 협력을 기대하게 된다. (c) 인간이 된다는 것이 무엇을 의미하는지 고려할 때, 잠언은 "모든 진리는 하나님의 진리"라는 격언의 모범이 된다. 모든 인간은 하나님의 형상이다. 즉, 우리는 믿음의 가족이 아닌 사람들로부터도 배울 수 있다. 그들의 말이 성경과 모순되지 않는다면, 우리는 그들의 말에 위협을 느낄 필요가 없다. 성경의 저자들도 그렇지 않았다.

성적 만족을 추구하는 것

사랑이 앎의 핵심이고 우리의 몸이 우리가 사물을 알아 가는 수단의 일부라면, 우리는 성(性)에 대해 이야기해야 한다. 성경에 에로틱한 시가 등장한다는 사실은 절제라는 덕목이 가장 중요한 가치인 교회에서 자란 사람들에게 다소 충격적인 일이다. 아가서는 성경에 어울리지 않는 것처럼 느껴진다. 많은 신앙 공동체는 아가서를 이스라엘에 대한 하나님의 사랑 또는 교회에 대한 그리스도의 사랑을 노래하는 것으로 해석해 왔다. 성에 관한 설교를 생각할 때 몸이 움찔한다면, 알레고리적 해석이 도움이 될 수 있다! 이 본문에 대한 알레고리적 해석은 오랜 역사를 지니고 있다.

그러나 처음에 아가서를 영적으로 읽은 사람들이 인간의 성을 회피한 것은 아니다. 사실 그들은 인간의 성이 하나님과 이스라엘 또는 그리스도와 교회 사이의 언약 관계를 가장 잘 표현하는 것이라고 믿었다. 유진 피터슨에 따르면, "고대 사람들이 아가서를 경건하게 읽지 않은 이유는 아가서의 성적 표현에 당황해서가 아니라, 성적인 영역을 신성하고 영적인 의미를 담은 것으로 이해했기 때문이다."[4] 즉, 초기 해석자들은 영적인 실재에 반영된 인간의 로맨스를 기리는 것으로 아가서를 읽었다고 할 수 있다.

우리의 성은 하나님이 우리를 만드신 방식의 일부다. 에덴동산에서 타락하기 전에 남성과 여성이 모두 존재했다. 인류의 생존은 남성과 여성이 서로 밀접하게 관계를 맺는 데 달려 있다. 그러나 성에는 출산 이상의 의미가 있다. 마크 코르테즈가 지적했듯이, 동물들도 새끼를 낳지만 창세기 1장에서는 오직 인간만 "남자와 여자"로 묘사되어 있다. 우리의 상호 보완적인 성은 단지 결혼이나 성관계 안에서 뿐 아니라, 비슷하기도 하고 다르기도 한 인간들 사이의 다양한 우정과 협력 관계 안에서 우리가 유대감을 형성하도록 이끌어 준다.[5]

하나님은 인간이 아닌 피조물(동물과 자라는 것들뿐만 아니라 천연 자원까지)에 대한 지배권을 공유함으로써 피조물의 번영에 기여할 수 있도록 이러한 협력 관계를 설계하셨다. 이러한 협력 관계는 다양한 형태를 취할 수 있지만, 하나님은 우리가 성적인 친밀함을 결혼 관계 안에서만 나누도록 의도하셨다. 성관계는 아이를 낳기 위한 수단일 뿐 아니라 기쁨을 가져다주고 결혼의 유대를 강화하는 방법이기도 하다.

우리 문화는 선물이라기보다 필요에 의한 것으로 그리고 전적인 헌신 관계의 가장 친밀한 표현이라기보다 개인의 권리로 성을 규정함으로써 성을 왜곡한다. 성적인 표현, 성적 취향, 성적 지향, 성적 활동이 현재 인간의 정체성을 찾는 데 지배적인 역할을 하고 있다. 우리 문화는 성을 자기표현이나 자기실현의 필요와 권리로 여기도록 가르치기 때문에, 성은 자기 헌신적이기보다 이기적으로 변질되기 쉽다. 자신의 욕망을 충족시키는 데 초점을 맞추면, 배우자는 목적을 달성하기 위한 수단이 된다. 성경을 충실하게 읽는 것은 자신의 '필요'를 채우기 위해 남을 이용하기보다 사랑으로 기꺼이 자신을 다른 이에게 내어 주라고 우리를 권유한다.

성관계는 취약성을 필요로 한다. 연인들이 평생을 함께할 의지가 없는 상황에서는 거부당할 위험이 높다. 심지어 헌신적인 관계에서도 희망은 깨지기 쉽다. 성관계를 맺을 때 우리는 있는 그대로의 모습을 서로에게 보여 준다. 아담과 하와는 벌거벗었음에도 부끄러워하지 않았지만(창 2:25), 타락 이후, 많은 사람은 자신의 몸이 충분하지 않다는 두려움 때문에 몸을 드러내는 데 어려움을 겪는다. 몸매가 충분히 예쁘지 않거나, 활력이 충분하지 않거나, 매력이 충분하지 않거나, 반응이 충분하지 않다고 느끼기 때문이다.

이것이 포르노그래피가 널리 퍼진 이유 중 하나라고 생각한다. 포르노그래피를 통해서는 거부당할 위험이나 성적 능력에 대한 걱정을 하지 않고도 어느 정도 성적 만족감을 얻을 수 있다. 힘든 관계 역학을 피하고, 너무 많이, 너무 자주 원하는 것이 아닌지 걱정할 필요가 없다. 그러나 포르노그래피는 그 자체로 문제의 순환을 야기한다.

포르노그래피 문제

2016년 「타임」지 표지 기사에 보도된 바와 같이, 포르노그래피는 인간의 뇌를 재구성하여 사람이 실제 성적 파트너에게 반응하기 어렵게 만든다.(a) 포르노그래피는 우리가 서로에게 잘 연결되는 것을 방해한다. 그것은 갈등 해결이나 관계 건강에 필수적인 감정과 욕망의 표현 같은 더 어려운 일을 피하는 탈출구 역할을 한다.

젊은 사람들은 포르노그래피의 사용이 일시적이라고 생각할 수 있다. 결혼할 때까지 성적 '건강'을 유지하는 방법일 뿐, 결혼 후에는 더 이상 필요하지 않을 거라고 생각할 수 있다. 그러나 포르노그래피는 그렇게 작동하지 않는다. 포르노그래피는 결혼한 상태에서도 성적인 만족을 얻기가 점점 어려워지는 신경학적 경로를 뇌에 형성한다.

가장 나쁜 것은, 시청자나 참여자가 남성이든 여성이든 관계없이, 포르노그래피가 착취적이라는 것이다. 포르노그래피는 카메라 앞에서 이루어지는 매춘과 성적 학대다. 수십억 달러 규모의 포르노 제작 산업 전체가 인신매매와 반복적인 강간에 의존하고 있다. 자발적으로 포르노 제작에 참여하는 사람들조차도 더 나은 선택의 여지가 없기 때문에 그렇게 하는 경우가 많다. 적지 않은 사람이 자신의 가장 좋은 자산이 몸이라고 믿거나 자신의 몸을 팔아서만 생계를 유지할 수 있다고 믿는다.

그 결과로 성매매가 발생하는데, 이는 본질적으로 관계적 헌신 없이 성적 만족을 추구하는 포르노의 구현이다. 최근의 한 기사는 "성매매 여성들의 85-95퍼센트가 성매매를 벗어나고 싶어 하지만, 다른 생존의 길이 없다"고 보도한다.(b) 이는 성매매가 합법화된 국가에서도 마찬가지다.(c) 기고자들은 "성매매를 한 여성들은 고문 생존자에게서 관찰된 것과 동일한 정도의 외상성 뇌손상을 경험한다"고 말한다.(d) 성매매 산업은 인간의 번영을 촉진하지 못한다.

포르노그래피는 신뢰할 수 있는 대인 관계를 왜곡하고 파괴한다. 포르노그래피는 카메라에 나오는 사람뿐 아니라 그것을 보는 사람, 즉 남성, 여성, 어린이의 가치를 떨어뜨리고, 하나님의 형상을 닮은 존재로서의 가치를 훼손한다.

예수님은 음욕을 품고 보는 것이 간음에 해당한다고 분명히 말씀하셨다. 이 기준에 따르면, 교회는 전염병 수준의 간음 행위에 대해 유죄다. 교회에 다니는 남성의 약 70퍼센트(목사의 경우 50퍼센트 이상)가 정기적으로 포르노그래피를 접한다고 한다.(e) 포르노그래피를 보는 여성의 수가 증가하고 있으며, 현재는 30퍼센트에 달한다. 포르노그래피는 진정한 유대감의 흥분을 빼앗아 간다. 포르노그래피는 중독성이 강하기 때문에, 끊으려고 노력하면 싸움에 패배하는 것처럼 느껴질 수 있다. 신경학적으로나 화학적으로도, 그것은 마약과 같은 작용을 한다. 대부분의 사람은 포르노그래피를 끊는 데 외부의 도움을 필요로 한다. 당신에게 포르노그래피가 문제가 된다면, "정복 시리즈"(Conquer Series: 성 중독 극복 프로그램—옮긴이)의 도움을 받으라.(f)

교회는 미혼 남녀의 성관계를 막는 데는 엄청난 에너지를 쏟아 부었지만, 결혼 관계 안에서 표현되는 성적인 아름다움에 대해서는 거의 이야기하지 않는다.[6] 우리는 너무 보수적일지도 모른다. 아가서는 인간의 성적 욕망이 지닌 힘과 육체의 영광을 조금도 숨기지 않고 드러낸다. 연인들은 떨어져 있는 매 순간 함께 있기를 갈망한다. 그들의 관계는 하룻밤의 관계가 아니라, 상호적인 욕망으로 불타오르는 지속적이고 열정적인 사랑의 관계다. 이러한 유형의 유대감을 맺을 수 있는 우리의 능력은 인간이라는 것이 의미하는 바의 일부다. 또한 친밀함은 인간이 '땅에 충만할' 수 있는 능력에 필수적인 요소이기도 하다.

그렇다면 독신, 질병, 장애로 인해 성적 친밀함이 불가능할 때는 어떻게 될까? 동성에게 끌리는 사람들은 어떨까? 섹스 없이도 완전한 인간이 될 수 있을까?

다행히도 성경은 이 마지막 질문에 대해 "그렇다"고 대답한다. 웨슬리 힐(Wesley Hill)은 이렇게 썼다. "그리스도교 신학의 구조에는 다음과 같은 주장이 짜여 있다. 바로 예수 그리스도가 지금까지 살았던 인간 중 가장 진실하고, 가장 완벽하며, 가장 영광스러운 인간이라는 것이다. 그리고 진실하고, 충만하며, 풍요로운 인간성을 경험하기 원하는 사람들은 그분처럼 되어야 하고, 예수님의 인간성을 본받아 자신의 삶을 살아야 한다는 것이다(롬

8:29; 엡 4:20-24; 골 3:1-17).")[7] 예수님은 독신으로 사셨다. 배우자 없이, 성적인 친밀함 없이 살아가셨다. 이 사실은 자신이 성경을 이해한 바에 따라 독신을 선택한 게이 웨슬리 힐에게 많은 의미가 있다. 그는 이렇게 설명한다. "저는 유일한 게이 기독교인이 아닙니다. 하나님의 뜻에 어긋나는 충동을 거부하기로 자발적으로 선택한 사람이 저뿐만이 아니니까요."[8] 그의 좋은 친구가 한 번은 이렇게 상기시켜 주었다. "충족되지 않은 욕망을 안고 살아가는 것은 인간의 경험에서 예외가 아니라 규칙이야."[9]

오늘날 교회는 독신의 미덕을 크게 잊어버렸지만, 그것을 회복하는 게 좋을 것이다. 성경에는 성적 친밀함을 찬양하는 아가서와 성관계를 한 번도 갖지 않은 궁극적인 인간인 예수가 나란히 등장한다. 성은 하나님이 인간에게 주신 소중한 선물이다. 그러나 이 선물은 하나님이 뜻하신 틀 안에서 가장 온전히 표현되고 누릴 수 있다. 배우자에 대한 당신의 충실함이 그 증거다. 그러나 선택에 의한 것이든 상황에 의한 것이든, 독신인 경우, 독신 생활을 통해 예수님에 대한 충실함을 지키는 것도 똑같이 강력한 증거다. 당신이 독신이라면, 당신은 하나님과 이웃에게 더욱 헌신할 수 있는 특별한 위치에 있는 것이다. 그리스도께 당신의 욕망을 내어 드리는 것은 전체 교회의 모범이 된다. 당신에게는 그리스도를 향한 헌신에 대해 우리에게 가르쳐 줄 것이 많다. 그렇다고 해서 그 길이 쉽다는 의미는 아니다. 새로운 창조세계 안에서 그리스도와 연합한다는 더 큰 희망을 바라볼 때, 욕망을 포기하는 고통이 가능해진다.

지혜의 길

시편 8편에서 다윗은 창조물의 정점에 있는 인간의 위치에 감탄하며, 하나님을 대신하여 만물을 다스리는 왕관(창 1:26-28)을 쓰고 있다고 말한다. 광활한 밤하늘을 배경으로 볼 때, 인간은 너무나 작아 보인다. "사람이 무엇이기에 주님께서 이렇게까지 생각하여 주시며, 사람의 아들이 무엇이기에 주님께서 이렇게까지 돌보아 주십니까?"(시 8:4) 너무 큰 책임인 것 같다!

그렇지만 그게 바로 핵심이다. 하나님은 자신의 일에 약한 자들을 사용하신다. '어린이와 젖먹이들의 찬양'은 시편 8:2에서 적의 공격을 무력화한다. 팀 맥키는 시편 8편이 다윗과 관련된 최초의 시편 모음집의 중심에 위치해 있다고 말한다.[10] 시편 3-7편은 적의 공격에 직면한 다윗의 고통을 표현하고, 시편 9-14편은 고통받는 자들의 구원을 위한 외침을 표현한다. 그 중심에 시편 8편이 있는데, 이 시편은 인간이 하나님을 대신하여 다스리는 높은 지위를 찬양하고 있다. 이 시편은 근육질의 이상적인 인간상을 묘사하지 않는다. 하나님은 우리가 자신의 힘이 아니라 하나님의 힘을 의지하도록, 강한 자가 아닌 약한 자를 다스리는 자로 세우신다. 찬양으로 요새를 세우는 것은 아기들이다!

시편 8편은 다음과 같은 선언이 시작과 끝을 이루고 있다. "주 우리 하나님…주님의 이름이 온 땅에서 어찌 그리 위엄이 넘치는지요?"(시 8:1, 9). 약함에도 불구하고 우리가 위임된 권위의 왕관을 쓰고 있기에, 모든 영광은 오직 야웨께만 돌려져야 한다. 온 땅의 주인이신 하나님이 우리를 그분의 관심과 보살핌의 대상으로 삼으시다니, 얼마나 놀라운 일인가!

혹시 바다를 바라보며 절벽의 가장자리에 서 본 적이 있는가? 아니면 광활한 야생 지대를 바라보며 산의 정상에 서 본 적이 있는가? 자연은 우리에게 삶에 대한 새로운 시각을 제공한다. 극복할 수 없을 것 같은 문제도 별것 아닌 것처럼 느껴지게 한다. 숲길을 걷거나 바다 공기를 깊게 들이마실 때, 만물의 거대한 구도 속에서, 우리가 작은 존재라는 것을 강하게 상기하게 된다. 광활하게 열린 공간은 우리의 걱정을 축소시키고 우리의 자아를 겸허하게 만든다.

시편 144편은 시편 8편의 언어를 반영하여 인간의 소명에 대해 더 깊이 고찰한다. "주님, 사람이 무엇이기에 그렇게 생각하여 주십니까? 인생이 무엇이기에 이토록 생각하여 주십니까?"(시 144:3). 이 시편에서 다윗은 인간의 필멸성을 강조한다. "사람은 한낱 숨결과 같고, 그의 일생은 사라지는 그림자와 같습니다"(시 144:4). 사실이다. 거대한 역사 속에서 우리의 삶은 짧다. 시편 144편은 전투할 힘을 공급하시고, 곤경에서 구출하시며, 번영을 가져다주시는 하나님을 의지하는 마음을 표현하고 있다.

인간이 된다는 것, 즉 하나님의 대리자로서 피조물을 다스리도록 임명받는다는 것은 어떤 의미일까? 그것은 우리의 자격과 전혀 관계가 없고, 오직 하나님의 능력과 관계가 있다. 우리 자신만으로는 충분하지 않다.

시편에 표현된 도움에 대한 우리의 절박한 필요는 잠언에서 지혜의 여인으로부터 멘토링을 받으라는 초대와 짝을 이룬다. 스스로 선과 악을 규정하려던 욕망 때문에 아담과 하와는 동산에서 하나님과 함께 살 자격을 잃었다. 성경의 나머지 이야기는 인간과 하나님의 관계를 회복하기 위해 노력한다. 이를 위해서는 항상 하나님의 지혜로 돌아가라는 부르심이 수반된다.

창조라는 주제는 잠언 8장에 강하게 드러나는데, 여기서 하나님의 지혜는 하나님이 우주를 설계하고 인간을 기뻐하시는 것을 기쁨으로 바라보는 여인으로 의인화된다(잠 8:30-31). 하나님의 지혜는 창조 질서에 분명하게 드러난다. 시편 146편이 노래하듯, 야웨는 모든 피조물에게 풍성하게 공급하시고 연약한 자들을 돌보신다. 지혜는 왕, 고관, 지도자가 땅을 다스리는 데 필수적인 방편이다(잠 8:15-16). 지혜는 생명과 장수와 보상을 얻는 길이다(잠 8:35; 9:11-12). 지혜를 추구하는 일이 외롭거나 내성적인 것이라고 생각하지 않도록, 잠언은 이 지혜가 오직 야웨를 경외하는 가운데서만 발견될 수 있다고 주장한다(잠 9:10). 야웨를 경외하지 않는 것은 죽음으로 이어진다(잠 1:29-32). 우리 자신만으로는 충분하지 않다.

가장 좋은 소식은 이것이다. 지혜의 여인이 "어수룩한 사람"과 "미련한 사람"을 부른다(잠 8:5). 지혜의 길은 교묘한 자를 위한 것이 아니다. "지혜로운 자"가 되기 위해 특출한 지능을 가지고 있을 필요는 없다. 정말 아이러니하게도, 지혜의 비결은 우리가 모든 답을 알지 못하며 우리 자신이 무엇이 가장 좋은지 결정할 위치에 있지 않다는 것을 인지하는 데 있다. 이것이 바로 삶의 길을 보여 줄 수 있는 분은 하나님뿐이라는 사실을 배우는 길이다. 아담과 하와는 이것에 실패함으로써 하나님과, 서로와, 창조 세계와의 관계가 깨졌다. 그들은 하나님의 금지 명령에도 불구하고 선악을 알게 하는 나무의 열매를 따 먹기로 결정했다. 그들은 무엇이 최선인지 안다고 생각했다. 잠언은 우리에게 다른 길, 즉 참된 지혜의 길을 택하라고 권한다. 이 길은 주님을 경외하는 마음으로 시작되고 주님을 경외하는 마음으로 끝난다.

더 많은 것을 갈망하다

시편을 보면, 인간은 의심, 두려움, 불안, 분노, 슬픔, 실망, 희망, 축하, 안도, 믿음, 기쁨, 향수, 감사, 갈망과 같은 여러 강렬한 감정과 씨름하는 존재라고 할 수 있다. 성경은 하나님의 말씀이지만, 시편은 기도와 노래의 형태를 띤 인간의 말도 보존한다.

시편은 우리가 감정을 처리하는 것뿐만 아니라 행동에 옮길 수 있도록 우리의 온전한 자아를 하나님께 가져오라고 초대한다. 신비롭게도, 우리가 기도할 때 하나님은 우리의 기도를 듣고 응답하신다.

시내산을 기억하는가? 출애굽기 32장에서 하나님은 이스라엘을 멸하겠다는 계획을 모세에게 알려 주셨다. 모세가 간청하자 하나님은 뜻을 돌이키셨다. 이 내용은 잠시 후 유용하게 쓰일 것이다.

중보기도의 역동성은 우리가 하나님의 형상이라는 관점에서 이해될 수 있다. 우리는 이 땅에서 하나님을 대신하는 자로서 그분의 통치를 구현하고 뒷받침해야 할 사명을 가지고 있다. 그렇다면 하나님이 우리의 염려와 생각, 희망을 그분께 가져오라고 하신다는 것은 놀라운 일이 아닐 것이다. 결국 우리는 가족이기 때문이다. 아마도 당신은 기도를 경건한 행위로 생각했을 것이다. 기도를 올바르게 해야만 응답을 받을 수 있다고 생각했을지도 모른다. 시편은 또 다른 길, 즉 개방성과 정직성의 길을 가리킨다.

내가 가장 좋아하는 사례 중 하나는 시편 89편이다. 그 앞에는 가장 우울한 시편이며 완전한 암흑으로 끝나는 시편 88편이 있다. 시편의 이러한 배치는 우리로 하여금 신실한 기도라고 여기던 바를 재정립하게 만든다. 분명히 시편 88편은 기록할 가치가 있고, 다음 세대에 전할 가치가 있으며, 성경에 포함될 가치가 있는 기도였다. 시편 89편은 처음에 안도감을 주는 것 같다. 시인은 이스라엘에 대한 하나님의 신실한 사랑을 찬양한다. 이 시편은 사무엘하 7장에서 다윗에게 하신 하나님의 약속, 즉 예루살렘의 왕좌에 앉을 후손이 결코 끊어지지 않을 것이라는 약속을 회상한다.

그러나 89편은 어두워진다. 이러한 하나님의 선한 약속을 배경으로, 시인은 하나님을 정면으로 바라보며 어째서 그 왕조가 무너지는 것을 허락하셨는지 알려 달라고 따져 묻는다(시 89:38-45). 하나님께 그토록 열정적인 비난을 하는 것은 신성모독에 가깝다. 그러나 포로생활을 고려할 때, 하나님이 다윗에게 하신 약속을 잊으셨는지 궁금해하는 것은 당연하다. 시인은 이스라엘의 고통이 끝나기를 간절히 바라며 울부짖는다.

시인은 신실하다. 믿음을 잃은 시인이었다면 기도하려는 열망이 없었을 것이다. 하지만 시편 89편은 하나님의 말씀을 믿고 철저한 중보기도에 참여하는 강력한 믿음을 보여 준다.

대부분의 시편과 마찬가지로 89편도 결론을 내리지 않고 끝난다. 그것은 신앙의 삶 속 한 순간을 담은 스냅샷에 불과하다. 당신에게도 세상이 무너지는 것 같을 때 하나님이 신경을 쓰시는지 궁금했던 순간이 있을 것이다. 시편 89편은 나에게 하나님께 질문하고, 나의 위기를 그분께 아뢰며, 그분의 응답을 기대하도록 용기를 준다. 결국 베드로가 예수님께 "주님, 우리가 누구에게로 가겠습니까?"라고 물었던 것처럼 말이다(요 6:68). 당신이 직면한 어떤 위기도 막지 않으시는 동일한 하나님이 그 결과를 바꿀 수 있는 유일한 분이다. 그래서 우리는 기도한다.

시편은 무작위로 모인 기도들이 아니다. 시편은 신실한 삶을 살도록 가르치기 위해 신중하게 정리된 책이다. 그래서 우리는 다음에 일어날 일을 지켜봐야 한다. 시편 89편에서 시인이 하나님에 대해 솔직한 비난을 한 후에 모세가 응답한다. 시편 90편은 모세의 기도다. 시편을 편찬한 사람은 분명 다윗의 언약이 사라졌다는 시인의 우려를 공유했을 것이다. 그는 더 멀리, 하나님의 진노를 받을 만한 반역적인 민족을 위해 성공적으로 중보기도한 출애굽기 32장의 모세에게까지 거슬러 올라갔다.

시편 90편에서 모세는 하나님께 구원을 간청한다. "주님, 돌아와 주십시오. 언제까지입니까? 주님의 종들을 불쌍히 여겨 주십시오"(시 90:13). 대부분의 기도가 그렇듯, 그의 기도는 결론 없이 끝난다. 그러나 시편 91편은 하나님의 응답을 전한다.

그가 나를 간절히 사랑하니, 내가 그를 건져 주겠다.
    그가 나의 이름을 알고 있으니, 내가 그를 높여 주겠다.

> 그가 나를 부를 때에, 내가 응답하고,
>> 그가 고난을 받을 때에, 내가 그와 함께 있겠다.
>> 내가 그를 건져 주고, 그를 영화롭게 하겠다. (시 91:14-15)

가장 절망적인 순간에, 나는 시편이 큰 위안이 된다는 것을 깨달았다. 시편은 내가 더 이상 무엇을 기도해야 할지 알 수 없을 때 말씀을 주었다. 내가 온 마음을 다해 하나님의 임재 앞에 나아갈 수 있는 길을 보여 주었다. 시편은 하나님이 나의 부르짖음을 들으시고 응답하실 것이라는 확신을 준다.

핵심 개념

- 인간이란 곧 육체를 지닌 존재다. 우리의 욕망은 우리가 무엇을 알고 어떻게 인식하는지를 결정한다.
- 하나님은 우리의 성별을 지닌 몸을 결혼 관계 안에서의 유대뿐 아니라 출산의 수단으로 창조하셨다. 결혼 관계에서의 친밀함은, 우리의 인격에 본질적인 요소는 아니지만, 하나님으로부터 받은 선물로 여겨질 수 있다.
- 인간의 연약함과 필멸성은 우리가 인간으로서의 운명을 성취하는 데 결격사유가 되지 않는다. 정직한 기도를 통해 하나님을 의지하는 것은 지혜로 가는 길이다.

더 깊은 연구를 위하여

* Brown, William P. *Wisdom's Wonder: Character, Creation, and Crisis in the Bible's Wisdom Literature.* Grand Rapids, MI: Eerdmans, 2014.

Glahn, Sandra L., and C. Gary Barnes, eds. *Sanctified Sexuality: Valuing Sex in an Oversexed World.* Grand Rapids, MI: Kregel, 2020.

* Hill, Wesley. *Washed and Waiting: Reflections on Christian Faithfulness and Homosexuality.* Updated and expanded edition. Grand Rapids, MI: Zondervan, 2016.

* Imes, Carmen Joy, ed. *Praying the Psalms with Augustine and Friends.* Sacred Roots Spiritual Classics. Kansas City, MO: Samuel Morris, 2021.

* Jones, Beth Felker. *Faithful: A Theology of Sex.* Grand Rapids, MI: Zondervan, 2015.

바이블 프로젝트 관련 영상: "잠언", "잠언 8장", "시편 8편"

6 인간의 고통

무엇을 위해 일하는가?

성경의 지혜 문학은 인간이 지식을 추구하거나, 친밀함을 얻거나, 피조물을 통치하는 것에 대한 현명한 조언만 제공하는 것이 아니다. 이 책들은 우리가 고통과 환멸을 겪으면서 직면하는 도전도 다룬다. 인간이 된다는 것이 무엇을 의미하는지에 관한 책이라면 이러한 문제들을 다루지 않고서는 완성될 수 없다.

전도서가 바로 이 주제를 시작하기에 적절한 지점이다. 많은 사람이 이 책에 크게 공감한다. 우리는 더 나은 세상을 만들기 위해 하나님이 주신 재능을 발휘하려고 애쓰지만, 해야 할 일은 너무나 많이 남아 있고, 결국 우리는 지치고 만다. 긍정적인 변화를 만들어 낸다 할지라도, 우리의 작업이 머지않아 잊히거나 되돌려질 수 있다는 두려운 가능성에 직면하게 된다.

전도서에는 모든 것을 시도해 본 한 남자의 말이 담겨 있다. 우리는 그를 전도자라고 부른다. 전도자와 함께 우리는 탄식한다.

만물이 다 지쳐 있음을

> 사람이 말로 다 나타낼 수 없다.…
> 이미 있던 것이 훗날에 다시 있을 것이며,
> 이미 일어났던 일이 훗날에 다시 일어날 것이다.
> 이 세상에 새 것이란 없다.…
> 지나간 세대는 잊혀지고,
> 앞으로 올 세대도
> 그 다음 세대가
> 기억해 주지 않을 것이다. (전 1:8-9, 11)

당신은 증조할머니의 이름을 기억하는가? 기억하지 못한다고? 나도 마찬가지다. 이 사실은 우리로 하여금 진지하게 생각하도록 만든다. 아마도 내 아이들의 손주들은 나를 거의 알지 못할 것이고, 그들의 아이들에게는 내 이름이 아무 의미도 없을 것이다. 우리는 그저 화면 속의 한 점, 덧없는 순간들이 이어지는 가운데 잠깐 나타났다 사라지는 찰나일 뿐이다. 전도자는 이 사실을 알고 있다.

나는 그가 우리를 우울하게 하려는 것이 아니라고 확신한다. 오히려 전도서의 전도자는 인간의 야망을 냉철하게 바라보고 그 한계를 인식하고 있다. 당신과 나는 대체 가능하다. 사람들은 항상 죽고, 그들의 노력 없이도 세상은 계속 돌아간다. 우리가 바다에서 물 한 통을 퍼내도, 바다에는 그로 인해 구멍이 생기지 않는다. 은퇴나 장기적인 질병 또는 장애가 그렇게 불안하게 느껴지는 이유가 이 때문일 것이다. 일상생활과 소셜 네트워크의 극적인 변화와 더불어, 새로운 질문이 우리를 괴롭힌다. 만약 내가 한 일이 없어도 세상이 돌아갈 수 있다면, 나는 애초에 왜 일했던 걸까? 그 일은 무슨 소용이 있었을까?

　진도자는 자신이 성취한 것을 유지할 수 없다는 사실에 절망한다. 그의 결론은 무엇일까? 아직 갖지 못한 것을 얻기 위해 일하는 것을 멈추라. 그 여정을 즐기라. 우리가 다른 곳에 가기 위해 모든 에너지를 쏟는다면, 현재 우리가 누릴 수 있는 기쁨을 놓치게 된다. 전도서를 냉소적으로 생각했다면 다시 한번 생각해 보라. 그렇다, 이 책에는 냉소주의가 담겨 있다. 하지만 동시에 기쁨의 가능성도 담겨 있다. 전도자는 우리에게 멈춰 서서 장미의 향기를 맡으라고 계속 권유한다. 가지지 못한 것에 대한 열망으로 인생을 낭비하지 말라. 대신 이미 가지고 있는 것을 즐기라. "사람이 먹을 수 있고, 마실 수 있고, 하는 일에 만족을 누릴 수 있다면, 이것이야말로 하나님이 주신 은총이다"(전 3:13).

　전도자는 일을 포기하지 않는다. 그는 "네가 어떤 일을 하든지, 네 힘을 다해서 하여라"라고 권고한다(전 9:10). 그러나 우리는 언젠가 죽고 결국 잊힐 것이기 때문에, 그는 우리가 그 동안 삶을 즐기기를 바란다.

　우리의 일이 중요하지 않은 것은 아니지만, 전도자는 본질적으로 삶의 기쁨과 아름다움을 누리고 살아가는 것이 중요하다고 말한다. 하나님이 주신 것을 즐기라. 좋아하는 일을 하고, 하는 일을 사랑하라(전 9:7-10). 세상은 당신의 성공에 의존하지 않는다. 그 사실을 받아들이고 편안하게 쉬라. 인생이 항상 이해가 되는 것은 아니다. 아무런 진전이 없는 것처럼 느껴지거나, 자격이 없는 사람들이 행운을 얻는 것처럼 느껴지거나, 자격이 있는 사람들이 모든 것을 잃는 것처럼 느껴질 것이다. 그러나 당황하지 말라. 무의미해 보이지만, 하나님은 여전히 세상을 다스리고 계신다. 결국에는 모든 게 잘될 것이다. 그 동안에는 일하고, 사랑하고, 축하하라. 하나님보다 경건할 필요는 없다. 하나님은 당신이 그분의 선물을 받아들이고 즐기기를 원하신다.

네덜란드계 소녀에게는 이 모든 것이 의심스럽게 들렸다. 마치 마을을 가로질러 운전하고 20분 동안 줄을 서서 기다린 후에 만료될 쿠폰처럼 말이다. ("이게 말이 되나 했다.") 축하란 자기만족의 늪으로 빠져드는 미끄러운 경사로일까?

반대로, 언젠가 내가 죽을 거라는 깨달음은 일에 대한 집착을 멈추고 그 자체를 즐기도록 해 준다. 만약 거대한 세상 속에서 자신이 얼마나 중요한지 적절히 인식할 수 있다면, 즉 아주 미미하다는 것을 받아들일 수 있다면, 직책을 내려놓더라도 자존감이 크게 손상되지 않을 것이다. 내가 하는 일이 곧 나는 아니다. 내가 생산하는 것이 나인 것도 아니다. 내 정체성의 근원은 내가 애써서 얻은 것이 아닌 하나님의 형상이라는 지위에 있다. 하나님이 나를 만드신 대로 살아가면서 느끼는 만족감은 월급을 받지 않고도 얼마든 경험할 수 있다. 나는 수많은 방법으로 창조세계에 하나님을 나타낼 수 있다.

우리의 소명을 발견하다

내 친구 중 한 명이 예상치 못하게 새로운 소명을 발견했다.

스티브 아덴(Steve Aden)이 페이스북 메신저를 통해 내게 기도문을 보내기 시작했고, 그 기도들은 내게 큰 울림을 주었다. 나는 스티브에 대해 아는 바가 전혀 없었지만, 그의 기도 덕분에 나는 숨을 고르고 하나님의 사랑 안에서 평안을 얻을 수 있었다. 그의 허락을 받고, 그의 이야기를 그의 말로 전한다.

저는 25년 동안 목회를 하다가, 자동차 사고로 허리와 다리, 목에 부상을 입었습니다. 부상으로 인해 더 이상 일주일에 80시간씩 일할 수 없었고, 날마다 심한 통증을 느끼며 침대에 누워 있는 시간이 많았습니다.
그 후 몇 년 동안, 깊은 어둠의 골짜기를 지나야 했습니다. 사역은 언제나 제 삶의 중심이었고, 제 삶에 방향과 목적을 주었습니다. 저는 몇 년 동안 주님께 뭔가를 할 수 있도록 도와달라고 기도했습니다. 그리고 주님은 그렇게 해 주셨습니다. 그 과정은 다음과 같았습니다.
목사였을 때, 저는 끊임없이 기도해 달라는 요청을 받았습니다. 저는 교회와 지역 사회, 병원과 양로원에서 단체와 개인을 위해 기도했습니다. 제가 사역을 마친 후에도 사람들은 여전히 정기적으로 기도해 달라고 부탁했습니다. 그러다가 제 삶을 혁신적으로 변화시키는 일을 시작했습니다. 기도하는 사람들을 위해 기도문을 써 보낸 것입니다. 처음에는 제가 기도하는 사람들의 대부분이 오랜 기간 알고 지낸 친구들이었습니다. 그러다가 점차 저의 기도 목록에 있는 사람들의 수가 늘어났습니다. 그때 저는 하나님이 저에게 뭔가 할 수 있게 해 주시기를 기도하고 있었습니다. 하나님이 이미 그렇게 해 주셨다는 사실을 알지 못했던 겁니다! 어느 날 기도문을 써서 기도하고 보내는데, 주님이 제 머리를 (비유적으로) 때리시며 (다시 한 번 비유적으로) 말씀하셨습니다. "내가 너에게 이 기도 사역을 주었다. 이제 진심으로 사역을 시작해라." 그래서 저는 의식적으로 새로운 사역을 시작했습니다.

지금은 대부분의 시간을 글쓰기와 기도하기, 기도문 보내기에 사용하고 있습니다. 저는 종종 아침 일찍 일어나 기도문을 씁니다. 이 사역은 비약적으로 성장했습니다. 주님은 끊임없이 새로운 사람들을 제 삶에 불러들이고 계십니다. 제 기도에 응답하여 저를 위해 기도문을 보내 주는 사람이 많아졌습니다! 또한 많은 사람이 자신의 지인들에게도 기도문을 보내고 있다는 것을 알게 되었습니다. 당신은 이것을 영적인 연쇄 반응이라고 부를 수 있을 겁니다.

이 모든 것은 제가 계획한 게 아닙니다. 주님이 저의 부르짖음과 갈망, 그리고 영원한 가치를 추구하는 진심 어린 간구에 응답하여 모든 것을 이루신 것입니다. 저는 다시 사역을 시작했다고 말할 수 있을 것 같습니다. 주님은 신실하게 우리 안에서 역사하시며 우리를 통해 일하십니다. 우리가 해야 할 일은 귀 기울여 듣고, 주님이 기회를 열어 주실 때 나아가는 것입니다. 주님은 우리를 통해 영원한 영향력을 끼치실 것입니다.

인생은 정말 무의미할까?

전도서에는 인생이 무의미하다는 가르침으로 유명한 구절이 있다.

전도자가 말한다.

> 헛되고 헛되다.
>
> 헛되고 헛되다.
>
> 모든 것이 헛되다. (전 1:2)

그러나 정말 그럴까? 짧은 대답은 '아니오'다. 인생은 무의미하지 않다. 그렇다면 왜 전도서는 인생이 헛되다고 말했을까? 번역가들은 원문의 의미를 충실하게 전달하는 것과 원문의 단어들을 충실하게 옮기는 것 사이에서 균형을 맞추는 어려운 일을 하고 있다. 각 언어에는 고유한 어휘가 있고(당연히), 서로 다른 언어에 있는 대략적인 동의어도 결코 정확히 동일한 의미 범위를 지니지는 못한다. 대부분의 구절에서 영어로 의미가 잘 전달되지만, 간혹 번역이 빗나가기도 한다. 전도서에는 이런 구절이 있다. 전도서는 모든 것을 보고 모든 것을 시도해 본 노인의 관점을 전달한다. 그는 삶의 의미를 파악하려는 시도에 대해 비꼬듯 말한다. 불행히도 삶의 의미를 파악하는 것은 구름을 파악하는 것만큼 쉽지 않다. 인간의 관점은 너무나 제한적이어서 큰 그림을 보지 못한다. 우리는 삶의 의미를 이해하지 못한다. 삶은 헛되다.

전도서 속의 전도자는 삶의 의미를 파악하는 것이 얼마나 어려운지 표현하기 위해 비유를 사용했다. 그는 그것이 '헤벨'(hevel), 즉 증기라고 말했다.

"헤벨, 헤벨", 전도자가 말한다. "모든 것이 완전히 헤벨이다."

"증기, 증기", 전도자가 말한다. "모든 것이 철저히 증기다."

모든 것을 '헤벨'이라고 부르는 것은 삶이 무의미하는 말이 아니라 삶의 의미가 우리의 능력을 넘어선다는 말이다. 삶의 목적을 엿볼 수 있다고 생각할 때, 그 형태가 바뀌고 시야에서 사라진다. 그렇다면 우리는 어디에 있는 걸까?

나는 그의 경력 초기에 미친 듯 일했던 한 남자를 알고 있다. 그의 목표는 50세에 은퇴하는 것이었기 때문에, 그는 아이들이 어렸을 때 가능한 한 많은 초과 근무를 했다. 은퇴를 앞두고 아이들이 자라서 집을 떠났다. 그때 아내에게 불치병이 있다는 사실을 알게 되었다. 그녀는 곧 세상을 떠났다. "헤벨, 헤벨", 전도자가 말하곤 했다. 우리의 시선이 항상 미래에 쏠려 있을 때, 바로 코앞에 있는 기쁨을 놓치게 된다.

전도서는 여행을 즐기라고 권한다. 삶을 필사적으로 이해하려고 애쓰지 말고, 음식, 음료, 친구 같은 즐거움과 만족의 순간들에 감사하라. 이것들은 창조주의 선물이다. 능력 밖의 것을 성취하기 위해 뼈 빠지게 일하기보다 일 자체를 축복으로 여기라. 일은 그 자체로 누릴 수 있는 일종의 성취감을 가져다준다.

내가 성경 번역 위원회에 있었다면, 독자들이 스스로 곱씹어 볼 수 있도록 은유를 보존했을 것이다. "증기, 증기", 전도자가 말한다. "모든 것이 철저히 증기다." 결국 삶은 무의미하지 않다. 단지 우리가 그 의미를 완전히 파악할 수 없을 뿐이다.

왜 나에게 이런 일이?

성경은 모든 것을 회복시키시려는 하나님의 계획을 아주 인상적으로 묘사한다. 때때로 우리는 자신의 삶에서 이 회복을 엿

볼 수 있다. 대부분의 경우, 우리는 하나님의 선한 창조세계와 앞으로 올 새로운 창조세계 사이에 있는 혼란스러운 중간 지대에 있다. 인간으로 존재한다는 것은 깨어진 관계와 신체적 한계, 그리고 죄로 인해 손상된 세상을 살면서 오는 모든 실망을 감수하는 것이다.

전도서는 우리가 과연 영향력을 미치고 있는지 파악하기 힘든 세상에서 어떻게 살아야 하는지에 대해 훌륭한 조언을 준다. **여정을 즐기라.** 그러나 여정 중에 깊은 실망이 계속되는 경우는 어떨까? 나는 이 장(章)을 2020년에 쓰기 시작했는데, 그 해는 상실로 가득 찬 한 해였다. 사망자가 늘어나면서 봉쇄 조치가 더욱 엄격해졌고, 사람들은 서로 만날 수가 없었다. 팬데믹은 정신 건강에 큰 타격을 입혔다. 삶에 활력을 주던 일상이 흐트러졌다. 가까운 가족과 친구들 중에 결혼이 취소되고 정신 건강이 무너지는 것을 지켜봤다. 정말 끔찍한 한 해였다. 이 장을 마무리하는 지금은 2022년이 되었다. 우리가 여전히 세계적인 팬데믹과 싸우고 있을 거라고 누가 상상이나 했겠는가? 우리는 모두 지쳤다. 이 상황이 얼마나 지속될까?

욥기는 고통에 관한 인간의 질문에 성경이 제시하는 확장된 대답이다. 욥기는 모든 것을 가졌지만 모든 것을 잃어버린 모범적인 인물의 이야기를 담고 있다. 그의 이름은 욥(Job, 'robe'처럼 긴 'o'로 발음하는)이다. 이 책의 핵심은 욥과 그의 세 친구가 나눈 대화로, 각 친구는 욥이 왜 재난을 겪는지 고민한다. 욥은 자신이 결백하다고 주장한다. 자신의 고통은 부당하며, 하나님은 불공평하다고 말한다. 그의 친구들은 모든 고통에 이유가 있다고 생각한다. 그들은 욥이 자신에게 일어난 일을 당할 만한 비열한 죄를 지었을 거라고 결론을 내린다. 독자로서 우리는 그 모든 시련을 촉발시킨 천상 회의 장면을 목격한 독특한 위치에 있다. 우리는 욥의 친구들이 모르는 것을 알고 있다. 욥은 참으로 결백하며, 그의 고통은 그의 예배에 대한 시험이다. 욥이 하나님을 예배하는 것은 단지 그가 하나님으로부터 얻을 게 있기 때문일까, 아니면 전적으로 하나님이 예배를 받으시기에 합당한 분이기 때문일까? 이것이 바로 대적자[사탄]가 제기한 질문이다.

    욥은 절망의 문턱에 다다른다. 욥기 3장은, 욥이 태어나지 않았으면 좋았을 거라는 생각을 하게 만드는, 성경에서 가장 어두운 장 중 하나다. 고통 속에서, 욥은 시편 8편의 내용을 완전히 뒤집어 버린다. 시인은 인간에 대한 하나님의 관심과 배려에 감탄했다. 욥은 하나님이 다른 곳에 관심 두시기를 원한다. 성경에 나오는 대부분의 기도는 하나님이 호의적인 시선을 베풀어 주시길 간구한다. 하지만 욥은 하나님의 시선 아래에서 몸서리를 친다. 하나님이 자신에게 무기를 조준하고 계시는 것처럼 느끼기 때문이다. "언제까지 내게서 눈을 떼지 않으시렵니까? 침 꼴깍 삼키는 동안만이라도, 나를 좀 내버려 두실 수 없습니까?…어찌하여 나를 주님의 과녁으로 삼으십니까?…"(욥 7:19-20).

    우리는 욥의 고통을 유발한 장면을 볼 수 있었지만, 독자로서는 욥의 질문에 공감한다. 하나님은 공평하실까? 하나님이 욥에게 내리신 시험은 자의적이고 잔인해 보인다. 고통스럽고 긴 침묵 끝에, 하나님이 마침내 욥기 38장과 39장에서 욥에게 대답하신다. 더 정확하게 말하자면, 하나님이 욥에게 질문하신다. 하나님은 자신의 행동을 옹호하시지 않는다. 하나님께는 욥에게 설명할 의무가 없다. 대신, 하나님은 욥의 제한된 관점을 폭로하신다. 인간의 뇌는 하나님의 섭리를 이해하도록 설계되어 있지 않다. 우리는 그러한 위치에 있지 않다.

이 말이 다소 실망스럽게 들릴 수도 있지만, 욥기는 두 가지 방식으로 우리에게 도움을 준다. 첫째, 욥기는 우리의 괴로운 싸움을 인정한다. 하나님은 욥의 비판적인 친구들에게 엄하게 말씀하시지만, 욥을 정죄하시지는 않는다. 인간의 고통은 깊은 고뇌를 불러일으키며, 그것은 자연스러운 일이다. 욥기는 가장 깊은 질문을 하나님께 가져가도록 우리를 초대한다. 둘째, 욥기는 우리가 고통의 더 큰 목적을 볼 수 없을 때에도 하나님의 지혜를 신뢰하도록 우리를 초대한다. 이해할 수 없는 상실이나 시련을 겪을 때에도, 우리는 하나님이 우리를 버리지 않으셨다는 사실에 안도할 수 있다. 우리는 하나님의 왕족의 일부며, 그 지위는 잃을 수 없다는 것을 기억하자.

이 교훈은 욥의 경우와 마찬가지로 전 세계적인 팬데믹의 한가운데서도 유효하다. 우리는 하나님이 왜 바이러스가 세상을 황폐하게 만들도록 내버려 두셨는지, 아니면 그것이 하나님이 개입하시는 일의 한 종류인지 결코 알 수가 없다. 그러나 우리가 고난과 씨름하는 그 과정, 혼란스러움의 한가운데서, 하나님은 우리가 그분을 신뢰하기를 바라신다. 그분은 우리를 버리지 않으셨다. 그분은 이 모든 것을 헛되지 않게 하실 것이다(고전 1:3-7).

대체 뭘 어쩌라는 걸까?

인간은 인생을 이해하려는 자연스러운 욕구를 가지고 있다. 고통의 목적을 알 수 없으면 고통에 대처하기란 훨씬 어렵다. 분만 중인 여성은 아기가 나올 것을 알고 있다. 운동선수는 경쟁에서 이기기 위해 스피드를 끌어올리고 힘을 키우려고 노력한다. 수술의 고통이 더 건강한 미래를 의미한다면, 그 고통에는 그만한 가치가 있다. 고통이 없이는 얻는 것도 없다는 말이 있다. 하지만 고통에 대한 설명이 없으면 당황스럽다. 왜 이렇게 편두통이 자주 생기는 걸까? 이 복통의 원인은 무엇일까? 이 무거운 우울의 구름에서 벗어나려면 어떻게 해야 할까? 왜 내 아이가 신앙을 저버렸을까? 왜 사랑하는 사람이 사고로 세상을 떠났을까? 왜 내 결혼 생활이 깨졌을까?

대학 친구 중 한 명인 크리스는 10년 넘게 극심한 편두통으로 고통을 겪었다. 그는 어두운 침실에서 몇 년, 몇 달, 몇 주를 보냈다. 그의 아내는 가족을 부양하기 위해 풀타임으로 일했다. 그의 아이들은 아빠 얼굴도 제대로 몰랐다. 의사들은, 그가 약물에 중독되는 것을 원치 않았기 때문에, 심한 통증에도 더 강한 약을 처방하진 않았다. 그는 침묵 속에서 고통을 겪어야 했다.

어느 날 크리스는 전형적인 편두통과는 다른 두통을 겪었다. 몇 가지 검사를 한 후, 의사들은 만성 편두통과 관계없는 수술 불가능한 뇌종양을 발견했다. 의사들은 크리스에게 죽어 가고 있다고 말했다. 친구들과 가족들은 모두 놀랐다. 하지만 크리스는 기뻐했다. 마침내 그는 고통의 끝을 볼 수 있었다! 그는 치유될 것이고, 예수님을 만날 것이다.

아이러니하게도 크리스가 죽어 가고 있었기 때문에 의사들은 더 이상 습관성 약물에 대해 걱정하지 않았고, 그에게 강력한 진통제를 투여했다. 몇 년 만에 처음으로 그는 어두운 방을 떠나 가족과 함께 시간을 보낼 수 있었다. 그는 아이들의 게임과 프로그램에 참석했다. 심지어 디즈니랜드에도 갔다.

죽기 6개월 전, 크리스는 페이스북에 가입했다. 빛에 대한 과민 반응으로 수년간 바깥 활동을 하지 못했던 크리스가 마침내 옛 친구들과 재회할 수 있었다. 크리스와의 대화는 초현실적이었다. 그는 죽음을 맞는 것에 대해 황홀해하면서도 침착했다. 그는 무엇이 가장 중요한지 이해했다. 더 이상 숨길 것이 없었기에, 크리스는 우리 모두에게 삶의 의욕을 북돋아 주었다. 그는 우리에게 어떻게 살아야 하는지를 가르쳐 주었다.

진단을 받은 지 약 5개월이 지난 그해 가을, 상황이 좋지 않게 흘러갔다. 의사들은 크리스가 11월까지 버티지 못할 거라고 말했다. 그의 가족은 마지막 크리스마스를 함께 보내고 싶었기 때문에, 만일의 경우에 대비해 10월에 축하 행사를 가졌다. 동네 사람들이 모두 크리스마스 장식을 달았다. 가족 축하 행사 당일, 마치 홀마크 영화(Hallmark movie: 미국 영화 제작사 Hallmark가 제작한 따뜻하고 가족 중심적인 로맨스 영화—옮긴이)처럼 눈이 내렸다.

며칠 후, 크리스는 세상을 떠났다.

우리는 모두 "왜?!"라고 외치고 싶었다.

이 이야기를 하는 동안에도, 나는 크리스의 죽음을 설명하고 싶다는 생각이 든다. 그에게 의미를 부여하고 싶다. "크리스는 죽음으로 우리에게 어떻게 살아야 하는지를 가르쳐 주었다." 아무 런 이유 없이 고통받는 사람이 없기를 바란다! 이해할 수 없는 고 난은 우리를 미쳐 버리기 직전까지 몰아갈 수 있다. 우리의 고통 이 어떤 숭고한 목적을 통해 의미를 찾거나 모든 일이 결국 좋게 끝날 것을 안다면, 상황은 완전히 달라진다. 의미를 찾으려는 노 력은 사람들로 하여금 진실하지도 않고 도움이 되지도 않는 온갖 선의의 말을 하게 만든다.

"모든 일에는 이유가 있다!"

"이 모든 것은 하나님 계획의 일부다."

"하나님은 당신에게 교훈을 주려고 하신다."

홀로코스트는 하나님 계획의 일부였을까? 르완다의 집단학살 은 이유가 있어서 일어났을까? 허리케인이 상륙하거나 산불이 마 을 전체를 불태웠을 때, 하나님은 어떤 교훈을 주려고 하셨을까?

욥의 친구들은 고통에 이유가 있을 거라고 확신했다. 욥이 고통을 겪는다는 것은 그가 그럴 만한 일을 했기 때문일 거라고 말했다. 그들은 계속해서 그렇게 말했다. 욥은 자신이 결백하다 고 주장했다. 그는 하나님께 벌을 받을 만한 행동을 하지 않았 다고 말했다. 그것을 근거로 그는 하나님에게 설명을 요구했다. 마침내 하나님이 말씀하셨을 때, 그분은 욥의 행동을 비난하지 않으셨지만 욥이 있어야 할 자리를 분명히 알려 주셨다. 인간에 게는 하나님의 방식을 이해할 능력이 없다. 하나님은 우리에게 해명하실 필요가 없다. 그저 우리에게 그분을 신뢰하라고 요구 하실 뿐이다.

선한 사람에게 나쁜 일이 일어나는 이유는 우리가 상처로 얼룩진 세상에 살고 있기 때문이다. 우리는 우리가 만난 적도 없는 사람들의 죄뿐 아니라 자신의 죄 때문에 고통을 겪는다. 우리 사회는 탐욕스럽고 이기적으로 행동하는 사람들에 의해 형성된다. 옳은 일을 하려는 사람들마저도 자신의 행위가 다른 사람들에게 미칠 결과를 생각하지 못해서, 때로 불의를 지속시킨다.

결론적으로, 우리는 왜 일들이 이렇게 돌아가는지 완전히 이해할 수 없다. 우리는 알 수 없는 것들을 안고 살아가는 법을 배워야 한다.

한계를 지닌 채 살아가기

"죽어 가는 사람이라고 불러도 좋습니다."[1]

인간이라는 존재가 지닌 분명한 특징 중 하나는 누구나 죽는다는 사실이다. 우리는 필멸의 존재다. 먼지로부터 왔으니 먼지로 돌아갈 것이다. 우리가 이 사실에 대해 더 많은 시간을 들여 생각한다면, 우리의 삶의 방식이 바뀔까? 관련 증거들은 그렇다는 것을 보여 준다.

내 동료 론(Ron)은 은퇴를 앞두고 있다. 그는 일흔다섯 살인데도 여전히 전임으로 가르치고 있지만, 언제 물러날지 고민 중이다. 은퇴 시점까지 가르치는 많은 사람과 달리, 론은 내가 아는 사람 중 가장 배우려는 열의가 강한 사람 중 하나다. 그는 성 정체성과 인간의 성에 관한 가장 최신 정보를 배우고 연구하는 사람이다. 그는 줌으로 학생들과 소통하는 데 능숙하며, 자신의 휴대

전화 번호를 알려 줘서 학생들이 언제든 연락할 수 있게 한다. 은퇴가 가까워지면서, 그는 자신의 에너지를 어떻게 쏟아야 할지 명확히 알게 되었다. 그는 더 이상 승진을 위해 글을 쓰는 것이 아니라, 글쓰기 자체에서 오는 자유를 만끽하고 있다.

또 다른 동료 켄(Ken)은 겨우 40대이지만 최근 백혈병과 싸웠다. 생존에 집중하느라 1년 넘게 업무를 떠나 있었는데, 이 경험은 켄에게 인생에서 가장 중요한 것이 무엇인지에 대한 엄청난 깨달음을 주었다. 죽음의 문턱을 넘나들던 경험은 그의 시간을 요구하는 온갖 일들을 덜 중요하게 만들었다. 특히 최근의 돌파 감염으로 인한 코로나19 확진이 그를 불안하게 만들었고, 만약에 대비해 임종 준비를 시작했을 때 더욱 그러했다. 죽음에 대해 생각하면서, 켄은 자신이 인생에서 진정 원하는 것이 무엇인지 명확히 알게 되었다.

고대 이스라엘 사람들은 죽음이 임박했다는 생각에 크게 사로잡혀 살지 않았던 것 같다. 전도서는 죽음이 누구에게나 일어나는 일이라고, 그렇기에 우리가 생산이나 소비에 광적으로 매달릴 것이 아니라 즐거움을 누리는 데 도움이 되는 적합한 일과 쉼의 건강한 리듬 속에서 하루하루를 소중히 보내야 한다고 말한다. 시편에서 사람들은 흔히 자신의 유익보다 하나님의 영광에 호소함으로써 구원이나 치유를 간구한다. "혼백이 일어나서 주님을 찬양하겠습니까?"(시 88:10). 우리의 필멸성을 인정하는 것은 오늘을 더욱 의미 있게 만든다. 우리는 내일을 보장받지 못한다.

한계 내에서 살아야 한다는 생각이 당신을 힘들게 할지도 모른다. 하지만 실제로, 우리가 모든 일을 다 할 수 없고 영원히 살 수도 없다는 것은 오히려 좋은 소식이다. 죽음은 삶에 의미를 부여한다. 죽음이 없다면 우리는 끊임없이 성장할 수 있는 가능성을 갖게 될 것이고, 그렇게 되면 성장은 무의미해질 것이다. 모세가 시편 90편에서 하나님께 말한 것처럼,

> 주님께서는 사람을 티끌로 돌아가게 하시고
> "죽을 인생들아, 돌아가거라" 하고 말씀하십니다.
> 주님 앞에서는 천년도
> 지나간 어제와 같고,
> 밤의 한 순간과도 같습니다.
> 주님께서 생명을 거두어 가시면, 인생은 한 순간의 꿈일 뿐,
> 아침에 돋아난 한 포기 풀과 같이 사라져 갑니다.
> 풀은 아침에는 돋아나서 꽃을 피우다가도,
> 저녁에는 시들어서 말라 버립니다.…
> 우리의 연수가 칠십이요
> 강건하면 팔십이라도,
> 그 연수의 자랑은 수고와 슬픔뿐이요,
> 빠르게 지나가니, 마치 날아가는 것 같습니다.…
> 우리에게 우리의 날을 세는 법을 가르쳐 주셔서
> 지혜의 마음을 얻게 해주십시오. (시 90:3-6, 10, 12)

모세는 인간이 죽을 수밖에 없다는 사실을 깊이 인식하고 있다. 그는 우리가 자신의 한계를 고려하는 것이 현명하다고 생각한다. 우리가 (적어도 지금의 모습으로는) 영원히 살지 못한다는 사

실을 아는 것은 우리에게 주어진 시간을 최대한 잘 사용하도록 동기를 부여한다.

모든 것을 다 할 수 없음을 깨닫는 것은 우리를 겸손하게 만든다. 그것은 우리가 초인적이라고 생각하는 경향을 억제한다. 하나님은 우리가 드릴 수 있는 것 이상을 요구하지 않으신다. 우리가 한계점까지 내몰리고 있다고 느낀다면, 우리에게 세 가지 문제 중 하나가 있는 것이다. (1) 하나님으로부터 오지 않은 일에 "예"라고 대답했거나, (2) 스스로에게 비현실적인 기대치를 설정했거나, (3) 공동체가 함께 짊어져야 할 일을 떠맡았기 때문이다.

나는 당신을 유한한 존재로 대한다.

하나님의 형상이라고 해서 고통과 죽음을 피할 수 있는 것은 아니다. 당신은 죽어 가고 있다. 당신은 대체 불가능한 존재가 아니다. 하나님의 창조 목적은 한 개인보다 훨씬 크다. 이것은 공동의 프로젝트다. 이 지식을 활용하여 당신에게 중요한 것을 추구하고, 짐을 나누어 지고, 여정 자체를 즐기도록 스스로에게 동기를 부여하라.

| 핵심 개념 |

- 전도서는 우리가 이상(理想)을 좇느라 느끼는 실망감에 대해, 가지지 못한 것을 계속 바라보기보다 현재의 여정을 즐기라고 권고하며 해답을 제시한다.
- 욥기는 우리가 고난의 더 큰 목적을 알 수 없을 때에도 하나님을 신뢰하도록 우리를 초대한다.

○ 인간의 필멸성과 세상의 깨어짐은 우리가 한계 속에서도 즐겁게 사는 법을 배워야 한다는 것을 의미한다.

더 깊은 연구를 위하여

Bartholomew, Craig. *Ecclesiastes*. Baker Commentary on the Old Testament Wisdom and Psalms. Grand Rapids, MI: Baker Academic, 2009. 『전도서 주석』(CLC).

* Kapic, Kelly M. *You're Only Human: How Your Limits Reflect God's Design and Why That's Good News*. Grand Rapids, MI: Brazos, 2022.

* Middleton, J. Richard. *Abraham's Silence: The Binding of Isaac, The Suffering of Job, and How to Talk Back to God*. Grand Rapids, MI: Baker Academic, 2021. 『아브라함의 침묵』(새물결플러스).

* Maros, Susan L. *Calling in Context: Social Location and Vocational Formation*. Downers Grove, IL: IVP Academic, 2022.

* Neudorf, Vance. *The Scroll: Bringing Ancient Wisdom to Life*. Three Hills, AB, Canada: Novel Concept, 2015.

* Walton, John. *Job*. NIV Application Commentary. Grand Rapids, MI: Zondervan, 2012.

바이블 프로젝트 관련 영상: "전도서", "전도서 개요", "욥기", "욥기 개요"

3부

하나님의 새로운 세상을 살아가는 인간

7 인간이신 예수

성육신

창세기 1장은 인간의 본질적인 정체성이 하나님의 형상이라는 것을 보여 주는데, 이는 성경 전체를 관통하는 중요한 주제를 제시하는 것이다. 그러나 "하나님의 형상"이라는 표현은 창세기 1, 5, 9장에만 등장한다. 우리는 인간이 된다는 것이 무엇을 의미하는지에 대한 구약성경의 다른 가르침을 살펴보았지만, 나머지 구약성경에는 "하나님의 형상"이라는 표현이 없다. 신약성경을 보면 하나님의 형상을 언급하는 구절이 몇 개 더 있는데, 놀랍게도 이 구절들은 모두 예수님을 가리킨다.

예수님이 하나님의 형상이라는 것은 많은 사람에게 말할 필요도 없는 사실이다. 결국 그분은 하나님**이시기** 때문이다! 그러나 우리가 하나님의 형상이라는 예수님의 지위(status)를 주로 그분이 지닌 **신성**의 특징으로 간주한다면, 요점을 놓치게 될 것이다. 예수님은 하나님이시기 때문에 하나님의 형상인 것이 아니라, **인간**이시기 때문에 하나님의 형상이다. 예수님이 인간의 역사 속으로 들어오신 것은 차선책이 아니라 최선책의 정점이다. 예수님은 인간이 마땅히 되어야 하고 행해야 할 것을 보이시고 행하신다.

예수님은 다른 사람들을 위해 자신의 목숨을 바치신다. 요한은 자신의 복음서를 "태초에"라는 말로 시작함으로써 이 사실을 알린다(요 1:1).[1]

모든 인간이 하나님의 형상이지만, 예수님은 이 정체성에 따른 소명에 대해 하나님의 뜻을 완벽하게 성취하셨다. 우리 모두와 마찬가지로 예수님도 인간이셨다. 예수님도 우리가 겪는 모든 것, 즉 배고픔, 갈증, 피곤함, 유혹 등을 경험하셨다. 예수님에게도 잠이 필요했다. 예수님도 상실감에 눈물을 흘리셨다. 예수님도 괴롭힘을 당하고 배신당하셨다. 예수님도 갈망과 욕망과 고통을 아셨다. 예수님도 상처를 입으셨고, 피를 흘리셨으며, 흉터가 남았다.

이상적인 인간이 건강하고 활력 넘치는 남성이라면, 노화 과정은 자동적으로 한 남자의 인간다움을 깎아내릴 것이다. 하지만 예수님을 보면 그렇지 않다는 것을 알 수 있다. 타락 이후의 세상에서 인간으로 존재한다는 것은 연약함, 나약함, 그리고 의존성을 수반한다. 예수님은 나이 들어가는 몸으로 이러한 것들을 경험하면서도, 자신의 지위나 존엄성을 조금도 잃지 않으셨다. 다음 두 장에서 예수님의 탄생, 생애, 사역, 죽음, 부활, 승천에 대해 자세히 살펴볼 텐데, 이 각각의 사건들은 인간의 실존에 대한 통찰을 제공한다.

예수님의 성(gender)

예수님은 세상에서 하나님을 완벽하게 나타낸 이상적인 인간이다. 히브리서는 이 내용을 구체화하는 데 도움을 줄 것이다. 하지만 먼저 몇몇 독자들이 떠올릴 수 있는 한 가지 껄끄러운 문제부터 다루어 보자. 예수님은 남성이다. (내가 이것을 문제라고 했다는 사실에 기분이 상하기 전에 숨을 깊이 들이마시고 내 말에 귀를 기울여 보라.) 예수님의 성별은 그 자체로 문제가 되지 않지만, 일부 독자들은 다음과 같이 질문할 것이다. 예수님이 남성이라는 사실이 남자를 이상적인 인간으로 만들고 여자를 어떤 면에서 이상적이지 못하게 만드는 것일까? 남자가 어떻게 남자와 여자 모두를 대표할 수 있을까? 어떻게 남성 구원자가 여자의 모범이 될 수 있을까?

에이미 비버리지 필러(Amy Beverage Peeler)는 자신의 깊이 있는 책 『여자와 하나님의 성』(Women and the Gender of God)에서 이러한 질문에 답한다. 그녀는 이 신비를 풀기 위해 예수님의 탄생에 대해 자세히 살펴보라고 요청한다. 우리는 우리가 잉태되었기 때문에 인간이라는 것을 안다. 예수님이 한 여자의 몸을 통해 인류의 역사 속으로 들어오신 것은 그분의 인성을 증명한다.(a) 예수님이 여자의 몸을 통해 인류 역사 속으로 들어오셨다는 것은 여성의 성에 대해서도 시사하는 바가 있다. 만약 여자에게 결함이 있거나 열등했다면, 하나님은 한 여자를 통해 세상에 들어오시지 않았을 것이다.

하나님은 여자에게서 태어남으로써 여자의 몸을 존귀하게 여기셨다. 그녀의 자궁은 하나님의 집이었고, 그녀의 태반은 하나님을 양육했다. 그녀의 강한 근육은 하나님을 (그분이 만드신!) 산도를 통해 바깥으로 밀어냈다. 하나님은 자신의 피로 그녀를 덮기 훨씬 이전에 그녀의 피로 뒤덮이셨다. 그녀의 손이 그분을 안았고, 그녀의 가슴은 그분에게 젖을 먹였다. 최근의 찬송가에서 표현하듯이, "마리아의 창조주가 지금은 마리아의 아들이다."(b)

하나님은 다른 방법을 택하실 수도 있었을 것이다. 그러나 그분은 여자를 택하셨다. 더구나 하나님은 마리아에게 이 역할을 강요하지 않으셨다. 그녀가 기꺼이 메시아의 어머니가 되는 소명을 받아들인 것이다. 그녀는 하나님의 뜻에 자신을 맡기고 자신의 온 존재로 동참하는 기회를 소중히 여긴, 그분의 첫 번째이자 가장 헌신적인 추종자(follower)였다.

여자에게서 태어난 예수님은 남성이다. 성육신은 여자가 남자에게서 나온 에덴을 전복시킨다. 둘 다 똑같이 죄 짓는 일에 연루되었고, 똑같이 죄가 있다고 판명되었다.(c) 이제 궁극적인 인간이 여자에게서 태어났고, 둘 다 하나님께 순종하는 헌신을 보여 준다. 이레나에우스(Irenaeus)가 말했듯이, "이로써 하와의 불순종으로 인한 매듭이 마리아의 순종으로 인해 풀렸다. 동정녀 하와가 불신을 통해 단단히 묶어 놓았던 것을 동정녀 마리아는 믿음을 통해 풀어 놓았기 때문이다."(d) 이것은 마리아가 우리를 구원한다는 말이 아니라, 마리아가 하나님의 사역에 믿음으로 응답하는 빛나는 모범이 된다는 말이다.

예수님의 시험이 어떻게 인류 역사를 변화시켰는지 생각해 보자. 나는 이미 『하나님의 이름을 새기다』에서 예수님의 시험이 이스라엘의 이야기를 재현하고 이스라엘이 실패한 지점에서 성공함으로써 그분의 정체성을 확립하는 방식을 글로 쓴 적이 있다.[2] 여기서는 시험에 대한 예수님의 대응이 아담과 하와가 실패한 지점에서 어떻게 성공했는지 생각해 보려고 한다. 히브리서 저자는 이 렌즈를 통해 예수님과 나머지 인류의 관계를 숙고한다.

히브리서 4:15은 예수님이 "모든 점에서 우리와 마찬가지로 시험을 받으셨지만, 죄는 없으십니다"라고 말한다. 히브리서 5:8은 "그는 아드님이시지만, 고난을 당하심으로써 순종을 배우셨습니다"라고 말함으로써, 인류의 딱한 처지와 예수님의 상황이 유사하다는 점을 강조한다. 앞서 논의한 바와 같이, 하나님의 형상이 된다는 것은 인간의 친족 관계와 유사하다. 아담의 아들인 셋이 아담의 형상이며 그를 닮은 존재인 것처럼, 인간은 하나님의 형상이며 하나님을 닮은 존재다(창 5:1-3). 그러나 인간은 하나님과의 소원함 때문에 "아들"이라는 지위를 온전히 누리지 못했다. 그 지위의 영광은 아담과 하와가 하나님의 명령에 불순종하면서 훼손되었다. (기억하라. 그들이 하나님의 형상이라는 정체성 자체를 상실하지는 않았지만, 하나님의 임재에 가까이 다가갈 수 없게 되면서, 그 정체성의 실재를 누리는 영광은 퇴색되었다. 영광은 친밀함에 달려 있기 때문이다.)

첫 인간의 죄가 인류 역사의 방향에 지대한 영향을 미쳤듯이, 예수님이 유혹을 이겨내신 능력은 모든 인류에게 새로운 미래를 열어 주었다. 성경은 "그는 하나님의 영광의 광채시요, 하나님의 본체대로의 모습이십니다"(히 1:3)라고 말한다. 인간으로서 예수님은 다른 모든 인간과 마찬가지로 하나님의 형상이라는 동일한 정체성을 지니시지만, 아버지와의 친밀함으로 인해 그 정체성에 걸맞은 방식으로 영광을 드러내고 하나님을 나타내실 수 있다.

히브리서 1장은 아버지/아들이라는 표현으로 가득 차 있는데, 이는 예수님이 하나님을 대신하여 다스릴, 지극히 높여진 언약 파트너임을 나타낸다.

예수님은 마땅히 인간의 것이어야 할 왕위를 차지하신다(참조. 시 8편; 히 2:5-9). 그 과정에서 그분은 '많은 자녀를 영광에 이끌어들이신다'(히 2:10). 즉, 그분은 하나님의 가족이 그분과 올바른 관계를 회복하도록 도우시며, 이를 통해 우리도 하나님의 영광을 비추게 하신다.

인간의 죽음 자체가 해결해야 할 문제의 일부였기 때문에, 예수님의 온전한 인성은 매우 중요했다. 우리는 죄로 인해 죽음을 맞이하게 되었다(히 2:14-15). "그러므로 그는 모든 점에서 형제자매들과 같아지셔야만 했습니다. 그것은, 그가 하나님 앞에서 자비롭고 성실한 대제사장이 되심으로써, 백성의 죄를 대신 갚으시기 위한 것입니다"(히 2:17). 히브리서 2:18은 예수님이 인성을 지니셨다는 것의 장점을 다음과 같이 언급한다. "그는 몸소 시험을 받아서 고난을 당하셨으므로, 시험을 받는 사람들을 도우실 수 있습니다."

예수님의 온전한 인성은 우리에게 깊은 함의를 준다. 우리의 몸은 하나님과의 신비로운 연합을 경험하기 위해 버려야 하는 껍데기가 아니다. 예수님의 성육신, 즉 그분의 "몸을 입으심"은 우리가 육체를 지니고 존재하는 것이 중요함을 보여 준다. 예수님은 인간의 존재와 운명을 구원함으로써 하나님의 본래 창조 행위가 정당하고 의미 있는 일이었음을 입증하신다.

난처한 상황 다루기

예수님이 완전한 인간이셨기에, 우리는 이 땅에서의 그분 삶의 여러 면모를 우리의 본보기이자 창조의 이상(ideal)을 이해하는 관점으로 삼아 더 깊이 살펴볼 수 있다. 많은 그리스도인이 예수님의 기적을 그분의 신성을 공개적으로 입증한 행위로 생각하지만, 예수님의 첫 번째 기적은 사적인 것이었고 그분의 인성을(나아가 우리의 인성까지) 확증하는 것이었다. 예수님은 제자들과 함께 결혼식에 참석하신다. 예수님의 제자가 된다는 것은 그분으로부터 날마다 배우는 것이다. 이번에는 예수님이 다른 사람들과 함께 축하하는 법을 가르쳐 주신다. 이 가르침은 손님으로서 갖춰야 할 기본 자세에 대한 것이다. 제자들이 비록 가족을 뒤로하고 예수님을 따랐지만, 예수님은 가족의 중요성을 그들에게 확실히 심어 주신다.

필리핀에 있을 때 "남자가 무언가를 하게 만들려면 그의 어머니에게 부탁하라"는 말을 자주 들었다. 이것은 필리핀 문화에서 아들이 어머니를 얼마나 존경하는지, 그리고 어머니가 얼마나 큰 영향력을 지니고 있는지를 보여 준다. 필러가 지적했듯이, 예수님의 어머니 마리아는 결혼식에서 혼주와 가까운 친구나 가족이었을 것이다. 왜냐하면 준비한 포도주가 떨어졌다는 상황을 알고 있었기 때문이다(요 2:3).[3] 상황이 절박했고, 예수님의 어머니는 예수님을 최선의 해결책이라고 생각했다. 어머니로서 그녀는 예수님을 1세기 사회적 역학 관계의 한가운데로 끌어들인다. 결혼식에서 포도주가 떨어지면 신랑의 환대에 먹칠을 하고 그를 수

치스럽게 만들었을 것이다. 하지만 예수님은 아직 자신의 기적을 세상에 드러낼 때가 아니었으므로, 이 일에 자신이 관여했다는 사실이 알려지는 것을 꺼리신다. 예수님은 어머니의 인간적 면모를 존중하며 그녀를 "여자여"라고 부드럽게 부르신다.[4] 마리아는 예수님이 바라신 대로 조용히 일을 처리하기 위해 하인들을 예수님께 보내 지시를 받게 한다. 관련된 모든 사람에게 최선인 이 문제의 해결책은 물밑에서 진행될 필요가 있을 것이다.

예수님은 이렇게 말씀하실 수도 있었다. "큰일 아닙니다! 사람들은 이미 포도주를 충분히 마셨어요! 저는 더 중요한 일에 집중해야 합니다." 그러나 그분은 그렇게 말씀하지 않으셨다. 어머니의 간청 덕분에 예수님은 다른 사람의 문제에 개입하셨고, 그가 큰 곤경에 처하는 것을 면하게 해 주셨다. 예수님의 제자들과 일꾼들만 예수님이 하신 일을 알고 있다. 그분은 씻는 물, 즉 정결 예법을 위한 물을 축하를 위한 포도주로 바꾸셨다. 정말 멋진 순간이 아닐 수 없다! 그러나 그분은 신랑에게 그 공을 돌리신다. 진정한 신랑이신 예수님이 훌륭한 포도주를 제공함으로써 이 신랑에게 영광을 가져다주신 것이다. 자신은 독신이지만, 그분은 결혼 관계의 존엄성을 옹호하셨다. 비록 손님이었지만, 예수님은 자신을 드러내지 않고 주인을 위해 넉넉하게 베풀어 주셨다. 인간적인 관점에서 볼 때, 그분은 그 평범한 날을 구해 잔치의 기쁨이 줄어들지 않도록 하신 것이다.

필러의 말에 따르면, "이러한 표적은 하나님이 생명을 구하기 위해서뿐 아니라 삶을 충분히 살 만하게 만들기 위해서도 기적을 행하신다는 사실을 입증한다. 하나님은 때로 공동체의 필요를 채워 주실 뿐 아니라 단순히 즐거움을 위한 것까지도 허락해 주신다."5) 그렇게 하심으로써, 예수님은 인간의 문화와 축하 행사를 존중하셨다.

불의에 맞서기

예수님이 인간의 욕망을 항상 받아들이신 것은 아니다. 전형적인 복음주의 설교나 청년 모임의 가르침을 들어 보면, 사람들은 기독교의 기본 덕목이 "친절"이라고 생각할 것이다. 친절이 성령의 열매인 것은 사실이지만, 상냥함과 친절함은 다르다. 예수님의 사역을 살펴보면, 인간관계에 대한 폭넓은 시각을 갖게 된다.

나는 특히 예수님이 당시 종교 지도자들에게 보이신 반응을 떠올린다. 예수님은 그들에게 직설적으로 말씀하신다. 그들이 성전 뜰에서 벌인 상행위는 거센 분노를 유발한다.

인간이라면 적어도 가끔은 화를 낼 것이다.

당신은 무엇 때문에 화를 내는가?

분노는 영혼의 창이다. 분노는 우리에게 가장 중요한 것이 무엇인지 알려 준다. 우리의 분노 중 일부는 틀림없이 잘못된 것이다. 속도를 늦추고 분노의 패턴을 살펴보면, 때로는 마음속에 개선이 필요한 부분을 발견할 수 있다.

나를 화나게 하는 것 중 하나는 제대로 작동되지 않는 강의실의 기계 장비다. 솔직히, 내 아이들은 저녁식사 시간에 내가 열변을 토하며 그 이야기를 하는 것을 듣기 싫어한다. 내가 왜 화를 내는지 스스로에게 물어 보면, 나 자신에 대해 더 깊은 것을 발견하게 된다. 기술 설비는 다른 사람이 맡지만, 수업을 진행하는 건 전적으로 내 책임이다. 장비가 말썽을 부릴 때마다, 나는 능력 없고 준비 안 된 사람처럼 보일까 봐 신경 쓰이고 위축된다.

이 특별한 분노는 자기중심적이다. 윽….

그러나 분노가 적절할 때도 있다. 어떤 분노는 다른 사람들의 필요를 돌보고 효과적으로 대응하게 만든다. 내가 이 글을 쓰는 지금, 러시아가 우크라이나를 침공하고 있다. 푸틴의 공격성은 우려를 불러일으킨다. 우리에게는 전쟁으로 인한 인명 손실과 환경 파괴에 대해 분노할 권리가 있다.

나는 우크라이나에 아는 사람이 없다. 하지만 성경에서 불의에 맞서는 본보기를 찾을 수 있기 때문에, 나는 이 침공 사태를 간과할 수 없다. 우리는 야웨께서 억압받는 이들의 울부짖음을 들으시는 분임을 한다. 야웨는 아브라함과 사라가 하갈을 학대하는 창세기 16:6에서 하갈의 울부짖음을 들으신다. 그리고 야웨는 이집트 사람들이 아브라함의 후손들을 학대하는 것을 들으신다(출 2:23-25; 참조. 출 1:11-12). 나는 하나님이 우크라이나 사람들의 울부짖음을 들으실 거라고 확신한다. 출애굽기 34:6-7에 따르면, 야웨는 노하기를 더디 하시지만, 또한 죄 있는 자를 벌하지 않고 놓아두지도 않으신다. 하나님은 우리에게 쉽게 분노하지 않으시지만, 죄는 심각하게 다루신다. 그분의 성품은 우리의 본보기다.

예수님은 분노를 어떻게 다스리셨는가?

요한은 유대인의 절기 중 가장 중요한 날인 유월절(요 2:13)

과 예수님의 성전 청결 사건을 연결한다.6) 유대인들은 이집트에서 노예로 살던 민족을 하나님이 극적으로 구출하신 것을 기념하기 위해 먼 곳에서 예루살렘으로 왔다. 요한은 시편 69:9을 인용하여 성전 안에서 이루어지는 매매 행위에 대한 예수님의 반응을 묘사한다. "주님의 집을 생각하는 열정이 나를 삼킬 것이다"(요 2:17). 이 시편 구절의 문맥은 자신이 하나님 이름의 존귀함을 지키는 데 관심을 갖는 유일한 사람인 것처럼 느껴질 때 오는 고립감을 말해 준다(시 69:8-9).

다른 복음서 저자들은 예수님의 말씀을 기록한다. "기록한 바 '내 집은 만민이 기도하는 집이라고 불릴 것이다' 하지 않았느냐? 그런데 너희는 그 곳을 '강도들의 소굴'로 만들어 버렸다"(막 11:17; 참조. 마 21:13; 눅 19:46). 이 말씀은 이 상황에 강력하게 적용할 수 있는 이사야 56:7과 예레미야 7:11을 합해서 인용한 것이다. 이 구절들은 예수님의 분노를 이해하는 열쇠다. 예수님은 잠자리에서 화가 나 깨신 것이 아니다. 문제는 훨씬 심각하다. 예수님은 성전 제도가 모든 민족을 축복하는 사명을 완전히 상실했음을 보셨다. 이사야 56장은 온 세상에 야훼의 의로움을 드러내는 공정한 관행에 대한 비전을 제시한다(사 56:1). 예언자는 언약을 지키고 성전에서 예배하며 희생제물을 바치는 사람들 가운데 이방인들, 심지어 고자들까지 있을 거라고 내다본다(사 56:3-7).

예루살렘에 있는 유대인들은 이방인들을 환대하는 대신 이방인들에게서 이익을 취하고 있었던 것 같다. 환전 수수료와 성전에서 취하던 폭리가 극심해서 예수님은 그것을 도둑질이라고 부르셨다. 그들의 시끄러운 매매 행위는 이방인의 뜰을 떠들썩하게 만들어 기도를 방해했다. 왜 유대교 지도자들은 이런 관행을 금하지 않았을까? 아마도 그들이 상당한 수입을 올렸기 때문일 것이다.

마찬가지로, 마가복음 12:41-44과 누가복음 21:1-4에서, 성전 기관에 자신의 마지막 두 렙돈을 아낌없이 바친 과부에 대한 예수님의 관심은 '과부의 가산을 삼키는' 종교 지도자들에 대한 그분의 비난과 성전 자체가 파괴될 것이라는 그분의 선언 사이에 끼어 있다. 예수님의 분노는 정당했다. 권력자들은 이 과부와 같은 여성들의 관대함을 이용하고 있었다. 예수님은 성전을 하나님의 원래 의도로 회복시키려고 기꺼이 권력층을 위협하셨다. 요한복음은 그 대가를 인정한다. 예수님의 행동은 거부와 적대감을 불러일으켰다. 예레미야 7장을 인용함으로써, 예수님은 성전 제도 전체가 심판받을 때가 되었음을 암시하셨다.

분노에 대한 우리의 반응을 살펴보는 게 현명할 것이다. 우리의 분노는 하나님의 성품과 일치하는가? 우리의 분노는 다른 사람을 위한 것인가? 아니면 자기중심적인가?

예수님의 경우를 보면, 권력 남용에 대해 강한 반감을 갖는 것이 옳다. 인신매매에 경찰이 관여하는 일, 정서적 또는 신체적 학대에 목사가 공모하는 일, 지지자들의 주머니를 채우기 위해 정치인들이 자금을 잘못 사용하는 일, 성인이 아동을 착취하는 일, 배우자를 학대하는 일, 인종, 성별 또는 장애로 인해 차별받는 일 등은 모두 우리가 분노해야 할 일이다. 하나님은 분명 분노하신다.

그렇다면 우리는 더 어려운 질문을 던져야 한다. 누가 나에게

화를 내고 있는가? 그들의 분노는 정당화될 수 있는가? 나는 어떤 점에서 정의, 인간의 번영, 그리고 건강한 환경으로 특징지어지는 세상에 대한 하나님의 비전에 참여하지 못하고 있는가?

불신에 맞서기

예수님의 사역의 각 측면은 인간됨의 본질이 무엇인지에 대한 가르침을 준다. 여기서는 예수님의 치유에 대해 생각해 보겠다. 예수님은 왜 사람들을 치유하셨을까?

그 답은 분명해 보인다. 살아오면서 대부분의 시간 동안, 나는 이 이야기들을 예수님의 긍휼에 대한 증거로 읽었다. 예수님은 사람들의 결핍을 보셨고 그것을 채워 주셨다.

그러나 예수님이 사람들과 교류하고 그들을 치유하시는 방식을 더 자세히 살펴보면 훨씬 많은 것을 알 수 있다. 예수님이 인간의 모범이셨기 때문에, 우리는 이 점을 정확히 이해해야 한다. 예수님의 치유를 잘못 이해하면 이상적인 인간에 대한 왜곡된 견해를 갖게 될 수 있다.

모든 치유 기사를 하나의 정형화된 틀로 획일화할 수는 없다. 예수님의 치유 사역을 살펴보면 다양한 양상이 나타난다. 때로는 치유를 받는 사람이 직접 요청하기도 하고, 때로는 친구나 가족이 대신 요청하기도 한다. 또 예수님이 먼저 다가가 치유를 베푸시기도 한다. 이러한 만남 속에는 종종 안식일이나 죄에 대한 잘못된 신학을 드러내는 교훈이 담겨 있기도 하다. 믿음이 치유의 원인이 되는 경우도 있지만, 그렇지 않은 경우도 있다.

요한복음 9장에서 예수님은 태어날 때부터 앞을 보지 못하던 사람을 고쳐 주신다. 이 이야기의 핵심이 신체적 능력이라면, 이야기는 그 사람이 시력을 회복한 7절 이후에 끝날 수 있었을 것이다. 그러나 이 기적은 공동체 전체를 관련시켰고, 맹인과 예수님의 정체성에 관한 심각한 논란을 불러일으켰다.

이 이야기에서 불신은 여러 층위에서 작용한다. 이웃 사람들은 앞을 볼 수 있게 된 사람이 이전에 앞을 보지 못했던 이웃이라고 믿지 않는다(요 9:8-9). 바리새파 사람들은 예수님이 안식일을 지키지 않았기 때문에 그가 하나님으로부터 왔다고 믿지 않는다(요 9:13-16). 유대 사람들은 그 사람이 정말 앞을 보지 못했다는 사실을 믿지 않는다(요 9:18-23). 그리고 그들은 예수님의 기원을 의심한다(요 9:24-29).

그 맹인이 지닌 장애는 예수님이 자신의 메시아적 정체성을 드러내기 위해 대중 앞에서 능력을 보여 주시는 계기가 되었다. 동시에 예수님은 제자들과 유대교 종교 지도자들의 문제점을 드러내셨다. 제자들은 맹인의 상태에 대해 누구의 잘못인지 캐물었고, 종교 지도자들은 예수님을 죄인으로 몰아세우는 데 몰두했지만, 예수님은 건강한 몸이 이상적인 것이 아님을 보여 주셨다. 하나님이 하시는 일에 귀 기울이고 성령을 깨달아 아는 마음을 갖는 것이 훨씬 중요했다.

그렇다. 예수님은 태어나면서부터 맹인이었던 사람을 고쳐 주셨다. 그러나 이 이야기의 요점은 그 사람의 결함을 강조하는 것이 아니라 이스라엘의 완고함에 비추어 예수님의 정체성을 밝히는 것이다. 이사야가 이 이야기에 어떻게 영향을 미치는지 주목하면, 이 사실을 더 명확하게 알 수 있다.

이사야는 기원전 8세기에 사역한 유다의 예언자였다. 하나님은 그에게 특이한 임무를 맡기셨다.

> 너는 이 백성의 마음을 둔하게 하여라.
> > 그 귀가 막히고,
> > 그 눈이 감기게 하여라.
> 그리하여 그들이 볼 수 없고,
> > 들을 수 없고
> > 또 마음으로 깨달을 수 없게 하여라.
> 그들이 보고 듣고 깨달았다가는
> > 내게로 돌이켜서 고침을 받게 될까 걱정이다. (사 6:10)

하나님의 백성이 여러 세대에 걸쳐 야웨와의 언약에 불성실했기에, 이사야는 하나님의 심판을 알리는 역할을 맡게 되었다. 그들은 회개하기에 너무 늦었다. 하나님은 이미 앗수르를 보내 이스라엘과 유다를 공격하게 하셨다.

그러나 이사야의 메시지가 전적으로 낙담케 하는 것만은 아니었다. 그는 미래의 회복을 엿볼 수 있는 부분도 제시했다. 잘린 나무의 그루터기에서 새싹이 자라나는 것처럼, 어떤 사람들은 하나님의 심판에서 살아남을 것이다(사 6:13). 이사야는 하나님이 다시 오실 구원의 날을 예언했다. 그날에는 "눈먼 사람의 눈이 밝아지고, 귀먹은 사람의 귀가 열릴 것이다"(사 35:5). 다른 번영의 표징들 가운데, 하나님이 이스라엘로 돌아오셨다는 확실한 표징은 눈먼 자, 귀먹은 자, 다리 저는 자, 말 못하는 자를 고치시는 일이었을 것이다.

해석자들은 예수님이 왜 그렇게 특이한 방법으로 맹인으로 태어난 사람을 고치셨는지 종종 고민한다. 왜 진흙을 만들어서 그의 눈에 바르셨을까? 이사야는 이 수수께끼의 열쇠를 쥐고 있다. 요한복음은 예수님이 그의 눈에 진흙을 '바르셨다'고 말한다. 이는 이사야가 유다 백성의 눈에 그렇게 하라고 지시받은 것과 정확히 일치한다(사 6:10). 예수님은 그를 실로암으로 '보내'(사 6:8 참조) 씻게 하셨다. 전설에 따르면, 이 물웅덩이는 이사야의 기도에 대한 응답으로 물이 가득 찼고, 이사야는 나중에 그 근처에 묻혔다고 한다. 예수님은 이사야의 사역을 이어받아 성취하신 것이다.[7]

한 눈먼 자가 요한복음 9:17에서 예수님을 "예언자"라고 정확하게 인식했다. 예수님은 나중에 그를 만났을 때, "나는 이 세상을 심판하러 왔다. 못 보는 사람은 보게 하고, 보는 사람은 못 보게 하려는 것이다"라고 말씀하셨다(요 9:39). 이것이 바로 요한복음 9장에서 일어나는 일이다. 눈먼 자가 볼 수 있게 되었고, 볼 수 있다고 생각하는 사람들은 예수님의 진정한 정체성에 관한 자신의 영적 맹점을 드러낸다.

요점은 이것이다. 예수님이 맹인으로 태어난 사람을 고치신 것은 단순히 동정심에서 비롯된 행동이 아니었다. 예수님은 그저 이 사람의 문제를 "해결"하신 것이 아니었다. 더 중요한 것은, 예수님이 불신을 폭로하고 이사야의 예언을 성취하기 위해 오신 분이라는 자신의 정체성을 드러내신 것이다.

마찬가지로 하나님이 모세를 불러 이스라엘 백성을 이끌게 하셨을 때, 모세는 자신이 말을 더듬는 것 때문에 어려움을 겪었다(출 4:10; 6:12, 30). 그는 자신이 그 일에 적합하지 않다고 주장했다. 하나님은 모세를 고치지 않기로 하셨다. 사실 하나님은 창조주로서 모세의 상태를 잘 알고 있다고 모세에게 말씀하셨다. 그분의 계획은 모세의 장애를 제거하는 것이 아니라 모세가 부름받은 임무를 완수할 수 있도록 힘을 실어 주시는 것이었다(출 4:11-17). 모세의 능력보다 하나님의 임재가 중요한 요소였다. 하나님은 모세의 대변자이자 사역의 동반자인 아론을 마련해 주셨다.[8]

두 이야기 모두 하나님이 우리의 장애에 대해 놀라지도 당황하지도 않으신다는 것을 보여 준다. 우리는 모두 신체적, 지적, 사회적 능력의 스펙트럼상에 놓여 있다. 이러한 요소들 중 일부는 시간이 지남에 따라 변한다. 나는 5학년 때 안경을 쓰게 되었다. 나뭇가지의 꼭대기를 보고, 칠판의 글씨를 또렷하게 읽을 수 있게 된 그 짜릿한 느낌을 나는 결코 잊지 못할 것이다. 그러고 나서 10년 전에 안경이나 콘택트렌즈 없이도 잘 볼 수 있도록 라식 수술을 받았다. 수술 당시, 안과의사는 라식 수술이 나이가 들면서 자연스럽게 발생하는 시력 감소를 막을 수 없다고 경고했다. 그 말이 맞았다. 40년 넘게 완벽한 시력으로 책을 읽은 후, 나는 작은 글씨를 읽는 데 어려움을 겪기 시작했다. 몸이 건강한 우리도 일시적으로만 그럴 뿐이다.

부정함 뒤집기

2002년 필리핀으로 이주하여 소수 민족을 대상으로 선교사로 사역하게 되었을 때, 나는 길 바로 아래에 11,000명의 소수 민족이 사는 동네를 발견했다. 그들은 독특한 생활 방식을 지닌 종교로 연대되어 있었다. 그들 중 많은 사람이 근처 시장에서 물건을 팔고 있었다. 나는 매일 그들의 가판대를 방문하여 언어를 익히고 우정을 쌓았다. 내 상인 친구들 중 한 명이 임신 중이었고, 그녀가 출산한 후 나는 친구들에게 아기를 보러 가도 되는지 물어봤다. 그들은 놀라면서도 나를 반겼다. 이것이 그들이 사는 건물 내부를 방문한 첫 번째 방문이었다.

첫 번째 방문에서 나는 존재조차 몰랐던 규칙들을 어겼다. 친구들은 내가 집 안에 있을 때는 샌들을 신어야 한다고 주장했고, 나는 그렇게 했다. 그들은 분홍색과 레이스로 장식된 옷을 입은 아기를 내게 데려왔다. 나는 아기에게 입맞춤을 하고 아기가 얼마나 예쁜지 칭찬했다. 그들은 아기 이름을 말해 주었다. 그들이 이름을 여러 번 말한 후에, 나는 그 이름을 적어 달라고 부탁했다. 그들은 3층짜리 콘크리트 건물에 열두 가구 정도가 살고 있는 집 전체를 뒤졌지만, 연필을 찾을 수 없었다.

나중에 언어 교사와 그 경험을 이야기하고 나서야, 내가 실수한 모든 부분을 깨달았다. 신발은 항상 벗어야 한다. 아기의 이름을 써 달라고 부탁하는 것은 그들의 문맹을 드러내는 수치스러운 행동이다. 아기에게 입을 맞추는 행동은 세균을 옮길 수 있기 때문에 절대 해서는 안 된다. 입맞춤 대신 아기 얼굴 근처에서 숨을 빠르게 들이마셨어야 했다. 그러나 나의 가장 큰 실수는 충격적인 결과로 이어졌다. 아기를 칭찬해서는 안 되었다. 칭찬을 하면 악령의 관심을 끌 수 있기 때문이다. 대신에, 아기가 얼마나 못생겼는지 표현했어야 했다. 분명히 나는 많은 것을 배워야 했다.

성경 읽기 또한 문화 간 경험이다. 예를 들어, 구약의 제의적 정결 체계에서 피부병이나 체액은 사람을 '부정한' 사람으로 만들어 성막이나 성전에 들어갈 수 없게 했다. 신약성경의 독자들은 종종 예수님이 이러한 제의적 법을 무시하셨다고 생각하지만, 그것은 사실이 아니다. 체액은 정상적인 인간 경험의 일부이기 때문에, 예수님이 체액을 어떻게 다루셨는지 살펴보는 것이 도움이 될 수 있다.

매튜 타이센(Matthew Thiessen)은 레위기에서 말하는 제의적 정결 개념을 바탕으로 예수님의 치유 기적을 살펴보고, 예수님이 그것을 정면으로 언급하셨다고 결론을 내린다. 그는 제의적 부정의 가장 강력한 세 가지 유형인 나병(일종의 피부병), 생식기 분비물, 죽음을 탐구하면서, 예수님이 어떻게 제의적 부정의 원인들을 전복시켜 사람들을 죽음에서 생명으로 이끄셨는지 보여 준다. 예수님이 무엇을 하려고 하셨는지 이해하려면 제의적 부정의 기본을 파악해야 한다. 이런 종류의 부정함이 죄는 아니었다. 하지만 성전에 들어가는 것을 막았고, 어떤 경우에는 공동체에 참여하는 것을 제한했다. 다양한 물질이 부정함을 유발할 수 있었지만, 그것들은 모두 죽음과 관련이 있다고 여겨졌다.[9]

레위기 규정에 의하면 먼지와 피는 문제가 되지 않는다는 사실에 놀랄 수도 있다. 콧물이나 소변, 침도 마찬가지다. 생식과 관련된 체액(오로나 정액)만이 일시적으로 제의적 부정함을 일으킬 수 있었다. 체액은 새로운 생명을 만들어 낼 가능성이 있지만, 몸 밖으로 나왔다는 것은 그 가능성이 실현되지 않았음을 의미한다.

예수님이 제의적 부정함으로 고통받는 사람들을 고쳐 주신 것은 어떤 종류의 회복이 필요했음을 함의한다. 타이센은 예수님의 목표가 장기적인 부정함으로 고통받는 사람들에게서 부정함의 근원을 제거하시는 것이었다고 말한다.[10] 대부분의 제의적 부정함은 하루나 일주일 정도 지속되었다. 복음서에는 예수님이 일시적인 부정함을 제거하시는 이야기가 없다. 대신, 그분은 계속되고 불명확한 부정함을 지닌 사람들을 대상으로 말씀하셨다. 다시 말해 일시적인 부정함은 하나님의 왕족으로서 우리의 지위에 위협이 되지 않는다. 그러나 지속적인 부정함은 예배와 공동체를 방해한다.

이 치유 이야기 중 두 개는 마가복음 5장에 함께 나온다. 첫 번째는 "혈루증을 앓아 온" 여인의 이야기다(막 5:25-34). 레위기 12:7과 15:25에서도 비정상적인 생식기 분비물을 설명하는 데 유사한 언어가 사용되었으므로, 이 분비물이 오로라는 것을 알 수 있다.[11] 대부분의 여성은 특히 일회용 생리 용품 없이 12년 동안 월경을 하는 것이 얼마나 번거로울지 상상할 수 있다. 또한 철분이 풍부한 혈액을 지속적으로 손실하면서 발생하는 기력 소진에도 공감할 수 있다. 그러나 이 여성의 상황은 더 심각했다. 그 상황에서 겪는 그녀의 곤경은, 그녀에게 죄책감을 느끼게 하거나 격리 조치가 필요하진 않았겠지만, 그녀의 활동을 제한하고 재정을 고갈시켰다.[12]

유대인의 관점에서 볼 때, 그 여인은 성전에서 희생제물을 바칠 수 없었을 것이다. 그녀가 결혼했다고 가정해 보면, 그녀는 남편과 성관계를 가질 수도 없었을 것이다. 계속되는 월경으로 인한 성관계 금지는 그들의 결합을 12년 동안 방해했을 것이다(또는 그 문화적 맥락에서 그녀의 결혼 자격에 영향을 미쳤을 수도 있다). 그녀는 아직 가임기였지만 계속 출혈이 있었기 때문에, 남편과의 친밀함을 규제하는 법을 무시하더라도 임신할 수 없었을 것이다. 사실상 그녀의 자궁은 죽은 것이나 마찬가지였다.

예수님의 거룩함은 너무나 강력하고 전염성이 강해서 그분이 의도하지 않으셨음에도 그녀의 병든 상태를 회복시켰다. 예수님은 그녀를 "딸"이라고 부르시며 그녀의 믿음을 칭찬하셨다(막 5:34). 죽음의 세력보다 우월한 그분의 능력은 영생의 가능성을 열어 준다!

생명을 주는 그분의 능력은 이 이야기를 감싸고 있는 치유 이야기에서 더욱 극적으로 드러난다. 유대인 회당 지도자의 열두 살짜리 딸이 중병에 걸렸다가 죽는다. 예수님이 그녀를 다시 살리실 때, 그분은 영구적인 제의적 부정함을 극복할 수 있는 능력을 보여 주셨다(막 5:22-24, 35-43). 돌이킬 수 없는 죽음의 부정함에 처한 열두 살 된 딸과 열두 해 동안 고칠 수 없는 부정함으로 고통받던 딸, 이 두 사람이 충만한 생명으로 회복되었다!

십자가에 못 박혀 죽으심

그러나 역설적이게도 예수님 자신이 죽으셨다. 『하나님의 이름을 새기다』에서는 예수님의 십자가 사건이 지니는 중요성에 대해서는 거의 언급하지 않고 그분의 도덕적 모범을 강조했다. 이것이 성경 전체를 단 하나의 관점으로 따라갈 때 나타나는 현상이다. 그 특정한 주제를 살펴보니, 예수님이 하나님의 이름을 영광스럽게 지닌 분으로서 어떻게 언약에 충실하셨는지 명확해졌다. 우리는 유혹에 관한 앞선 내용에서 이 점이 드러난 것을 보았다. 그러나 예수님의 순종은 예수님이 누구며 무엇을 하러 오셨는지에 대한 완전한 그림을 제공하지 않는다. 우리가 그분의 십자가에서의 죽음을 이 관점으로만 본다면, 우리는 속죄(atonement)에 대해 "도덕적 감화설"(moral influence theory)이라는 결론에 이르게 된다. 즉, 예수님은 주로 우리에게 헌신적인 사랑의 본보기를 보여 주기 위해 돌아가셨다는 것이다. 예수님은 십자가에서 사랑을 보여 주셨다. 하지만 그분은 그보다 훨씬 많은 일을 하셨다. 도덕적 감화설만으로는 갈보리에서 일어난 일의 충만함을 온전히 전달할 수 없다.

인간적인 측면을 따라가는 것은 십자가에 대해 이야기할 더 나은 시작점을 제공한다. 결국 죽음은 보편적인 인간 경험의 일부다. 우리가 죽는다는 사실은 이야기의 시작부터 주목받고 있다. 우리는 흙에서 왔으니 흙으로 돌아갈 것이다. 아담과 하와는 반역으로 인해 생명나무에 더 이상 접근할 수 없게 되었는데, 아마도 그 나무는 그들에게 영생을 가능하게 했을 것이다.

예수님이 우리와 똑같이 살과 피를 가진 완전한 사람이 되려 하셨다면, 그분도 죽을 수밖에 없는 인간의 운명을 경험할 필요가 있었을 것이다.

그러나 예수님은 단지 자연적인 죽음을 맞이하신 것이 아니다. 그분은 자신을 내어 주는 사랑의 죽음을 맞이하셨다. 예수님의 죽음은 참된 인간이 무엇인지를 보여 주었다. 동방 정교회 신학자 존 베어(John Behr)는 이레나에우스의 유명한 말을 인용한다. "하나님의 영광은 살아 숨 쉬는 인간이며, 인간의 궁극적인 목적은 하나님을 아는 것이다."[13] 아이러니하게도, 예수님은 일부러 죽으심으로써 우리에게 하나님의 영광을 보여 주셨다(요 19:30 참조).

예수님의 죽음은 인간의 목적이 성취된 결과다. 그분은 권능이나 자율성에 집착하지 않고 '죽기까지 순종하셨다'(빌 2:8 참조). 첫 번째 인간과 똑같은 선택에 직면했을 때, 예수님은 죄와 죽음에 정면으로 맞서 인간이 마땅히 받아야 할 심판을 받음으로써 죄와 죽음을 정복하셨다. 그분은 기꺼이 그 일을 하셨다. 우리 대신 인간의 반역에 대한 모든 형벌을 짊어지신 것이다.[14] 이 자기희생의 행위가 마침내 동산의 깨어짐을 회복한다.

요한복음은 예수님을 새로운 아담으로 묘사한다. 예수님의 체포는 동산에서 이루어진다(요 18:1). 이것은 최초의 동산에서 일어난 사건과 대조를 이룬다. 아담은 자신의 죄를 직면했을 때 하와(그리고 하나님)를 비난했고, 하와는 뱀을 비난했다. 이와 대조적으로, 예수님은 자신이 군인들이 찾는 사람임을 밝히시며 제자들의 무죄를 주장하신다(요 18:8). 예수님은 자신이 더 잘 안다고 생각하시기보다 하나님이 정하신 고난의 "잔"을 선택함으로써 하나님에 대한 신뢰를 보여 주신다(요 18:11).

로마 총독 빌라도는 예수님을 모범적인 인간으로 취급한다. "당신들은 이 사람을 무슨 일로 고발하는 거요?"(요 18:29; 창 1:26

참조). 그는 예수님의 왕적 지위에 대해 논쟁함으로써(요 18:33-37), 창세기 1:28에 나오는 최초의 인간이 창조세계를 다스리는 자의 역할을 맡았던 것을 상기시킨다. 빌라도는 가시나무로 왕관을 엮어 그분의 머리에 씌운다(요 19:2). 이것은 인간의 반역으로 인해 생긴 가시를 연상시킨다(창 3:18). 마지막으로 빌라도가 예수님께 옷을 입힌다(요 19:2). 이것은 하나님이 아담과 하와에게 옷 입히신 것을 연상시킨다(창 3:21). 요한복음에 사용된 용어들이 창세기에 나오는 용어들과 완전히 동일하지는 않지만, 전체적인 효과는 대조를 가능하게 한다. 가장 눈에 띄는 유사점은 빌라도가 모인 유대인들에게 예수님을 소개하면서 "보시오, 이 사람이오"라고 말한 부분이다(요 19:5). 데이비드 리트와(David Litwa)는 이 말이 창세기 3:22을 암시한다고 주장한다. 그 구절에서 하나님은 아담에 대해 "보아라, 이 사람이 우리 중 하나처럼 선과 악을 알게 되었다"라고 말씀하셨다.[15]

예수님은 우리와 똑같이 되셨다. 완전한 인간이 되신 것이다. 그분은 이 땅에서 삶의 긍정적 측면과 부정적 측면을 모두 경험하셨다. 예수님은 최초의 인간과 정반대되는 존재다. 최초의 인간은 죽음에 이르는 것을 선택하고 서로를 비난한 죄가 있었던 반면에, 예수님은 죄가 없으면서도 기꺼이 죽으려 하셨다.

예수님의 죽음은 여러 측면을 지니며, 여러 성경적 은유를 아우른다. 많은 은유가 죄와 관련이 있다. 그분은 우리가 진 빚을 갚으시고, 우리 죄의 짐을 짊어지시며 우리가 받아야 할 형벌을 대신 받으신다. 우리를 죄와 사망의 속박에서 해방시키시고, 우리의 죄책감으로부터 우리를 깨끗하게 하시며, 자신의 죽음으로 사탄을 물리치신다.

　물론 제시된 모든 비유가 예수님이 이루신 일에 대한 진실을 강조하는 풍부한 은유이지만, 요한의 통찰은 이 책의 질문인 "인간이 된다는 것은 무엇을 의미하는가?"와 특히 관련이 있다는 점에서 두드러진다. 두 번째 아담으로서, 예수님은 첫 인류가 했던 선택을 다시 경험하신다. 예수님은 자신만의 영광의 길을 찾으려 하기보다 아버지께 자신을 맡기신다. 십자가 위에서 하신 그분의 마지막 행동은 자신의 어머니와 사랑하는 제자 요한을 이어 준다(요 19:25-27). 이런 방식으로 예수님은 '부모'와 '자녀'가 혈연관계가 아닌 사랑의 헌신으로 결속되는 새로운 인간 가족을 창조하신다.

　요한복음에 나오는 십자가 위에서 하신 예수님의 마지막 말씀은 그분의 중요한 사역을 완성한다. "다 이루었다"(요 19:30).[16] 이 모든 일은 "유월절 준비일"에 일어났고, 다음 날은 특별한 안식일이었다(요 19:31; 19:14 참조). 하나님이 안식일 이전에 창조의 일을 마치셨듯이(창 2:2), 예수님은 자신을 희생하는 사랑과 하나님의 명령에 대한 완전한 순종을 통해 인류의 목적을 성취함으로써 새 창조를 여는 자신의 일을 마치신다.

| 핵심 개념 |

○ 예수님의 성육신은 하나님의 창조 목적 속에서 인간이 육신을 지닌다는 것의 중요성을 뚜렷하게 부각시킨다.

- 여자에게서 태어났기 때문에, 예수님의 남성성이 모든 인간을 대표하는 능력을 줄어들게 하지는 않는다.
- 예수님은 인간의 문화를 존중하고 그 안에 참여하셨으며, 인간 사회의 제도들과 소통하셨다. 예수님이 보이신 기쁨과 분노의 표현들은 인간의 감정이 정당함을 확증해 준다.
- 예수님은 질병이나 장애를 지닌 사람들이 인간으로서 부족하다는 의미를 담지 않고, 여러 가지 이유로 사람들의 몸을 고치셨다. 그분의 더 큰 목적은 자신의 정체성을 드러내고 관계를 회복하는 것이었다.
- 예수님은 궁극적인 인간으로서, 우리가 마땅히 받아야 할 형벌을 죄 없는 자신의 몸으로 기꺼이 감당하며 돌아가셨다.

더 깊은 연구를 위하여

* Bates, Matthew W. *The Gospel Precisely: Surprisingly Good News About Jesus Christ the King.* Vol. 4 of Real Life Theology(n.p.: Renew.org, 2021).

* Fox, Bethany McKinney. *Disability and the Way of Jesus.* Downers Grove, IL: IVP Academic, 2019.

McNall, Joshua M. *The Mosaic of Atonement: An Integrated Approach to Christ's Work.* Grand Rapids, MI: Zondervan Academic, 2019.

Peeler, Amy L. B. *Women and the Gender of God.* Grand Rapids, MI: Eerdmans, 2022.

Thiessen, Matthew. *Jesus and the Forces of Death: The Gospels' Portrayal of Ritual Impurity Within First-Century Judaism.* Paperback edition. Grand Rapids, MI: Baker Academic, 2021.

바이블 프로젝트 관련 영상: "요한복음 1장", "메시아", "요한복음 1-12장 개요"

8 새로운 인류

부활

예수님의 부활은 이 책의 핵심이자 우리 신앙의 핵심이다. 부활은 성경의 메시지를 푸는 열쇠다. 예수님 이야기의 절정에 해당하는 부활 이야기에서 우리는 인류에 대한 하나님의 목적을 직접 마주하게 된다. 부활이 없다면, 성육신은 일시적인 사건일 뿐이며, 이 세상도 우리의 존재도 그러하다. 부활은 창조가 여전히 중요하다는 것을, 인간이 여전히 창조의 면류관이라는 것을 보여 준다. 또한 이 땅에서 우리의 육체가 지닌 가치를 인정하며, 그 육체가 마침내 회복될 운명임을 확증한다.

부활이 없었다면, 예수님은 그저 자칭 메시아 중 한 명에 불과했을 것이다. 만약 예수님의 영혼만 하늘로 돌아가고 그분의 몸이 무덤에 그대로 있었다면, 우리는 죽을 육신보다 오래 지속되기를 바라는 육체 없는 상태의 믿음을 갖게 되었을 것이다. 우리는 영생을 팔다리나 위장 같은 육체의 속박이 없는 구름 속의 모습으로 상상할지 모르지만, 하나님이 우리에게 약속하신 것은 그런 모습이 아니다. 인류 역사의 정점에 있는 이 사건이 인간의 정체성에 어떤 단서를 제공하는지 자세히 살펴보자.

네 편의 복음서 모두에서 발견되는 부활의 순간을 탐구하는 것으로 시작하겠다. 제자들은 자신이 메시아라고 생각했던 사람이 죽었다는 사실에 충격을 받고 슬픔에 잠겨 있었다. 복음서 저자들은 슬픔과 혼란, 경이로움으로 가득했던 초기 며칠의 서로 다른 측면들을 기록하고 있지만, 네 복음서 모두 공통적으로 전하는 사실이 있다. 바로 예수님이 여자들에게 가장 먼저 나타나셨다는 것이다. 우리는 예수님의 열두 제자에 대해 잘 알고 있지만, 예수님의 가장 가까운 제자들 중에는 여자도 있었다. 그들 중 몇 명은 남자들과 함께 여행하면서 예수님에게서 배우고 다양한 방식으로 그분의 사역을 도왔다. 바로 이 여자들이 한 주의 첫날에 예수님의 시신을 돌보기 위해 예수님의 무덤으로 먼저 갔다(요 20:1). 죽음도 그들의 헌신을 막을 수 없었다. 그들은 예수님을 세상에서 가장 소중하게 여겼다.

이 여자들이 한 주의 첫날에 발견한 것은 강력하고 새로운 시대의 시작을 알렸다. 창세기에서 창조의 모든 날은 "저녁이 되고 아침이 되니…이 지났다"로 끝난다(창 1:5, 8, 13, 19, 23, 31). 내가 1장에서 언급했듯이, 일곱째 날은 끝나지 않았다(창 2:2-3). 안식일은 하나님의 창조 활동으로부터 휴식하는 끝없는 날이었다. 지금까지는 그랬다. 예수님의 부활로 요한은 새로운 주의 시작, 새로운 창조의 시작을 알린다.

많은 고통을 겪은 막달라 마리아가 예수님을 처음으로 만난다. 그녀가 울고 있는 동산에서 예수님이 마리아를 만나 "여자여"라고 부르신다(요 20:15). 이 이야기는 에덴동산을 떠올리게 한다. 하와가 눈을 뜨자 부끄러워 숨었다. 여기서는 마리아의 눈이 열려 예수님을 알아볼 수 있게 되었다.[1] 그러자 예수님은 마리아의 이름을 부르시며 다른 제자들에게 자신이 살아 있다고 전하라고 명하셨다(요 20:16-18). 예수님은 제자들에게 직접 나타나실 수도 있었지만, 마리아를 보내는 방법을 택하셨다. 이 일은 협력하도록 창조된 인간 본연의 관계를 아름답게 회복하신 것으로, 1세기 당시의 문화적 관습과는 상반된다. 최초의 여자는 최초의 남자의 동반자라는 소명을 완수하지 못했다. 하와는, 아담이 하나님 말씀에 순종하고 에덴동산에서 그분의 명령을 수행하도록 도왔어야 했지만, 반역의 길을 택했다. 창세기 3:15에서 하나님은 그녀의 "자손"이 뱀의 머리를 상하게 할 것이라고 말씀하셨다. 이제 여자의 후손인 예수님이 동산에서 마리아를 만나 "여자여"라고 부르시고, 그녀를 선포하는 일에 함께할 사람으로 임명하셨다.[2]

망가진 것은 고칠 수 있다.

C. S. 루이스는 지옥(즉, 지상)에서 천국으로의 여정을 다룬 상상력이 풍부한 책 『천국과 지옥의 이혼』(The Great Divorce)을 썼다.[3] 그가 천국을 다른 곳에 둔 점에는 문제가 있지만, 그의 작품 중 한 가지 측면은 흥미롭고 부활한 몸에 대한 이해를 돕는다. 루이스의 상상 속에서, 지상에서 온 사람들은 천국의 강철 같은 특성에 비하면 유령처럼 희미한 존재다. 풀과 이슬은 너무 단단하고 묵직해서, 사람이 그 위를 걸어 다녀도 그 무게를 전혀 느끼지 못한다. 천국의 오랜 거주자들은 단단하고 빛나는 존재와 같다. 루이스는 그들을 "밝은 존재들"이라고 부른다. 반면에, 이 땅의 거주자들은 희미하고 실체가 없다. 루이스의 요점은 분명하다. 천국은 이 땅보다 덜 물리적인 곳이 아니라 더 물리적인 곳이다.

우리가 현실이라고 생각하는 것은 앞으로 올 것의 그림자에 불과하다.

제자들이 부활하신 예수님을 만났을 때, 그분은 육체적으로 존재하셨다. 무덤은 비어 있었다. 좋은 소식은 예수님이 죽은 후에 우리 마음속에 계속 살아 계신다는 것만이 아니다. 그분의 영혼이 해방되어 이전보다 생생해지신 것이 아니다. 예수님은 육신을 지닌 원래의 모습 그대로이시다. 예수님이 여자들에게 다시 나타나셨을 때, 그들은 '그분의 발을 붙잡았다'(마 28:9). 좋은 소식은 예수님이 다시 그들과 함께 계시다는 것이다. 그들은 살아 계신 예수님을 만질 수 있었다.

그러나 예수님은 초월적인 능력도 가지고 계시다. 그분은 나타났다가 사라지실 수 있고, 잠겨 있는 문을 통과하실 수도 있다(요 20:19). 나는 이것이 그분이 하나님이기 때문이라고 생각하지 않는다. 그분은 제자들과 함께 걸을 때도 하나님이셨지만, 이전에는 이런 기적을 행하신 적이 없다. (증명할 수는 없지만) 나는 예수님의 부활하신 몸이 너무나 단단해서, 문과 벽이 루이스의 소설에 나오는 지옥의 유령처럼 그림자 같은 실체 없는 존재가 되어 버린 게 아닌가 생각한다. 예수님의 부활하신 몸은 우리의 미래 몸을 엿볼 수 있게 해 준다.

요한은 새 창조의 첫날에 예수님이 제자들에게 위임하셨다고 말한다. "너희에게 평화가 있기를 빈다. 아버지께서 나를 보내신 것 같이, 나도 너희를 보낸다." 이렇게 말씀하신 다음에, 그들에게 숨을 불어넣고 말씀하셨다. "성령을 받아라"(요 20:21-22). 하나님이 최초의 인간에게 숨을 불어넣어 "생명체"로 만드셨듯이

(창 2:7), 이제 예수님은 제자들에게 숨을 불어넣어 하나님을 대표하는 자로서 인간의 소명을 완수하도록 위임하고 권능을 부여하셨다.

육체

예수님의 부활과 승천에 비추어 볼 때, 우리는 자신의 몸에 대해 어떻게 생각해야 할까? 바울이 "육체"에 대해 부정적인 말을 많이 한 것은 사실이고, 우리는 나중에 그것에 대해 살펴볼 것이다. 하지만 부활 이야기를 너무 성급하게 마무리하지는 말자. 우리가 먼저 살펴봐야 할 점이 더 있다.

부활하신 몸으로 제자들에게 나타나셨을 때, 예수님은 말씀하셨다. "내 손과 내 발을 보아라. 바로 나다. 나를 만져 보아라. 유령은 살과 뼈가 없지만, 너희가 보다시피, 나는 살과 뼈가 있다"(눅 24:39). 제자들은 여전히 무슨 일이 일어났는지 이해하려고 애를 쓰고 있다. 그래서 예수님은 "구운 물고기 한 토막"을 드시며 육체적 부활을 증명하셨다(눅 24:42). 예수님의 부활한 몸은 영양분을 섭취할 수 있었다. 그러니 48시간 이상 지난 시점에는 엄청나게 허기가 지셨을 것이다!

우리는 앞서 예수님의 치유 사역을 이야기했고, 그 사역이 인류에게 어떤 영향을 미쳤는지 이해하는 것이 얼마나 중요한지 살펴보았다. 이것이 바로 우리가 예수님의 상처를 놓쳐서는 안 되는 이유다. 도마는 부활하신 예수님이 제자들에게 처음 나타나셨을 때 제자들과 함께 있지 않았다. 그는 소문을 믿지 않았다. 그는 예수님의 몸이 십자가에서 훼손되었다는 것을 알고 있었다. 그에게는 같은 몸이 다시 살아났다는 증거가 필요했다(요 20:24-25). 예수님은 제자들에게 다시 나타나셨고, 도마에게 자신의 상처를 만져 보라고 하셨다. "네 손가락을 이리 내밀어서 내 손을 만져 보고, 네 손을 내 옆구리에 넣어 보아라"(요 20:27). 예수님은 여전히 십자가에 못 박힌 상처를 지니고 계신다.

이 순간이 지닌 함의는 심오하다. 예수님의 영광은 그분의 고통의 증거를 지우지 않았다. 스테파니 타이트(Stephanie Tait)가 언급했듯이, 예수님의 상처는 도마의 손이 들어갈 정도로 크게 벌어져 있었다.[4] 우리는 새 창조에서 "새로운 몸"을 받는다는 개념을 다시 생각할 필요가 있을 것이다. 예수님은 동일하게 맞고 찔린 몸을 가지고 계시지만, 부활의 삶을 경험하셨다. 예수님의 성육신하신 몸과 부활하신 몸 사이의 연속성은 우리도 새 창조에서 육신을 지닌 존재가 될 것임을 암시한다.

부활할 때 나는 내 모습 그대로일 것이다. 여러분은 나를 알아볼 수 있을 것이다. 내가 제왕절개 수술로 생긴 흉터, 점을 제거한 자리에 남은 지그재그 모양의 흉터, 잔디밭에서 넘어져 쇠 모서리에 긁힌 왼쪽 발가락의 상처와 같은 흉터를 갖게 될까? 아마도 있을 것이다. 어쨌든, 이러한 흉터들은 내 인간적인 면의 일부다. 추측이긴 하지만, 우리는 예수님이 식사를 하시고 흉터(상처)를 가지고 계시다는 것을 직접적으로 듣는다. 여러분 중 많은 사람처럼, 나도 천국에서는 몸이 필요 없다거나 이 땅에서 살다가 생긴 상처가 우리 몸에 흔적을 남기지 않을 거라고 상상하며 자랐기 때문에, 이 사실은 나를 놀라게 한다.

몸이 건강하고 견딜 수 있다면, 왜 바울은 계속해서 "육체"를 문제로 언급하는 것일까? 바울에게 "육체"는, 제임스 던(James Dunn)이 말한 것처럼, "오직 인간의 욕구와 욕망을 충족시키는 동물적 차원의 삶"을 의미한다.[5] 바울은 죄가 인간의 욕망을 왜곡시킨다는 것을 안다. 서로에게 조건 없는 사랑을 베풀면서 하나님의 형상이라는 우리의 정체성에 따라 살지 않고, 우리는 오직 자신만을 생각한다. 바울은 골로새서에서 우리의 죄 많은 육체를 할례 때 벗겨지는 피부 조각에 비유한다. 이 비유는 우리의 몸이 나쁘다는 의미가 아니라, 악한 욕망에 의해 자극되는 죄를 제거해야 우리가 하나님의 영광을 세상에 나타낼 수 있다는 의미다(골 2:11; 3:5; 참조. 엡 4:22).

앞서 우리는 막달라 마리아가 동산에서 사명을 위임받음으로써 하와가 동산에서 저지른 반역이 해소되었음을 이야기했다. 바울은 아담과 예수님을 비슷한 방식으로 비교하도록 우리를 초대한다. 아담의 죄는 인류 전체의 죽음으로 이어졌지만, 죽음에 이르는 예수님의 순종은 하나님이 처음부터 의도하신 삶, 즉 우리가 그분과 함께 다스리는 삶을 회복한다(롬 5:17). 우리는 그분의 죽으심과 부활을 우리의 삶 속에 실제로 나타냄으로써 이 생명에 참여하게 된다(롬 6:5). 그리스도의 죽음에 참여하는 한 가지 중요한 방법은 이기적인 욕망을 죽이는 것이다(롬 8:13; 골 3:5). 핵심은 그 욕망을 무시하는 것이 아니라, 하나님 앞에 그 욕망을 내려놓고 우리의 진정한 정체성을 살아낼 수 있도록 성령의 능력을 불어넣어 달라고 하나님께 간구하는 것이다. 바울이 기록한

대로, "육신을 따라 살면, 죽을 것입니다.…성령으로 몸의 행실을 죽이면, 살 것입니다"(롬 8:13). 바울이 상상하는 삶은 육체를 벗어나는 것이 아니라 변화되는 것이다. 바울은 다음과 같이 말한다. "그리스도를 죽은 사람들 가운데서 살리신 분께서, 여러분 안에 계신 자기의 영으로 여러분의 죽을 몸도 살리실 것입니다"(롬 8:11).

N. T. 라이트는 "바울은 장차 있을 부활이 우리가 현재 우리의 몸을 올바르게 대해야 할 가장 큰 동기라고 말한다(고전 6:14)"라고 언급한다.[6] 그의 말이 옳다. 우리의 몸은 하나님이 오래 지속되도록 창조하셨기 때문에 중요하다.[7] 이 통찰은 우리가 자신은 물론 다른 사람을 대하는 방식까지도 변화시켜야 한다. 기억하라. 창조 때에 하나님은 인간에게 서로를 지배하라고 말씀하지 않으셨다. 최초의 인간은 영광스러운 조화를 이루며 함께 소명을 수행해야 했다. 하지만 우리의 실제 경험에 비추어 볼 때, 그러한 협력 관계는 생각보다 드물다. 너무나 자주 인간은 서로를 지배하고 복종시키며, 다른 사람에게 고통을 가하고 그의 존엄성을 침해한다.

다른 사람에게 몸이 이용당하고 학대당했던 사람들은 어떻게 될까? 예수님의 부활은 존엄성이 훼손된 사람들에게 무엇을 제공할까? 신체적, 언어적, 정서적 학대를 경험한 적이 있다면, 당신은 혼자가 아니다. 예수님은 너무나 심하게 학대당하며 죽으셨다. 그러나 십자가 위에서 죽는 순간에도, 예수님은 자신의 상처 입고 학대받은 몸을 아버지께 맡기면서 "아버지, 저 사람들을 용서하여 주십시오. 저 사람들은 자기네가 무슨 일을 하는지를 알지 못합니다"라고 말씀하시며 복수를 포기하는 본을 보여 주셨다(눅 23:34, 46). 부활하신 후에도 예수님의 상처는 남아 있지만, 그분의 몸은 죽음을 거쳐 썩지 않는 영광스러운 생명을 얻었다. 그 생명은 당신을 포함한 모든 사람이 하나님께 맡기면 누릴 수 있는 생명이다.

누군가 당신을 학대하고 있다면, 도움을 청하고 안전을 확보하라. 당신에게는 존엄하게 대우받을 자격이 있다. 그러나 이것을 알아야 한다. 아무도 하나님의 형상인 당신의 존엄성을 빼앗을 수 없다. 당신은 자신의 삶과 행동에 대한 선택권을 가지고 있다. 당신의 선택과 삶에 대한 전망은 당신의 안녕뿐 아니라 주변 사람들에게도 영향을 미친다. 하나님은 당신의 몸을 비롯한 당신의 모든 것을 소중히 여기시고, 그것을 구속하실 것이다. 당신은 상처를 입을 수 있지만, 부활한 몸은 영광스러울 것이다!

승천

예수님의 승천은 복음 메시지에서 가장 간과되는 측면일 수 있다. 우리는 예수님이 우리의 죄를 위해 어떻게 돌아가셨고 어떻게 죽음에서 다시 살아나셨는지에 대해 이야기하지만, 신앙고백을 낭송하지 않는 한, 그분이 승천하셨다는 사실을 언급하는 경우는 거의 없다. 하지만 예수님에게 승천은 중요하다. 왜냐하면 승천은 예수님의 인간적인 면모가 계속되고 있음을 보여 주기 때문이다. 이제 인간이 삼위일체의 구성원이 되었다![8] 『가톨릭

교회 교리 문답』(Catechism of the Catholic Church)에 따르면, "그리스도의 승천은 예수님의 인성이 하느님의 천상 영역에 완전히 들어갔음을 의미한다."9)

승천하실 때, 예수님은 보좌에 앉으신다. "아버지 오른편에 앉으신다는 것은 메시아의 왕국이 시작되었음을 의미한다."10) 그분은 한 나라를 다스리시는 것이 아니라 온 세상을 다스리신다. 예수님이 하늘 보좌에서 통치하신다는 것은 하나님의 기름 부음 받은 자에 관한 수많은 성경 구절을 생각나게 한다. 시편 2편이 대표적인 예다. 시편 2편은 하나님의 기름 부음 받은 왕이 세상의 나라들을 다스릴 권세를 가지고 있음을 보여 준다. 시편 2편은 세상의 나라들에게 그분의 통치에 복종하지 않으면 심판을 받을 거라고 경고한다. 이것이 승천이 중요한 또 다른 이유다. 승천이 없다면, 예수님께는 나라들을 심판할 권세가 없다.

심판이 좋은 소식처럼 보이지 않을 수 있지만, 사실은 좋은 소식이다! 심판은 상황을 바로잡고 적절한 순서와 기능을 회복하는 것을 의미한다. 정당한 유죄 판결은, 그 자체로 치유를 가져다주지는 않지만, 어느 정도의 안도감을 가져다준다. 가해자가 처벌을 받으면 세상은 좀 더 안심할 수 있는 곳이 된다.

승천으로 인해 예수님은 하늘 성전에서 대제사장으로 섬기실 수 있게 되었고, 인간의 죄를 위해 끊임없이 중보하고 속죄하실 수 있게 되었다.11) 예루살렘의 성전 예배는 효과적이었지만, 그 범위가 제한적이었다. 성전의 희생 제사는 진정한 감사나 기꺼이 바치는 예물, 서약의 이행, 우발적인 죄로부터 공동체를 정결케 하는 것으로 표현되었지만, 죄를 유발한 근본적인 조건을 해결하지는 못했다.[12] 예수님의 희생은 질적으로 달랐다. 예수님은 부활과 승천으로 인해 "영원히 계시는 분이므로, 제사장직을 영구히 간직하십니다. 따라서 그는 자기를 통하여 하나님께 나아오는 사람들을 완전하게 구원하실 수 있습니다. 그는 늘 살아 계셔서 그들을 위하여 중재의 간구를 하십니다"(히 7:24-25). 그분의 능력은 "썩지 않는 생명의 능력"이다(히 7:16).

예수님의 승천은 복음서 이야기에서 그분의 제자들에게 사명을 부여하는 계기가 되었다. 그분은 제자들이 성령의 은사를 경험할 수 있도록 떠나셨다. 요한복음 20:22을 보면, 부활하신 예수님은 제자들에게 숨을 불어넣으면서 "성령을 받아라"라고 말씀하셨다. 이 행위는 창세기 2:7에 나오는 "주 하나님이…그의 코에 생명의 기운을 불어넣으시니, 사람이 생명체가 되었다"는 구절과 유사하다. 이제 하나님의 영으로 생기를 받은 예수님의 제자들은 예수님이 부여하신 소명을 더 온전하고 지속적으로 수행할 수 있게 되었다.

예수님의 승천을 놓친다면, 우리는 예수님의 지속적인 사역을 지나치게 영적으로 해석하게 될 뿐 아니라 자신의 사역도 지나치게 영적으로 해석하게 된다. 예수님은 승천하시면서 모든 민족에게 복음을 전하고 그들을 사랑의 공동체로 초대하는 임무를 교회에 맡기셨다. 예수님은 하늘 보좌에서 계속 우리의 사역을 지켜보시고, 우리를 위해 중보하시며, 성령의 은사를 통해 우리의 사역을 강화하신다.

필리핀에서 선교사로 활동하던 시절, 우리 부부는 유명한 선교사 부부와 함께 일했다. 필(Phil)과 줄리 파셜(Julie Parshall)은 방글라데시에서 20년을 보낸 후 필리핀으로 이주하여 필리핀 교회가 무슬림 이웃에게 다가갈 수 있도록 준비시켰다.

필은 키가 크고 교육을 잘 받은 백인 미국인이다. 그들은 마닐라에서 소박하게 살았지만, 필리핀 기준으로는 부자였다. 필의 백발은 필리핀 동료들에게 깊은 존경을 불러일으켰다. 우리 부부가 필리핀에 도착했을 때, 필과 줄리는 이미 거의 20년 동안 그곳에 있었다. 우리가 필리핀 동료들과 함께 기도 모임을 할 때, 필이 들어오면 방에 전기가 통하는 것 같았다. 누가 회의를 주도해야 하는지에 상관없이, 그들은 필이 회의실에 들어오면 자동으로 그를 존중하는 태도를 보였다. 필리핀 기독교인들은 어려운 지역에서 전략적이고 자기 희생적인 사역을 하고 있었다. 그들은 그곳의 언어와 문화를 잘 알고 있었다. 하지만 필이 들어오자 그들은 침묵했다.

우리가 미국으로 돌아와 선교 본부에서 일한 지 얼마 되지 않았을 때, 필과 줄리도 은퇴하고 고향으로 돌아갔다. 그러자 거의 즉시 분위기가 바뀌었다. 필리핀 지도자들이 훌륭한 새 계획들을 추진하기 시작했고, 우리는 진정한 영적 열매에 대한 이야기를 듣기 시작했다. 파셜 부부는 분명 그 일에 필요한 사람들을 모으는 데 중요한 역할을 했지만, 그들이 떠나면서 오히려 그 일은 탄력을 받았다. 그들의 비전은 새로운 세대의 선교사를 배출하는 데 기여했지만, 그들이 떠나는 것은 필리핀 사람들의 소유권과 주도권을 강화하는 계기가 되었다.

예수님의 승천은 제자들에게 비슷한 영향을 미쳤다. 예수님이 안 계셨기 때문에, 제자들은 각자 나서서 예수님의 이름으로 행동하고 그분의 사역을 수행하는 책임을 받아들였다.

성경은 예수님이 떠나실 때와 동일한 방식으로—육체적으로 그리고 눈에 보이게—다시 오셔서, 그분의 하나님 나라 통치를 이 땅에 가져오실 것이라고 말한다(행 1:11). 그분은 의로운 자를 구원하고 악한 자를 심판하는 재판관으로 돌아오신다. 이 사실은 인류 역사에서 모든 행위의 중요성을 높인다. 우리의 일은 중요하다. 왜냐하면 예수님이 그 가치를 평가하고 그에 따라 책임을 맡기기 위해 그것을 달아보실 것이기 때문이다.

죽음에서 부활로

북미의 많은 복음주의자는 역사적인 교회력에 익숙하지 않다. 우리는 여전히 성탄절, 성 금요일, 부활절을 기념하지만, 소비주의 달력이 거의 모든 것을 대체했다. 주현절은 어디에 있을까? 사순절은? 종려주일은? 성 목요일은? 승천일은? 이 날들은 슈퍼볼 일요일, 밸런타인데이, 어머니의 날, 할로윈을 위해 자리를 비웠다.

우리가 회복해야 할 거룩한 날은 재의 수요일(Ash Wednesday)이다. 재의 수요일은 부활절을 준비하는 40일 동안의 기간인 사순절(일요일은 포함하지 않는)의 시작을 알린다. 일반적으로, 집례자는 각 신자의 이마에 십자가 모양으로 재를 바르며 "너는 흙에서 나왔으니, 흙으로 돌아갈 것이다"라고 말한다(창 3:19 참조).

마치 대단한 일인 양 여기게 되는 일상생활의 소용돌이 속에서, 재의 수요일은 우리가 죽을 수밖에 없는 존재임을 상기시킨다. 우리는 우리가 생각하는 것만큼 없어서는 안 될 존재가 아니다. 물론 우리의 일은 중요하지만, 우리의 몸은 언젠가 흙이 될 것이다. 우리는 영생을 얻으려면 변화와 갱신이 필요한 피조물이다.

재의 수요일은 또한 필요한 자기 성찰과 회개의 기간을 가리킨다. 우리의 죄 때문에 우리는 하나님의 영광에 이르지 못한다. 우리는 이 땅에서 하나님을 잘 나타내지 못한다. 우리는 다른 사람들이 그렇게 하지 못해서 발생하는 짐을 짊어진다. 재의 수요일은 우리의 필멸성과 참회의 필요성을 1년에 한 번 상기시켜 준다. 그러나 이 암울한 메시지에는 희망이 있다. 재는 훌륭한 비료다. 자아에 대한 죽음은 새로운 결실의 계절을 위한 자양분이 된다.[13]

복음주의 교회에서 재의 수요일을 지키는 경우는 드물지만, 대부분의 교회가 성찬과 세례는 계속 행하고 있다. 성찬에 정기적으로 참여함으로써, 우리는 예수님이 육체를 입으셨다는 사실과 우리가 영생을 얻는 것이 예수님의 육체적 희생을 통해서만 가능하다는 사실을 깨닫게 된다. 우리는 우리를 위해 희생하신 예수님의 육체적 희생을 맛본다. 우리는 함께 회개의 시간을 가지며 겸허해진다. 그 아름다운 결과는 우리가 자신을 내어 주신 그리스도의 몸의 일부가 된다는 것이다. 결국 우리는 우리가 먹는 것에 의해 이루어진다![14]

세례는 일생에 한 번뿐인 회개 행위로, 우리가 (옛) 자아에 대해 죽었음을 그리고 신앙 공동체 안으로 들어가는 입구를 상징한다. 물에서 올라와 새 생명을 얻는 것은 우리가 하나님과 서로 교제하게 만드는 성령 안에서 거듭났음을 증명한다(엡 1:13). 씨앗이 자라 열매를 맺으려면 땅에 묻혀야 하는 것처럼, 우리는 영적 부활을 경험하기 위해 세례의 물에 잠겨야 한다.[15] 요한복음에서 예수님은 이 영적 거듭남을 '다시 태어난다' 또는 '위로부터 태어난다'라고 묘사하셨다(요 3:3-8).[16] 예수님은 "육에서 난 것은 육이요, 영에서 난 것은 영이다"(요 3:6)라고 설명하셨다. 성령에 의해 형성된 신앙 공동체에 대해서는 나중에 이야기하고, 여기서는 성령의 임재로 인해 가능해진 하나님과의 교제에 대해 이야기하고 싶다.

신학자 존 해멧(John Hammett)은 하나님의 형상으로 창조되었다는 우리의 지위가 특별한 지능이나 기술들을 요구하지 않으며 잃어버릴 수도 없다는 데 동의하지만, 이 지위에는 성령 안에서 하나님과 관계 맺을 수 있는 능력이 포함되어 있다고 주장한다.[17] 그리스도와 하나 되지 않은 사람들에게는 이러한 능력이 사라져 있지만, 일단 우리가 생명을 얻게 되면 심각한 질병이나 장애를 겪더라도 이 능력을 잃지 않는다.

창세기가 이를 명시적으로 말하고 있지는 않지만, 나는 이것이 어떻게 사실일 수 있을지 곰곰이 생각해 보았다. 우리가 '하나님의 형상'이라는 정체성을 통해 암시되는 하나님과의 친족 관계는 우리가 하나님과 관계 맺도록 예정되어 있음을 함의한다. 이것은 우리가 의식하는 정도와 무관하게 사실인 것 같다. 혼수상태에 빠지거나 죽을 고비를 넘긴 사람들은 의식을 잃었을 때 하나님과 영적으로 깊이 연결되었다는 이야기를 가지고 돌아오기도 한다.

제임스 휴스턴(James Houston)은 캐나다 밴쿠버에 있는 리젠트 칼리지의 설립자다. 내가 이 글을 쓸 때, 그는 백 번째 생일을 앞두고 있었다. 휴스턴은 타임캡슐과도 같다. 그는 C. S. 루이스의 친구였다! 3년 전, 휴스턴은 나를 비롯한 몇몇 사람을 자신의 거실로 초대해 새로운 책 시리즈의 출간에 대해 논의했다. 당시 휴스턴은 96세였다. 어떤 프로젝트를 진행하고 있는지 물어보았을 때, 그는 죽기 전에 완성하고 싶은 책 여섯 권을 나열했다. (그중 적어도 네 권은 이미 출간되었으니, 최근 몇 년 동안 꽤 생산적인 시간을 보냈다는 뜻일 것이다!) 평생을 학자로 보내면서 수십 권의 영성 서적을 저술하고 무수히 많은 사람들 앞에서 강연했던 그의 삶의 속도는 이제 몹시 느려졌다. 내가 이 글을 쓰는 동안 휴스턴은 장기 요양 시설에 있다. 그의 자녀들은 자신들이 만든 블로그에 그의 편지를 게시하고 있다. 이제 배움의 열정을 채워 주던 도서관과 활발한 대화를 나누던 동료들과 단절된 휴스턴은 하나님이 꿈속에서 어떻게 자신을 만나 주시는지에 대해 쓰고 있다. 그의 신체적 능력은 점점 쇠퇴하고 있지만, 하나님과 교제하는 그의 능력은 여전히 살아 있고 건재하다. 나는 휴스턴이 그것을 표현할 능력을 잃더라도, 그가 살아 있는 한 그의 영혼은 계속해서 하나님과 교제하리라 믿는다.

첫 열매

죽음은 마지막이 아니다. 우리는 모두 언젠가 죽겠지만, 기독교의 소망은 아직 더 좋은 게 올 것이라고 주장한다. N. T. 라이트는 이렇게 말한다. "예수님의 부활에 뿌리를 둔 진정한 기독교의 소망은 모든 것을 새롭게 하시고, 부패와 쇠퇴와 죽음을 극복하시고, 온 우주를 그분의 사랑과 은혜, 능력과 영광으로 채우실 하나님의 소망이다."[18] 그것은 숨이 멎을 것 같은 비전이다.

이게 전부가 아니다. 최고의 순간은 아직 오지 않았다. 그런데 우리는 어떻게 확신할 수 있을까?

부활절 아침은 우리의 반짝이는 이정표다. 예수님의 부활은 최종 목표가 아니라 시작에 불과했다. 예수님의 부활은 하나님의 모든 자녀에게 다가올 일에 대한 신호다. 바울이 고린도 교회 신자들에게 쓴 것처럼,

> 그리스도 안에서 우리가 바라는 것이 이 세상에만 해당되는 것이라면, 우리는 모든 사람 가운데서 가장 불쌍한 사람일 것입니다.
> 　그러나 이제 그리스도께서는 죽은 사람들 가운데서 살아나셔서, 잠든 사람들의 첫 열매가 되셨습니다. 한 사람으로 말미암아 죽음이 들어왔으니, 또한 한 사람으로 말미암아 죽은 사람의 부활도 옵니다. 아담 안에서 모든 사람이 죽는 것과 같이, 그리스도 안에서 모든 사람이 살아나게 될 것입니다. (고전 15:19-22)

부활하신 메시아가 "첫 열매"라는 것은 무엇을 의미할까? 여름 텃밭을 가꾸면, 첫 열매는 가장 먼저 익은 토마토나 먹을 수 있게 된 상추 또는 오이의 첫 잎사귀다. 그 첫 번째 채소는 앞으로 더 많은 것이 올 거라는 징조다. 첫 열매가 흥미롭지만, 아무도 토

마토 하나를 얻기 위해 정원을 가꾸지는 않는다. 하나님도 마찬가지다. 바울은 그리스도의 부활하신 몸을 첫 열매라고 부름으로써, 그분의 부활이 특별한 일회성 사건이 아니라 모든 신자에게 주어질 것임을 암시한다. 앞으로 더 많은 열매가 있을 것이다. 우리는 아직 수확되지 않은 열매다. 예수님이 영광 가운데 다시 오실 때 당신과 나도 다시 부활할 것이다.

이것은 좋은 소식이다. 왜냐하면 우리 중 누구도 우리 삶에 대한 하나님의 목적을 성취한 적이 없기 때문이다. 우리는 우리를 창조하신 하나님과 교제하고 생명을 주는 방식으로 그분의 다스림을 나타내기 위해 태어났다. 하지만 우리는 이기적이었다. 우리는 우둔하여 성령께서 우리를 하나님 나라 일에 동참하도록 부르시는 것을 깨닫지 못했다. 우리는 기회를 놓쳤다. 기회를 놓치지 않았더라도, 우리가 하는 일은 의도한 효과를 충분히 나타내지 못했다. 우리 아이들은 반항했다. 우리 학생들은 잠들었다. 우리 프로젝트는 모두 성공하지 못했다. 우리가 추구하는 변화의 비전은 저항에 부딪혔다. 다른 사람들이 우리를 부당하게 대했다. 우리는 제대로 사랑하지도, 제대로 사랑받지도 못했다. 이것이 우리에게 부활이 필요한 이유다. 리처드 미들턴은 "불의(injustice)의 전복이 부활의 기초가 된다"라고 주장한다.[19] 이것은 정말 좋은 소식이다. 우리 삶의 이야기는 훨씬 행복한 결말을 필요로 한다.

만약 우리의 최종 목표가 이 땅을 탈출하여 다른 차원으로 날아가는 것이라면, 우리에게는 몸이 필요 없을 것이며 모두 최대한 빨리 죽기를 바라야 할 것이다. 하지만 우리는 몸을 갖게 될 것이기에, 푹신한 흰 구름 위를 유령처럼 떠다니는 미래에 대한 왜곡된 시각을 버릴 수 있고, 또 반드시 버려야 한다.

바울은 우리의 운명이 유령이 되는 것이 아니라고 분명히 말한다. 그는 다음과 같이 설명한다.

> 보십시오, 내가 여러분에게 비밀을 하나 말씀드리겠습니다. 우리가 다 잠들 것이 아니라, 다 변화할 터인데, 마지막 나팔이 울릴 때에, 눈 깜박할 사이에, 홀연히 그렇게 될 것입니다. 나팔소리가 나면, 죽은 사람은 썩어 없어지지 않을 몸으로 살아나고, 우리는 변화할 것입니다. 썩을 몸이 썩지 않을 것을 입어야 하고, 죽을 몸이 죽지 않을 것을 입어야 합니다. (고전 15:51-53)

불이나 홍수, 부패로 망가진 육체도 영원히 살 수 있도록 변화될 것이다. 죽음을 초래한 아담과 하와의 반역은 우리 안에서 생명을 주시는 부활하신 그리스도의 성령에게 자리를 내어 줄 것이다. 바울은 이렇게 말한다. "흙으로 빚은 그 사람의 형상을 우리가 입은 것과 같이, 우리는 또한 하늘에 속한 그분의 형상을 입을 것입니다"(고전 15:49). 다시 말해, 하나님의 형상으로 살아갈 우리의 능력은 지속될 뿐만 아니라 더욱 강화될 것이다. 인간으로서 부여받은 우리의 소명은 사라지지 않고, 오히려 놀랍고 새로운 방식으로 계속될 것이다.

그러나 예수님의 부활은 우리에게 좋은 소식일 뿐 아니라 이 창조세계의 미래에 대해서도 좋은 소식이다. 예수님은 육신을 입고 다시 살아나심으로써, 창조세계가 여전히 중요함을 확증하시고, 이 물리적인 세상에 대한 하나님의 헌신을 보여 주신다. 이 창조세계가 여전히 중요하다면, 우리에게는 여전히 해야 할 일이 있다.

> **핵심 개념**

- 예수님의 육체적 부활은 이 땅에 육신을 입고 사는 인간들에 대한 하나님의 지속적인 목적을 나타낸다. 그분이 마리아에게 부활 소식을 전하도록 위임하신 것은 복음 사역에서 남자와 여자의 동반자 관계에 대한 하나님의 뜻을 확증한다.
- 예수님의 상처는 우리의 현재 몸과 부활한 몸 사이의 연속성을 강조한다.
- 예수님의 승천은 그분이 심판자와 대제사장으로서 사역을 시작하셨음을 알리고, 우리가 그분의 일을 이어 나갈 수 있도록 능력을 부여한다.
- 우리가 언젠가 죽는다는 사실은 모든 것이 온전히 회복될 미래를 가리키는 표지판과 같다.

더 깊은 연구를 위하여

Cortez, Marc. *ReSourcing Theological Anthropology: A Constructive Account of Humanity in the Light of Christ.* Grand Rapids, MI: Zondervan, 2017.

* Middleton, J. Richard. *A New Heaven and a New Earth: Reclaiming Biblical Eschatology.* Grand Rapids, MI: Baker Academic, 2014.

『새 하늘과 새 땅』(새물결플러스).

* Schreiner, Patrick. *The Ascension of Christ: Recovering a Neglected Doctrine*. Snapshots. Bellingham, WA: Lexham, 2020. 『그리스도의 승천』(이레서원).

* Wright, N. T. *Surprised by Hope: Rethinking Heaven, the Resurrection, and the Mission of the Church*. New York: HarperOne, 2008. 『마침내 드러난 하나님 나라』(IVP).

바이블 프로젝트 관련 영상: "하늘과 땅", "요한복음 13-21장 개요", "인자"

9 사랑하는 공동체

함께하는 삶

1세기에는 인간으로 존재한다는 것이 간단치 않았다.

에베소서에서 바울은 예수님을 따르는 모든 이가 참여하는 극적이고 새로운 실재를 펼쳐 보인다. 그의 메시지를 이해하려면 그 맥락을 이해해야 한다. 그는 언어, 계급, 민족, 시민권, 성별에 의해 분열된 세상에 대해 이야기하고 있다. 로마 사회는 엄격한 계층 구조를 지니고 있었으며, 노예, 해방된 남녀 노예, 자유민으로 태어난 사람들에게는 각기 정해진 권리, 특권, 의무가 부여되었다. 로마의 통치 아래서는 모두가 시민은 아니었다. 자유롭게 태어난 사람들조차 재산에 따라 계층화되었으며, 하층민으로 태어난 사람들 위에는 세 단계의 귀족 계층이 있었다. 로마 사회에는 중산층이 없었다.

유대인들은, 폭력적인 저항 세력부터 협력자에 이르기까지, 다양한 방식으로 로마의 통치와 관계를 맺었다. 유대인의 율법에 따르면, 모든 사람이 성전에 접근할 수 있는 것은 아니었다. 여성은 제단에 접근할 수 없었고, 이방인은 화려한 벽으로 완전히 차단되었다. 많은 유대인이 비유대인과의 식탁 교제를 막는 독특한 식단을 고수하며 그들의 정체성을 유지했다. 그들의 절기와 주간 달력까지, 그들은 항상 다른 리듬에 맞춰 살아가고 있었다.

로마인과 유대인이라는 두 개의 큰 범주는 상호 배타적이지 않았지만, 거의 겹치지도 않았다. 여기에 다양한 언어(그리스어, 라틴어, 아람어, 시리아어, 히브리어 등)와 사회적 역할(주인, 노예, 자유인, 후견인과 피후견인, 부유층과 하층민)이 더해졌다.[1]

이 점을 염두에 두면, 바울 서신이 훨씬 흥미로워진다. 바울은 그리스도께서 어떻게 "우리"에게 복을 주셨는지에 대한 풍성한 묘사로 시작한다(엡 1:3-12). 주의하지 않으면, 바울을 쉽게 오해할 수 있다. 그의 "우리"에는 이방인이 포함되지 않는다. 바울은 하나님이 그리스도 안에서 유대인들에게 어떤 복—선택, 입양, 구속, 용서, 깨달음—을 주셨는지 설명하고 있다. 그는 에베소서 1:13에서 마침내 이방인들도 포함시켰다. "여러분도 그리스도 안에서 진리의 말씀 곧 여러분을 구원하는 복음을 듣고서 그리스도를 믿었으므로." 바울은 자신의 생애 동안 충격적인 변화를 경험했다. 유대인으로서 누릴 수 있는 영적 유익이 이제 그리스도를 믿는 누구에게나 가능해졌다는 것이다. 이것은 실로 혁명적인 일이다.

에베소 교인들에게 보낸 바울의 편지는 이 새로운 변화가 공동체의 삶에 어떤 의미를 주는지 설명하고 있다. 그는 인상적인 은유를 사용하여, 유대인과 이방인 모두를 포함한 교회를 그리스도의 몸이라고 부른다. 이것은 우리에게 익숙한 은유이지만, 이 은유를 처음 들었던 사람들이 어땠을지 상상해 보라! 바울은 공동체에 만연한 적대감 문제를 피하지 않고 정면으로 다룬다.

그러므로 여러분은 지난날에 육신으로는 이방 사람이었다는 사실을 명심하십시오. 손으로 육체에 행한 할례를 받은 사람이라고 뽐내는 이른바 할례자들에게 여러분은 무할례자들이라고 불리며 따돌림을 당했습니다. 그 때에 여러분은 그리스도와 상관이 없었고, 이스라엘 공동체에서 제외되어서, 약속의 언약과 무관한 외인으로서, 세상에서 아무 소망이 없이, 하나님도 없이 살았습니다. (엡 2:11-12)

바울은 이 두 집단 사이에 적대감을 불러일으킨 비하적인 표현들을 언급한다. 동시에 바울은 그것들을 해체한다. 인간이 선택적으로 행하는 수술이 어떻게 누구에게 더 큰 존엄성을 부여할 수 있겠는가? 로마 시민권이 바울 시대의 보상이라면, 여기에서 바울은 또 다른 종류의 시민권인 언약 백성의 구성원 자격을 강조한다. 이 지위는 이방인들이 도달할 수 없는 것이었다.

이러한 배경을 바탕으로 바울은 좋은 소식을 전한다.

여러분이 전에는 하나님에게서 멀리 떨어져 있었는데, 이제는 그리스도 예수 안에서 그분의 피로 하나님께 가까워졌습니다.
    그리스도는 우리의 평화이십니다. 그리스도께서는 유대 사람과 이방 사람이 양쪽으로 갈라져 있는 것을 하나로 만드신 분이십니다. 그분은 유대 사람과 이방 사람 사이를 가르는 담을 자기 몸으로 허무셔서, 원수 된 것을 없애시고. (엡 2:13-14)

십자가에 못 박힌 메시아의 가족 안에서 사람들은 더 이상 나뉘지 않는다. 성전 안의 벽은 본래 부정한 것을 거룩한 공간으로부터 분리하기 위한 것이었지만, 시간이 지나면서 적대감이 심화되어 사회적 분열을 심화시키는 장벽이 되어 버렸다.[2] 바울은 그 시절이 끝났다고 말한다.

예수님은 왜 오셨을까? 바울은 이렇게 말한다. "그분은 이 둘을 자기 안에서 하나의 새 사람으로 만들어서 평화를 이루시고, 원수 된 것을 십자가로 소멸하시고 이 둘을 한 몸으로 만드셔서, 하나님과 화해시키셨습니다"(엡 2:15-16).

우리는 서로에게 다가가지 않는다면 하나님께 다가가지 못한다. 그리스도께서 십자가에서 이루신 일은 인류와 하나님의 관계에 생긴 균열만을 해결한 것이 아니다. 그것은 우리의 수평적 분열 또한 해결했다. 복음은 우리의 영원한 운명에 관한 것만이 아니다. 복음은 지금 이 순간에도 사회를 변화시키고, 하나님이 인류를 위해 의도하신 대로 우리를 회복시킨다.

바울의 나머지 편지에는 다음과 같은 실제 사례가 나와 있다.

- 상호 순종(엡 5:21)
- 가사 노동을 예배 행위로 여기며 행하는 아내들(엡 5:22-24)
- 아내를 다스리는 대신 섬김으로써 그리스도의 모범을 따르는 남편들(엡 5:25-33)
- 학대와 반항 대신 존경과 건전한 가르침으로 특징지어지는 부모/자녀 관계(엡 6:1-4)
- 하나님께 중요한 일을 하는 도덕적 주체로 그리고 보상받을 자로 대우받는 노예들(엡 6:5-8)
- 폭력적인 강압이 아닌 존중으로 이끌도록 부름받고, 하나님께 책

임을 지는 주인들(엡 6:9)[3]

우리는 바울이 이러한 계층 구조를 완전히 없앴길 바랄 수도 있지만, 대신 바울은 복음이 이전에 적대감으로 특징지어졌던 관계들을 어떻게 변화시키는지 보여 준다. 그리스-로마 가정은 명확한 기대에 따라 통치되었으며, 여기에는 보호와 기타 혜택을 제공한 사람이 그 사람의 충성을 얻는 후견인-피후견인 관계가 포함되었다. 바울은 의존이 양방향으로 이루어진다는 것을 보여 줌으로써 이 개념을 완전히 뒤집어 놓는다. 남자는 여자에게 생명의 근원이지만(창 2:21-22 참조), 아담 이후의 모든 남자는 여자에게서 태어났다(고전 11:12). 남자는 그리스도처럼 되어야 하고(엡 5:23), 여자는 하나님이 하시는 것 같은 종류의 도움을 주어야 한다(창 2:18). 이러한 근본적인 상호 의존성은 상호 순종으로 표현되어야 한다(엡 5:21).[4]

로마 사회에서 어떤 지위를 가지고 있든, 그리스도를 따르는 사람은 모두 기독교 공동체의 완전한 구성원이다. 바울은 모든 신자에게 다른 사람을 존중하고 품위 있게 대하라고 권고한다. 이 대담한 비전은 현 상태에 도전함으로써 사회 구조를 뒤엎는다. 우리는 인종차별, 성차별, 취약 계층에 대한 방임이나 학대, 교회 내 권력 남용과 같은 현실에 직면하고 있기 때문에, 오늘날에도 바울의 도전은 절실히 필요하다.

구현

나의 어린 시절인 1980년대에 인기 있던 만화 중 하나는 미래 가족 시트콤인 〈제트슨 가족〉(The Jetsons)이었다. 개인 우주선을 타고 날아다니는 것은 어림도 없는 것처럼 보였지만, 나는 내 생전에 비행 자동차가 등장할 거라고 기대했다. 나에게 훨씬 불가능해 보였던 것은 가족들이 영상으로 실시간 화상 채팅을 할 수 있다는 것이었다. 내겐 말도 안 되는 소리였다! 부모님이 살아 계신 동안 영상 통화를 하시게 될 거라고는 정말이지 상상도 못했다.

코로나19 팬데믹이 전 세계를 휩쓸면서, 필요에 의해 새로운 연결 방식이 생겨났다. 줌(Zoom)과 다른 영상 회의 플랫폼 덕분에, 우리는 제트슨 가족처럼 멀리 떨어져 있으면서도 실시간으로 서로를 보고 대화할 수 있게 되었다. 하지만 엄청난 선물이었던 이 기술은 물리적 존재에 대한 갈망을 남겼다. 우리는 3차원적 존재라 표정과 목소리 톤을 넘어 서로에 대한 자세, 옷차림, 향기, 접촉 등 다양한 방식으로 의사소통을 할 수 있다. 줌 대화는 온몸으로 참여하는 것을 대체할 수 없다. 아기는 꼭 안아줘야 한다. 손을 꼭 잡아야 한다. 음식을 나눠 먹고 선물을 주어야 한다. 우리의 육체는 공동체를 가능하게 한다.

아마도 팬데믹으로 인해 가장 혼란스러웠던 부분은 온라인 예배일 것이다. 일요일에 늦잠을 잔 후 잠옷을 입고 소파에서 예배드릴 수 있다는 사실에 기뻐하는 사람도 있을 것이다. 그러나 이러한 경험은 주일예배의 의미를 다시 생각하게 만들었다. 모임의 목적이 지식을 가르치거나 정보를 전달하는 것이라면, 유튜브에서도 충분히 가능하다. 그러나 교회는 그보다 훨씬 많은 의미를 지닌다. 교회에 가서 사람들을 만나면 어떤 일이 일어난다. 모임을 통해 우리는 우리가 함께하고 있음을 깨닫는다. 우리는 서로에게 속해 있다.

실제로 우리는 화면 너머의 누군가에게 세례를 줄 수 없다. 그리고 서로에게 성찬의 떡과 잔을 건넬 수 없다. 집에서 포도주스와 빵을 먹는 것과는 다른 일이다.

몇 년 전, 우리는 특별한 성찬예배로 학기를 시작했다. 나는 성찬을 집례하도록 요청받았다. 나는 강당 앞쪽에 서서 성찬용 전병이 담긴 쟁반을 들고 있었다. 강당에 있는 모든 사람이 내 쪽으로 와서 전병을 집어 갔다. 나는 가능한 한 이름을 불러 가면서, "당신을 위해 찢긴 그리스도의 몸입니다"라고 말했다.

그 경험은 나를 완전히 망가뜨렸다. 나는 마치 전문 기독교인이라도 되는 양 성찬을 집례하고 있었지만, 속으로는 무너져 있었다. 그것은 내가 예배에서 경험한 것 중 가장 심오한 경험이다. 나는 그 사람들 대부분을 알고 있었다. 일부는 심하게 망가져 있었다. 어떤 사람의 부모는 이혼 문제로 골머리를 앓고 있었고, 다른 사람은 만성 통증으로 고통받고 있었다. 또 어떤 사람은 정신 건강 문제로 고생하고 있었다.

그들 모두를 위해 그리스도께서 돌아가셨다.

그리고 내가 그다지 좋아하지 않는 사람들도 있었다(이것을 인정해도 괜찮을지 모르겠지만). 그들에게 그리스도를 나눈다는 것은 사소한 차이, 원한, 개인적인 호불호를 제쳐 놓아야 한다는 것을 의미했다. 지난주에 과제를 표절한 학생과 나를 정기적으로 노려보는 동료 모두를 용서해야 한다는 것을 의미했다. **당신을 위해 찢긴 그리스도의 몸**. 내 앞을 지나가는 모든 사람은 그리스도께서 온전히, 완전히, 그리고 조건 없이 자신을 내어 주신 사람이었다. 나는 왜 그렇게 하지 않았을까?

주님의 몸과 피를 나누는 것은 우리를 강력하게 하나로 묶어 준다. 우리는 혼자가 아님을 깨닫는다. 좋든 싫든, 우리는 함께 이 길을 가고 있다. 직접 만나 소통하면서 함께하는 것은 무시할 수 없는 일이다. 교회는 관전 스포츠가 아니다. 우리는 가족이다.

(직접 만나는) 각 사람의 몸이 공동체를 가능하게 할 뿐 아니라, 성경은 신체적인 용어를 사용하여 우리를 집단적으로 묘사한다. 우리는 "그리스도의 몸"이다. 우리는 "그리스도 안에" 있다. 그리스도는 우리의 "머리"다. 우리 인간의 정체성은 서로와 밀접하게 연결되어 있다. 인간이 된다는 것은 서로에게 의존하고, 서로에게 속하는 것이다.

그리스도께서 하나님의 완벽한 형상이고, 하나님의 형상이라는 정체성이 내포해야 할 모든 것을 구현하신 분이라면, 우리가 "그리스도 안에 있다"는 것은 우리의 인간적 소명에 기대어 나아가는 것이다.

화해

내가 설명한 방식의, 성찬에서의 연합은 우리가 서로를 제대로 사랑하지 못한 실패를 직시할 때만 가능하다. 다른 사람에게 악의나 편견, 원한을 품지 않은 척하는 것은 아무 소용이 없다. 당신이 내 입장이 되어 전체 회중에게 성찬을 베푼다면 어떨까? 누구에게든 그리스도의 몸을 나누어 줄 수 있을까?

바울은 그리스도인의 성숙이 '믿는 일에 하나가 되는 데' 달려 있다고 말한다(엡 4:13). 그리스도께는 한 몸뿐이다. 우리가 공동체 안에서 "그리스도의 충만하심의 경지에까지" 이르기를 원한다면, 우리는 서로를 잘 사랑하는 법을 찾아야 한다(엡 4:13). 이 과제의 일부는 다른 모든 신자를 하나님이 공동체에 주신 선물로 받아들이는 법을 배우는 것이다. 우리는 대개 영적인 선물을 개인이 소유한 어떤 것으로 말하지만, 에베소서 4장에서 바울은 사람들 자체가 선물이라고 묘사한다. "그분이[그리스도께서] 어떤 사람은 사도로, 어떤 사람은 예언자로, 어떤 사람은 복음 전도자로, 또 어떤 사람은 목사와 교사로 삼으셨습니다. 그것은 성도들을 준비시켜서, 봉사의 일을 하게 하고, 그리스도의 몸을 세우게 하려고 하는 것입니다"(엡 4:11-12). 그리스도는 각 사람**에게** 선물을 주시지 않았다. 믿는 자들**이** 공동체를 위한 그리스도의 선물이다. 이것은 바울이 민족적 장벽이 허물어진 교회에 하는 말이다.

바울은 믿는 자들에게 '화해'라는 새 창조의 직분을 받았다고 선포하며, 다른 사람들에게 하나님과 화해하라고 간청한다(고후 5:18-20). '화해'라는 단어는 인종 문제와 관련하여 논란의 여지가 있다. 어떤 사람들에게는 이 단어가 비현실적인 상태(fictional wholeness)로 돌아가야 한다는 요구처럼 들리기 때문이다. 역사상 서로 다른 민족에 속한 사람들 사이에 조화와 상호 존중이 존재했던 때가 언제였을까? 나도 이러한 우려에 공감하지만, 신약 신학에서는 그 중요성 때문에 '화해'라는 단어를 유지하고 있다. 우리가 기독교 공동체에서 추구하는 연합은 하나님이 항상 의도하신 바다. 바울의 사역에서 사람들을 하나님과 화해시키는 일이 이전에 그들이 하나님과 올바른 관계였는데 이제 회복되어야 한다는 것을 의미하지 않듯이, 인종 간의 화해 사역 역시 우리가 인종 관계의 항금기로 되돌아간다는 것을 전제할 필요는 없다. 우리가 추구하는 회복은, 아직 실현되지 않았을지라도, 하나님이 처음부터 염두에 두셨던 것이다.

인종차별에 대한 재고[5]

미국에서 인종차별의 역사는 부인할 수 없을 정도로 끔찍하다. 그중에서도 가장 마음이 불편한 것은 기독교인들의 참여다. 나는 최근까지도 린치(lynching)가 소수의 극단주의자들이 하얀 두건으로 얼굴을 가린 채 어둠 속에서 살인적으로 자행하는 일이라고 막연히 생각해 왔다. 그들은 낮에는 지역 사회 지도자(선출직 공무원, 의사, 판사, 사업가, 심지어 목사까지), 밤에는 백인 우월주의의 유령들이었다.

하지만 이후 나는 일부 지역 사회에서는 린치가 온 가족, 즉 남녀노소 모두가 참석하는 공개적인 구경거리였다는 것을 알게 되었다. 그들은 법정 밖에서 재판 없이 '십자가에 못 박히듯' 공개적으로 불에 타거나 구타당하고 교수형에 처해지는 희생자들(그중에는 아이들도 있었다)을 향해 야유를 퍼부었다. 구경꾼들은 도시락을 가져왔다. 그들은 일요일에 입는 가장 좋은 옷을 차려입고, 이 큰 이벤트를 놓친 사람들에게 보낼 엽서까지 샀다. 일부 린치는 엄청난 인파를 끌어모았다. 많은 린치가 큰 군중을 확보하기 위해 예배 후 교회 부지에서 일어났고, 그들은 끔찍한 행동을 정당화하기 위해 성경 구절을 맥락에서 벗어난 채 사용했다.

분명히, 노예 해방 선언이 노예 제도를 번성하도록 허용했던 서사(이데올로기적 근거)를 폐지하지는 못했다. 물이 언덕을 흘러내려가듯, 이러한 서사가 막히면 단순히 경로를 바꿔 백인들의 두려움을 표출하고 흑인들을 억압하는 새롭고도 교활한 방법을 찾아냈다.(a) 흑인들은 더 이상 소유될 수 없었지만, 많은 백인은 여전히 흑인을 완전한 인간으로 여기지 않았고, 수천 가지 다른 방법으로 그들을 억압했다. 통행금지. 분리. 차별. 처벌받지 않는 학대. 백인들은 흑인들에게 기본권을 제공하지 않았다. 백인들은 흑인들에게서 교육, 의료, 투표권, 공직에 출마할 권리, 주택을 구매하거나 임대할 권리를 박탈했다. 백인들은 흑인들에게 린치를 가했다.

린치는 노예 제도를 능가했고, 인종 차별은 그 속도가 점점 빨라지면서 더욱 심해졌다.

린치는 합법화된 인종 차별보다 오래 지속되었다.

노예 제도의 종말이 인종 차별의 종말을 의미하지 않았듯이, 린치의 감소가 평등을 의미하지는 않았다. 제임스 콘(James Cone)은 1950년대 초반에 "인종 차별에 의한 린치 사건이 감소하고 있다"라고 썼지만, 인종 차별은 법의 이름 아래 실내로 숨어들었으며, 백인 폭도들은 백인으로만 구성된 배심원단, 백인 판사, 백인 변호사로 대체되었다. 그들은 "형사 사법 제도를 이용해 흑인들을 위협하고, 공포에 떨게 하고, 살해했다."(b) 1970년대 중반까지 미국의 유색 인종 차별 지역(sundown town:

유색 인종은 일몰 이후에 해당 지역을 떠나라는 표지판을 설치해 두었던 지역을 가리키는 표현이다―옮긴이)은 미국 전역에 흩어져 있었다. 그런 도시에서 흑인들이 해가 진 후에 밖에 나가는 것은 목숨을 걸어야 하는 일이었다. 이것은 남부만의 문제가 아니었다. 일리노이주의 뒤페이지 카운티, 메드퍼드, 그랜츠 패스, 오리건 시티와 같은 오리건주의 도시들, 그리고 캘리포니아주의 글렌데일, 패서디나, 세리토스, 산타아나, 휘티어와 같은 도시들에서도 흑인들이 해가 진 후에 밖에 나가는 것은 위험한 일이었다.

오늘날까지도 불균등하게 집행되는 사형 제도는 우리의 사법 체계가 진정으로 공정해지기까지 갈 길이 멀다는 것을 보여 준다. 사형 제도 정보 센터(Death Penalty Information Center)에서 인용한 다음 통계를 고려해 보라.(c)

- 워싱턴주에서는, 비슷한 사건이라 할지라도 배심원들이 백인 피고인에 비해 흑인 피고인에게 사형을 권고할 확률이 세 배 높았다.
- 루이지애나주에서는, 피해자가 백인일 때 사형 선고를 받을 확률이 피해자가 흑인일 때보다 97퍼센트 높게 나타났다.
- 캘리포니아주의 한 연구에 따르면, 백인을 살해하여 유죄 판결을 받은 사람들은 흑인을 살해하여 유죄 판결을 받은 사람들보다 사형 선고를 받을 확률이 세 배 이상 높았으며, 라틴계 사람들을 살해한 경우보다 네 배 이상 높은 것으로 나타났다.

이러한 통계 자료는, 특히 최근의 일이라는 점을 고려하면, 받아들이기 힘든 사실이다. 우리는 지금 우리가 태어나기 수십 년 전의 이야기를 하는 것이 아니다. 이 연구는 2000년대의 현실을 반영한다. 노예 제도와 린치를 미국 역사의 일부가 되도록 만들었던 백인 우월주의의 서사는 아직 완전히 근절되지 않았다. 인종 차별은 단순히 다른 표현 수단을 찾았을 뿐이다. 우리는 윌리 제임스 제닝스(Willie James Jennings)가 "병든 사회적 상상력"이라고 부른 문제로부터 여전히 고통받고 있다.(d) 따라서 우리에게는 근본적인 변화가 절실히 필요하다. 우리는 하나님의 형상에 대한 성경의 가르침에 뿌리를 둔 비전으로 이 시각을 속히 바꾸어야 한다. 모든 인간은 하나님의 형상이라는 정체성만으로도 존엄성을 지닌다.

마틴 루터 킹 주니어(Martin Luther King Jr.)는 일요일 오전 11시를 일주일 중 가장 분열된 시간이라고 불렀다. 우리 사회가 모든 사람을 킹 목사가 말한 "사랑하는 공동체"의 구성원으로 여기려면 갈 길이 멀다.(e) 바울이 에베소 교인들에게 편지를 보낸 후 거의 2천 년이 지난 지금도 화해의 메시지는 절실하게 필요하다. 그리스도의 몸이 진정으로 하나 되지 않는다면, 우리는 복음의 메시지를 온전히 받아들인 것이 아니다.

완전한 포용

인종 문제만 교회가 제대로 대처하지 못한 게 아니다. 장애 문제도 마찬가지다.

1991년쯤이었다. 아버지의 사촌이 우리 집을 방문했고, 우리는 제인(Jane)을 교회에 데려갈 수 있는 영광스러운 기회를 얻었다. 우리는 최근에 큰 변화를 단행했다. 개혁파 교단 교회에서 초교파 은사주의 교회로 옮긴 것이다. 옮긴 교회는 예배가 활기차고, 통로에서 춤을 추기도 하고, 예언의 말씀을 선포하고, (극적인 음악과 함께) 치유 기도를 했다. 제인이 10대 시절에 교통사고를 당해 사지가 마비되었기 때문에, 치유 기도는 우리에게 특히 흥미로운 부분이었다.

모두가 제인을 좋아했다. 제인은 대가족을 하나로 묶어 주었다. 제인은 손을 사용하지 않고도 훌륭한 필체를 자랑했다. 편지를 쓸 때는 펜을 입에 넣고 조심스럽게 움직였다. 제인은 입으로 그림을 그렸다. 그 그림은 인쇄해서 엽서로 팔아도 될 정도로 아름다웠다. 제인은 우리 가족의 기념일을 챙기고 모임을 주도하는 사람이었으며, 남부 캘리포니아에서 우리 가족이 가장 사랑하는 안식처였다.

30년 전 일이지만, 제인과 함께 교회에 갔던 기억이 아직도 생생하다. 나는 제인이 반드시 자신의 두 발로 걸어서 교회를 나설 거라고 확신했다. 교회에 가는 내내 동생과 나는 성령님이 어떤 일을 하실지 흥분하여 떠들어댔다. 우리는 빨리 기적을 보고 싶었다!

그 당시 나는 겨우 14살이었다. 미성숙했던 탓이라고 생각하지만, 나는 제인의 입장에서 우리의 열렬한 신앙심이 어떤 느낌이었을지 전혀 생각해 보지 않았다. 우리의 흥분이 그녀에게 고통스럽거나 어색했을 수 있다는 생각은 전혀 하지 못했다. 그녀가 그 예배에서 걸어 나가지 않는다면 그녀의 믿음이나 우리의 믿음에 어떤 일이 일어날지 전혀 궁금해하지 않았다. 예수님과 달리, 나는 그녀에게 치유를 원하느냐고 물어 본 적이 없다.

그날 하나님은 그녀를 치유하지 않으셨다. 그녀는 휠체어를 타고 떠났다. 며칠 후, 한 무리의 기독교인들이 그녀를 찾아와 공공장소에서 휠체어를 에워싸고 치유를 위해 기도해도 되겠냐고 물었다. 그제야 나는 자신의 아픈 몸을 '고쳐주려는' 선의의 사람들, 심지어 낯선 사람들로부터 그토록 많은 관심을 받는 것이 얼마나 부담스럽고 어색한 일인지 깨달았다.

앞서 예수님의 치유 사역을 이야기한 적이 있는데, 그 사역은 내가 예전에 생각했던 것만큼 간단하지 않았다.

베다니 맥키니 폭스(Bethany McKinney Fox) 목사는 다양한 능력을 지닌 사람들과 장애를 지닌 사람들이 함께하는 교회를 꿈꿨고, 그 비전을 실현하기 위해 교회를 개척했다. 경험을 통해, 그녀는 주일예배에 대한 접근성 확보가 첫걸음일 뿐이라는 것을 깨달았다. 진정한 포용은 단순히 교회에 출석하는 것을 넘어, 리더십을 포함한 모든 수준에서 참여하는 것을 의미한다. 다양한 필요를 지닌 사람들이 온전히 참여할 수 있도록 하려면 훨씬 많은 아이디어와 계획이 필요하며, 운영 방식을 근본적으로 바꿔야 할 수도 있다. 장애를 경험하는 사람들을 그 과정에 초대하는 것은 필수적이다.

우리가 생각하는 것보다 훨씬 많은 사람이 장애를 경험하고 있다. 휠체어, 보행기, 지팡이 같은 명백한 징후 외에도, 청력 상실, 자폐증, 사회 불안, 만성 통증, 과민성 대장 증후군, 복강질환 같은 눈에 띄지 않는 장애들도 있다. 지난 일요일, 나는 아들이 화면이 아닌 인쇄된 주보에서 노래 가사를 읽는 것을 발견했다. 이유를 물었더니 화면이 흐릿하다고 했다. (안경을 써야 할 때가 온 것 같다.) 그 순간 나는 인쇄된 주보에 대해 처음으로 감사했다.

나는 최근에 기독교 학교와 교회가 공공 건물 및 기관에 대한 접근성 기준을 설정하는 미국 장애인법(Americans with Disabilities Act)의 적용 대상에서 제외된다는 사실을 알고 충격을 받았다.[6] 미국 장애인법이 제정될 때, 기독교 학교 연합회는 노후된 시설을 개조하는 데 따르는 재정적 부담 때문에 그 법을 준수하지 않으려고 열심히 싸웠다. 법무부 장관은 면제 대상을 교회와 교회 관련 단체로 확대했고, 그 결과 기독교 시설은 이 나라에서 접근이 가장 어려운 건물 중 하나가 되었다. 기독교인은 다른 사람들의 필요를 우선시하는 길을 선도해야 한다. 그런데 왜 우리는 다른 사람들을 돌보는 일을 우선시하는 데 가장 늦는 걸까?

장애와 형상

콜튼은 나의 책 『하나님의 이름을 새기다』의 두 번째 장에 등장하는 가상의 인물이다. 그때 나는 콜튼이 특별한 아이라는 사실을 말하지 않았다. 첫 번째 책에서 콜튼에 대해 언급했을 때는 그를 잘 알지 못했다. 지금은 훨씬 잘 알고 있다. 내가 퇴근해서 집에 돌아오면, 콜튼은 거의 매일 막다른 골목에서 클립보드를 손에 든 채 기다리고 있다. 내가 차창을 열고 멈춰 서면, 그는 나의 하루가 어땠는지 그리고 다음 책에 자신에 대해 썼는지 물어본다(오늘 드디어 그렇다고 답할 수 있게 되었다!). 콜튼은 나에게 코로나19 증상이 있는지 확인하고 클립보드에 메모를 한다.

그는 항상 남편이 저녁으로 뭘 만들었는지 알려 준다.

콜튼은 열여덟 살이고 나보다 키가 크다. 그는 종종 밖에서 자신만의 '홈 하드웨어'(Home Hardware: 캐나다의 유명한 철물점 체인—옮긴이) 매장을 차리고, 가상의 지게차들을 (음향 효과까지 완벽하게 재현하며) 지휘해서 짐을 옮겨 자신이 잘 볼 수 있는 곳에 내려놓게 한다. 매장을 감독하지 않을 때는, 동네를 돌아다니며 공원과 골목길에 버려진 쓰레기를 치운다. 눈이 오는 날에는 삽을 들고 나가서 집 앞뿐만 아니라 동네 전체의 눈을 치우기도 한다. 마을의 제설차가 우리 집까지 오려면 몇 주가 걸릴 수도 있기 때문이다. 방과 후에는 대부분 우리 집에 와서 대니얼의 집안일을 돕는다. 그들은 함께 차고를 청소하거나 부엌 바닥을 닦거나 마당일을 한다. 우리가 여행을 가면, 콜튼은 여러 차례 전화를 할 게 분명하다. 우리가 어디에 있는지, 날씨는 어떤지, 언제 집에 올지 등을 확인하기 위해.

콜튼의 독해력은 조금씩 좋아지고 있다. 아마도 이 페이지 전체를 외워서 나에게 다시 읽어 줄 거다. 모든 동네에 콜튼 같은 사람이 있어야 한다. 그는 쓰리 힐스(Three Hills)의 다른 어떤 주민 못지않게 이곳을 고향처럼 느끼게 하는 데 많은 기여를 했다. 콜튼은 모든 이웃을 살핀다. 이웃집 사람이 심장마비로 죽었다고 처음으로 알려 준 것도 콜튼이었다.

우리가 하나님의 형상을 이성이나 통치 능력으로 이해한다면, 인구의 상당수가 이 두 가지 영역에서 약점을 지녔다는 이유로 자격을 박탈당할 것이다. 그러나 장애를 지닌 사람들과 함께 살아간다는 것은 그 자체로 은혜다. 이러한 우정은 우리가 약점을 지닌 상태에서 편안함을 느끼는 법을 가르쳐 준다. 우리의 약점은 좌절의 장소가 아니라 다른 사람이 필요함을 보여 주는 장소, 즉 서로의 약점을 인정하고 함께하며 친밀한 유대감을 형성하는 장소가 된다. 콜튼은 내가 나 자신을 지나치게 엄격하게 평가하거나 자신의 문제에 매몰되지 않도록 나를 일깨워 준다. 내가 글을 얼마나 쓰든, 50자를 쓰든 500자를 쓰든, 그는 나와 함께 축하할 준비가 되어 있다.

우리 자신이 되어 가기

칠면조가 독수리를 품었다는 이야기를 들어보았을 것이다. 그 이야기에 따르면, 한 농부가 칠면조 둥지 중 하나에서 특이한 알을 발견하고 알이 부화할 때까지 그대로 두었다. 놀랍게도 그 알에서 독수리가 태어났다! 그러나 새끼 독수리에게는 독수리가 되는 법을 가르쳐 줄 사람이 없었다. 대신 새끼 독수리는 양육하는 어미 칠면조로부터 곡물을 쪼아 먹고 헛간을 돌아다니는 법을 배웠다.

어느 날 독수리 한 마리가 날아 내려와 울타리 근처에 앉았다가 칠면조들 사이에 있는 독수리를 보았다. 그는 당황하여 울타리에 있는 독수리에게 왜 날아가지 않느냐고 물었다. 어린 독수리는 자신과 비슷하게 생긴 새를 보고 깜짝 놀라며, "내가 날 수 있는지 몰랐어요!"라고 대답했다. 어른 독수리는 어린 독수리에게 나는 법을 가르쳤고, 어린 독수리는 곧 날아갔다. 자신이 누구인지, 무엇을 해야 하는지 아는 것이 모든 것을 변화시켰다.

우리는 이야기 속의 독수리다. 그러나 약간 다른 점이 있다.

모든 인간은 독수리이지만, 우리는 날아오르기보다 굼뜨게 걷고 쪼는 습성을 가지고 태어났다. 모든 인간은 하나님의 형상으로 만들어진 존재다. 그것이 우리의 정체성이다. 우리는 하나님과 친족 관계를 맺고 있으며, 그 친족 관계는 하나님과 관계를 맺을 수 있는 능력을 수반한다. 그러나 우리는 정체성에 따라 살기보다 '허망한 욕정에 따라 살다가 썩어 없어진다'(엡 4:22). 우리는 정체성을 잃어버린 게 아니라, 하나님이 의도하신 대로 정체성을 살아내지 못하고 있다.

히브리서의 저자는 예수님을 가리켜 "그는 하나님의 영광의 광채시요, 하나님의 본체대로의 모습이십니다"라고 말한다(히 1:3). 많은 사람이 이 구절을 근거로 예수님의 신성 때문에 예수님만이 하나님의 형상이고, 나머지 우리는 하나님의 형상**으로** 혹은 그 형상**에 따라** 만들어졌다고 결론을 내린다. 골로새서 1:15도 "그 아들은 보이지 않는 하나님의 형상"이라고 하지 않는가?

서론에서 설명한 것처럼, 나는 이 문제를 조금 다르게 본다. 신약성경에서 예수님이 하나님의 형상이라고 말할 때, 우리는 하나님의 형상이 아니라고 말하는 것이 아니다. 하나님의 형상으로서 예수님의 지위는 그분의 신성과 관련이 없다. 오히려 그것은 그분의 성육신을 가리킨다.[7] 인간으로서 예수님은 우리와 마찬가지로 하나님의 형상이기도 하다. 차이점은 예수님이 죄악된 욕망에 굴복하시지 않았다는 것이다. 그리스도 안에서 하나님의 영광은 온전히 드러난다(고후 4:4-6). 성경은 우리에게 그리스도를 바라봄으로써 우리 자신이 되는 법을 배우라고 권유한다. 우리는 주님의 영광을 바라봄으로써 주님과 같은 모습으로 변화한다(고후 3:18). 우리는 진정한 자신을 반영할 수 있도록 반드시 변화되어야 한다.

그리스도는 진정한 인간의 모습이 어떤 것인지 보여 주실 뿐 아니라, 우리를 그 충만함 속으로 초대하신다(골 2:9-10). 우리는 그리스도 밖에서 결코 우리 자신이 될 수 없다. 우리가 하나님과의 친족 관계 그리고 창조세계에 하나님의 영광을 나타내야 하는 소명과 분리하여 스스로를 정의한다면, 현대 사회에서 자신이 누구인지 찾으려는 노력은 결코 우리를 만족시킬 수 없다.

신학자 라이언 피터슨(Ryan Peterson)은 하나님이 인간 정체성의 기준점이라고 말한다.[8] 우리 모두는 각자 자신의 정체성을 어느 정도 형성해 나가며, 그러한 개별적 특성들이야말로 인간 존재의 가장 아름다운 부분이다. 하지만 피터슨은 우리가 그리스도를 더 닮아 가기 위해서는 "우리의 정체성 중 복음과 조화를 이루는 부분은 키우고, 복음과 상충되는 부분은—그 포기가 아무리 어렵고 고통스럽더라도—버려야 한다"라고 도전한다.[9] 이처럼 자아를 죽이는 고통스러운 작업은 우리가 예수님을 닮아 갈수록 더 큰 영광을 가져다준다.[10]

기억 상실을 겪거나 그 밖의 이유로 그리스도를 닮은 성품을 함양할 수 없는 사람들에게는 이것이 무엇을 의미할까? 바로 이 지점에서 인격체에 대한 이 개념의 진가가 드러난다. 우리의 정체성이 자기규정(self-definition)이 아닌 하나님께 뿌리를 두고 있다면, 기억 상실은 우리의 인격에 영향을 미치지 않는다. 이것은 하나님으로부터 멀어진다고 해서 하나님의 형상으로서 우리의 지위가 사라지지 않는 것과 같다. 인간의 존엄은 자신의 능력이나 자기 인식에 달려 있지 않다. 가족이 치매나 정신 질환 등으로 인해 인지 능력이나 기억력을 상실했을 때, 우리는 그들의 진정한 모습을 알고, 그들이 잊어버린 삶의 윤곽을 기억하며, 그들을 대신하여 우리 마음속에 그들의 인격을 담아 둔다.[11]

카일 스트로벨(Kyle Strobel)과 존 코(John Coe)는 "우리 영혼의 무게를 진정으로 감당할 수 있는 유일한 정체성은 그리스도 안에서 우리가 누구인가 하는 것이다. 그분 안에서 우리는 온전히 용납되고 온전히 용서받는다"라고 주장한다.[12] 앞서 나는 하나님의 형상이라는 인간의 정체성이 어떻게 변하지 않는지에 대해 말했다. 깨어지고 타락한 사람들도, 관련된 소명을 수행할 개인적 능력이 감소했을지라도, 하나님의 형상으로서의 지위는 유지된다. 우리는 그들이 하나님의 형상으로 창조되었다는 것을 알고 그에 따라 그들을 대해야 한다.

신학자 수잔 맥도널드(Suzanne McDonald)가 설명하듯,

우리 중 누구도 그리스도 안에서 우리를 향하신 하나님의 충만한 관계와, 그리스도 안에서 하나님을 향한 우리의 관계를 알기 전까지는 우리 자신이나 타인을 있는 그대로 알 수 없을 것이다. 우리의 삶과 진정한 인격은 그리스도와 함께 하나님 안에 감추어져 있다. 우리는 [그리스도께서 다시 오실 때에야] 비로소 우리가 누구인지 알게 될 것이다. 그때 우리는 하나님이 우리를 아시는 것처럼 우리 자신을 알게 될 것이고, 얼굴과 얼굴을 마주 볼 때 우리가 창조된 본래의 모습으로 완전히 변화될 것이다.[13]

이것을 염두에 두고, 우리는 궁극적인 결론에 주목한다. 이 모든 것은 어디를 향하고 있으며, 우리는 어떤 존재가 되어 가고 있을까?

열렬한 기대

이미 언급했듯이, 하나님의 형상이라는 것은 하나님과의 친족 관계를 의미한다. 즉, 우리는 하나님 가족의 일부다. 그렇다면 "아들의 신분"에 대한 신약성경의 표현을 어떻게 설명할 수 있을까?(롬 9:4) 우리가 이미 아들이라면 어떻게 입양될 수 있을까?

그 단서 중 하나는 예수님을 "맏아들"로 지칭한 것이다(롬 8:29). 나는 8장에서 우리가 어떻게 "다시 태어나야" 하는지에 대해 말했다. 예수님의 맏아들로서의 지위가 바로 이 현실의 일부다. 신약성경은 예수님을 새로운 창조를 위해 새로운 인류를 대표하는 "새로운 아담"으로 묘사한다.[14] 하나님의 가족에는 그리스도의 죽음과 부활에 동참하고 썩지 않을 몸으로 부활하는 이들이 포함될 것이다. 맏아들이신 그리스도는 종말론적(말세의) 하나님 가족의 상속자이시다. 그리스도와의 연합을 통해, 우리는 예수님의 상속자로서의 지위에 포함된다.

로마서 8장은 우리의 미래를 영광스럽게 그리고 있다. 지금은 삶이 고통스러울지 모르지만, 우리는 엄청난 영광을 받을 차례를 기다리고 있다. 모든 피조물이 그 순간을 숨죽이며 기다린다. 인간이 창조의 면류관일지는 모르나, 우리의 영광이 회복되는 것은 온 우주에 영향을 미치는 거대한 사건이다.15) 바울이 쓴 것처럼, "그것은 곧 피조물도 썩어짐의 종살이에서 해방되어서, 하나님의 자녀가 누릴 영광된 자유를 얻으리라는 것입니다"(롬 8:21). 한편, 우리는 여전히 미래의 현실인 '자녀로 삼아 주실 것'을, 곧 '우리 몸을 속량하여 주실 것'을 고대하고 있다(롬 8:23). 우리 몸 자체가 속량될 것이다. 분명 창조는 여전히 중요하다.

로마서 8장의 가장 유명한 구절인 28절을 NIV는 다음과 같이 옮겼다. "그리고 우리는 하나님이 모든 일에서 하나님을 사랑하는 자, 곧 그분의 목적에 따라 부르심을 받은 자들의 선을 위해 일하신다는 것을 안다." 신약학자 헤일리 고랜슨 제이콥(Haley Goranson Jacob)은 다른 번역을 주장한다. "하나님은 하나님을 사랑하는 자, 곧 그분의 뜻에 따라 부름받은 **자와 함께** 모든 것을 선하게 행하신다."16) 제이콥의 번역이 옳다면, 로마서 8:28에서 바울이 강조하는 바는 우리가 다가올 구원을 그저 가만히 앉아 기다려서는 안 된다는 것이다. 대신 우리는 새롭게 하시는 하나님의 사역에 적극적으로 동참한다. 제이콥이 설명하듯, 우리는 "창조세계 안에서 하나님을 대표하고…그 창조세계에 속량을 가져오는 일에 하나님과 협력한다."17) 이것은 창세기 1-2장에 나오는 하나님의 형상으로서의 인간의 모습과 시편 8편에 나오는 인간의 고귀한 통치에 대한 묘사와 일치한다. 제이콥이 설명하듯, 그 청사진은 궁극적으로 "하나님의 맏아들과 그분의 높아지신 지위, 즉 그분의 영광에 참여하는 자들"을 통해 실현된다.18)

로마서 8:29에 따르면, 하나님은 '미리 아신 사람들을 택하셔서, 자기 아들의 형상과 같은 모습이 되도록 미리 정하셨다.'[19)] 제이콥은 이러한 닮아 감을 "우주 안에서 통치하는 하나님의 대리자로서 그분[예수님]의 역할에 참여하는 것"이라고 묘사한다.[20)]

왕실 가족이 된 것을 환영한다!

핵심 개념

- 복음은 인종이나 신체적, 인지적 능력으로 나뉘지 않는 인간 공동체를 가능하게 한다.
- 진정한 공동체는 함께하는 신체적 만남과 성찬의 공동 참여를 통해 실현될 수 있다.
- 우리는 하나님의 왕실 가족으로 온전히 입양되는 것을 경험하고, 장차 몸이 구속되고 영화롭게 되는 미래를 맞이할 것이다.

더 깊은 연구를 위하여

Cohick, Lynn H. *The Letter to the Ephesians*. NICNT. Grand Rapids, MI: Eerdmans, 2020. 『NICNT 에베소서』(부흥과개혁사).

* Fox, Bethany McKinney. *Disability and the Way of Jesus*. Downers Grove, IL: IVP Academic, 2019.

Jacob, Haley Goranson. *Conformed to the Image of His Son: Reconsidering Paul's Theology of Glory in Romans*. Downers Grove, IL: IVP Academic, 2018.

* Kapic, Kelly M. *You're Only Human: How Your Limits Reflect God's Design and Why That's Good News*. Grand Rapids, MI: Brazos, 2022.

* Stevenson, Bryan. *Just Mercy: A Story of Justice and Redemption*. New York: Spiegel & Grau, 2015.

Wills, Richard Wayne, Sr. *Martin Luther King Jr. and the Image of God*. New York: Oxford University Press, 2009.

바이블 프로젝트 관련 영상: "에베소서 개요", "빌레몬서 개요"

10 창조세계에서 새 창조세계로

하늘에서와 같이 땅에서도

예수님이 다시 오셨다고 생각했던 중학생 시절을 잊을 수 없다. 거실에서 책을 읽고 있는데 갑자기 나팔소리가 들렸다. 나는 깜짝 놀라 현관으로 뛰쳐나갔다. 예수님이 구름을 타고 오시는 모습을 볼 수 있을 거라고 생각한 것이다. 이때가 바로 우리 모두가 기다려 온 순간이었을까?

그렇지 않았다. 실망스럽게도, 괴짜 이웃이 자신의 차에 새로운 경적을 설치했던 것이다. 그는 스테레오 시스템을 업그레이드하여 우리가 한 블록 이상 떨어진 곳에서도 자신이 오는 것을 느낄 수 있도록 했다. 그의 차에서 나오는 쿵쾅거리는 저음이 우리 집을 휩쓸고 지나가면 도자기 그릇이 들썩였다. 그는 바퀴를 더 큰 것으로 교체하고 밝은 녹색 휠캡을 장착했다. 우리 이웃은 눈길을 끌 수밖에 없었다. 이 차를 세차하고 왁스칠하는 건 이미 부업 수준이었다. 그는 이제 새로운 경지에 이르렀다. 일반적인 경적 대신, 그의 차는 왕의 행차를 알리는 듯한 나팔소리를 냈다. 현관에 서서 저게 예수님일 거라고 생각했던 내가 어리석게 느껴졌다.

그렇다면 진짜로 예수님이 다시 오실 때는 어떤 일이 일어날까? 대다수의 기독교인은 예수님이 미래에 육신을 가지고 모두가 볼 수 있게 재림하실 것이라는 기대를 공유하고 있다. 그러나 그 다음에 일어날 일은 논쟁의 대상이다. 어떤 사람들은 우리의 최종 목적지가 천국이라고 생각하고, 어떤 사람들은 예수님의 재림이 창조의 회복을 알리고 지상에서 하나님의 통치를 시작할 것이라고 주장한다. 이 차이는 우리가 지금 이 세상 속에서 자신을 어떻게 바라보느냐에 지대한 영향을 미친다. 우리가 천국에 갈 수 있다면, 우리가 이 세상을 어떻게 대하느냐가 그렇게 중요한 문제일까? 대학에 다니던 시절, 내가 아는 많은 복음주의자들이 물었다. 왜 가라앉는 배의 놋쇠를 닦으려는 거야? 아니면 왜 타이타닉의 갑판 의자를 재배치하려는 거야? 우리는 휴거를 기다리고 있었고, 천국에서 영원히 지낼 텐데, 굳이 왜 이 세상을 돌보는 일에 신경 쓰고 걱정해야 할까?

휴거에 대해서는 어떻게 생각해야 하는가?

오늘날 많은 미국 복음주의 교회가 휴거를 당연한 것으로 받아들이지만, 그것이 비교적 최근에 생겨난 개념이라는 사실에 놀랄 수도 있다. 1800년대 이전에는, 기독교인들이 큰 환난이 일어나기 전에 예수님이 몰래 자신들을 하늘로 데려가실 거라고 기대하지 않았다. 내가 젊은 시절에 팀 라헤이(Tim LaHaye)와 제리 젠킨스(Jerry Jenkins)가 쓴 "레프트 비하인드"(Left Behind) 시리즈가 엄청난 인기를 끌면서, 한 세대 전체가 휴거 사상에 푹 빠지게 되었다. (a) 라헤이와 젠킨스가 휴거를 개발한 것은 아니다. 이 개념은 존 넬슨 다비(John Nelson Darby)의 가르침에서 비롯되었으며, 1909년에 출판된 스코필드 주석 성경(Scofield Reference Bible)에 의해 대중화되었다.(b)

휴거에 대한 개념은 일반적으로 신약성경의 두 가지 본문에 근거한다.(c) 두 본문 모두 자세히 살펴볼 가치가 있다. 언제나 그렇듯이, 확고한 신학적 결론을 내리기 전에 문학적, 역사적 맥락을 고려하는 것이 중요하다.

첫 번째 본문은 마태복음 24:36-41이다. 이 섹션에서 예수님이 가르치시려는 바는 마태복음 24:42에 요약되어 있다. "그러므로 깨어 있어라. 너희는 너희 주님께서 어느 날에 오실지를 알지 못하기 때문이다." 예수님의 정확한 재림 시간은 미스터리다. 따라서 우리는 항상 준비되어 있어야 한다. 바로 앞의 구절은 휴거를 묘사하는 것으로 가장 자주 생각되는 구절이다. "홍수가 나서 그들을 모두 휩쓸어 가기까지, 그들은 아무것도 알지 못하였다. 인자가 올 때에도 그러할 것이다. 그 때에 두 사람이 밭에 있을 터이나, 하나는 데려가고, 하나는 버려둘 것이다"(마 24:39-40). 이 구절을 바탕으로 젠킨스와 라헤이는 '버려진'(left behind) 자들의 끔찍한 운명을 상상했다. 두 사람이 생각할 때, 휴거를 놓친 사람들은 상상할 수 없는 고통을 겪게 될 것이다. 그들의 영원한 운명이 제때 확보되었다면, 그들은 이런 시련을 피했을 것이다.

하지만 '데려가고'(taken)는 어떤 의미일까? 우리가 몇 절만 거슬러 올라가 보면, 전체적인 틀이 뒤집힌다.

"노아의 때와 같이, 이 인자가 올 때에도 그러할 것이다. 홍수 이전 시대에, 노아가 방주에 들어가는 날까지, 사람들은 먹고 마시고 장가가고 시집가며 지냈다. 홍수가 나서 그들을 모두 휩쓸어 가기까지, 그들은 아무 것도 알지 못하였다. 인자가 올 때에도 그러할 것이다"(마 24:37-39). 노아 이야기에서 누가 멸망당하는 것일까? 그것은 하나님의 심판의 물결에 휩쓸려 간 사람들이었다. 다시 말해, 우리가 노아라면, 우리는 남겨지고 싶을 것이다. 예수님은 노아를 밭에 있는 사람들과 곡식을 빻는 여인들과 직접적으로 연결하신다. 남겨진(left behind) 사람들은 하나님의 심판에 의해 정죄받지 않은 사람이다. 그들은 하나님의 재림을 기다리는 사람이다. 나는 여기서 휴거를 볼 수 없다. 하나님을 신실하게 따르는 자들은 다른 곳으로 떠나지 않는다. 그들은 머물러 있다.

두 번째로 사람들이 휴거 개념을 뒷받침하는 데 사용하는 핵심 구절은 데살로니가전서 4:17이다. 이 구절 역시 예수님의 재림에 관한 구절이다.

> 주님께서 호령과 천사장의 소리와 하나님의 나팔 소리와 함께 친히 하늘로부터 내려오실 것이니, 그리스도 안에서 죽은 사람들이 먼저 일어나고, 그 다음에 살아 남아 있는 우리가 그들과 함께 구름 속으로 이끌려 올라가서, 공중에서 주님을 영접할 것입니다. 이리하여 우리가 항상 주님과 함께 있을 것입니다. (살전 4:16-17)

여기서 믿는 자들이 공중으로 올라가 예수님을 만날 거라는 점은 분명해 보인다. 그리고 우리는 그렇게 될 것이다! 하지만 이것이 비밀스럽게 일어나는 일이 아니라는 점에 유의해야 한다. 예수님의 재림은 나팔소리와 함께 크게 선포될 것이다.

예수님의 재림이 비밀스러운 휴거가 아니라면, 그것은 무엇일까? 문화적 맥락을 살펴보면 이 사건이 어떤 의미인지 이해할 수 있다. 신약 시대에 왕이 전쟁에 나가 승리를 거두고 돌아오면, 백성들은 달려 나가 그를 맞이하고 기뻐하며 성 안으로 안내했다. 그리스어 '아판테시스'(*apantē-sis*)는 이 '만남'을 가리키는 단어다. 후크마(Hoekema)는 다음과 같이 설명한다.

> '아판테시스'는 신약 시대에 한 도시가 방문하는 귀빈을 공개적으로 환영할 때 사용되던 전문 용어다. 사람들은 일반적으로 도시 밖으로 나가 귀한 손님을 맞이한 다음, 그와 함께 다시 도시 안으로 들어갔다. 이 단어가 전달하는 비유에 근거하여 볼 때, 바울이 여기서 말하는 바는 부활하고 변화된 신자들이 주님이 하늘에서 내려오실 때 그분을 맞이하기 위해 구름 속으로 들려 올라간다는 것이다. 이는 이 기쁨의 만남 후에 그들이 주님과 함께 다시 땅으로 돌아올 것을 시사한다.(d)

데살로니가전서 4장에 묘사된 장면은 요한복음 12장에 나오는 그리스도의 예루살렘 입성과 유사하다.

> 다음날에는 명절을 지키러 온 많은 무리가, 예수께서 예루살렘에 들어오신다는 말을 듣고, 종려나무 가지를 꺾어 들고, **그분을 맞으러 나가서**['휘판테시스', *hypantēsis*]
> "호산나!
> 주님의 이름으로 오시는 이에게 복이 있기를!
> 이스라엘의 왕에게 복이 있기를!"
> 하고 외쳤다. (요 12:12-13, 강조는 저자)

솔직히 말해, 이 두 구절이 아니면 우리는 휴거에 대한 근거를 찾을 수 없다. 물론 예수님은 눈에 보이게 재림하실 것이고, 우리는 승리하신 왕으로 그분을 맞이하기 위해 들려 올라갈 것이다. 그래서 그분과 이 세상으로 동행할 것이다. 우리의 '휴거'는 이 세상의 문제로부터 벗어나는 것이 아니라, 황홀하게 예수님을 대면하고, 만물을 회복하시는 그분의 변혁적인 사역에 동참하는 바로 그 순간이다.

나는 10대 시절에 "틴 매니아 미니스트리"(Teen Mania Ministries: 미국의 대규모 청소년 선교 단체—옮긴이)와 함께 베네수엘라로 한 달 동안 선교 여행을 다녀왔다. 우리는 수도 카라카스를 여행하면서 거리, 학교, 교도소에서 연극 공연을 하고 사람들에게 예수님을 소개했다. 그것은 나를 깊이 변화시킨 특별한 경험이었다. 1990년대의 모든 청소년 행사에서 흔히 그랬듯이, 우리는 그 감격스러운 순간을 기념하기 위해 기독교 티셔츠를 사 입었다. 그중 한 셔츠는 완전히 잘못 제작되었다. 앞면에는 "이 세상은 나의 집 아니네"(This World Is Not My Home)라는 문구로 둘러싸인 지구본 그림이 그려져 있었다(스페인어 버전에서는 "Este Mundo No Es Mi Hogar"로 표기됨). 뒷면에는 다음과 같은 문구가 적혀 있었다.

이 세상은 나의 집 아니네,
비록 그리 보일지라도.
나의 본향은 나의 하나님과 함께

나를 위해 예비된 곳에 있네.

그분은 곧 다시 오시네,

그 징조 매우 분명하니.

나팔소리 울릴 그 때에

나는 이곳을 벗어나리.

나는 그 셔츠를 산 적이 없다. 나는 하나님이 모든 민족에게 복음을 전파하는 사명을 내게 주셨다고 믿었다. "나는 이곳을 벗어나리"는 많은 기독교인의 도피주의적 사고방식을 잘 보여 준다. 그러나 그것은 인간의 소명과 만물을 새롭게 하시려는 하나님의 의도에 관한 성경의 가르침과 상충된다.

이 관점은 성경에 근거하지 않을 뿐더러, 오늘날의 삶에 잠재적으로 치명적인 결과를 초래할 수 있다. 내 운명이 다른 곳에 있다고 믿는다면, 왜 이 땅의 장기적인 건강에 투자해야 할까? 내가 다른 곳에 속해 있다면, 왜 여기에 사업과 학교, 사회를 건설하는 데 시간을 소비해야 할까? 왜 무언가를 창조해야 할까? 그냥 기다리면 되는 게 아닐까?

이것이 바로 성경의 가르침에 비추어 우리의 운명을 다시 생각해야 하는 이유다. 예수님은 제자들에게 이렇게 기도하라고 가르치셨다. "그 나라를 오게 하여 주시며, 그 뜻을 하늘에서 이루심 같이, **땅에서도** 이루어 주십시오"(마 6:10). 창조세계는 여전히 중요하다.

사실, 기독교는 육체적 부활과 그리스도의 지상 통치를 기대했기 때문에 로마제국에 위협으로 여겨졌다. 황제들은 이 세상이 중요하지 않으며, 하나님이 인류에 대해 주장하시는 것은 영적이고 사적이며 대부분 다른 세상과 관련이 있다고 주장하는 사람들에게 위협을 느끼지 않았다. 하지만 기독교인들은 부활하신 예수님이 이 세상을 자신의 것이라고 주장하신다고 믿었기 때문에 반역자로 간주되었다. 예수님의 제자들은 하나님 나라가 실체적인 왕국이 되어 로마의 왕권 주장에 도전장을 내밀 것이라고 생각했다.[1]

몇 년 후에 읽은 두 권의 책이 인간의 운명에 대한 나의 생각을 극적으로 바꿔 놓았다. 이 책들은 내가 1990년대 티셔츠에 대해 느꼈던 불안감을 이해하는 데 도움이 되었다. 첫 번째 책은 안토니 후크마의 『개혁주의 종말론』(The Bible and the Future)으로, 신학교에서 알게 되었다. 두 번째는 리처드 미들턴의 『새 하늘과 새 땅』(A New Heaven and a New Earth: Reclaiming Biblical Eschatology)으로, 이 책은 내가 가지고 있던 미래에 대한 모든 의구심을 해소해 주었다. N. T. 라이트의 『마침내 드러난 하나님 나라』(Surprised by Hope)도 비슷한 접근 방식을 취하고 있다. 세 권의 책은 모두 천국이 우리가 영원히 도망칠 수 있는 먼 곳이 아니며, 이 땅이 불타 없어질 운명도 아니라고 주장한다.[2] 이 주제에 대해서는 다음에 이야기하겠다.

권세에 대항하다

3장에서 우리는 우리의 세상과 평행을 이루며 존재하는 보이지 않는 세계에 대해 이야기했다. 그들은 하나님의 통치에 반역하여 창조의 명령을 수행하지 못하는 영들이다. 이제 성경 여정의 끝이 가까워졌으니, 이 반항적인 권세에 대해 다시 생각해 봐야 한다. 새로운 창조세계에서는 그들에게 무슨 일이 일어날까? 그리고 현재의 창조세계에서는 무슨 일이 일어날까?

그 답을 찾기 위해 우리는 골로새서로 돌아간다. 바울에 따르면, 하나님은 그리스도의 사역을 통해 "하늘에 있는 것들과 땅에 있는 것들, 보이는 것과 보이지 않는 것들, 즉 보좌나 권세나 정사나 권세 있는 모든 것을 만드셨습니다. 모든 것이 그로 말미암아 지은 바 되었으며, 그를 위하여 지은 것입니다"(골 1:16). 바울이 옳다면(나는 그가 옳다고 믿는다), 하나님의 뜻을 적극적으로 수행하지 않는 영적 존재는 (악마든 아니든) 창조된 목적에 반하는 적극적인 반란을 일으키는 것이다. 그리스도의 목적은 "그분의 십자가의 피로 평화를 이루셔서, 그분으로 말미암아 만물을, 곧 땅에 있는 것들이나 하늘에 있는 것들이나 다, 자기와 기꺼이 화해"시키시는 것이었다(골 1:20).

어렸을 때 나는 사탄의 반역에 대해 괴로워했다. 나는 사탄이 회개하고 하나님과 화해하기를 간절히 기도했다. 십자가는 영적 영역에서 일어나는 반역에 대한 해답이다. 바울은 계속해서 설명한다. "모든 통치자들과 권력자들의 무장을 해제시키시고, 그들을 그리스도의 개선 행진에 포로로 내세우셔서, 뭇 사람의 구경거리로 삼으셨습니다"(골 2:15; 또한 벧전 3:22 참조). 예수님의 죽음은 우리에게 용서를 가져다주었을 뿐 아니라 우리를 창조주와 화해하게 만들었고, 보이는 것과 보이지 않는 모든 반역에 대해 종말을 알리는 신호가 되었다.

바울만 이런 식으로 세상을 본 것은 아니다. 이사야는 이것을 훨씬 더 일찍 예견했다. 이사야 24장에서, 예언자는 온 인류가 계속 언약을 어겼기 때문에 야웨께서 온 땅에 심판을 내리실 미래의 날에 대해 이야기한다. 대부분의 예언서는 이스라엘 백성의 언약적 불성실만 비난하지만, 이사야 24장은 하나님의 심판을 우주적 범위로 확대한다. 이사야는 "그 날이 오면, 주님께서, 위로는 하늘의 군대를 벌하시고, 아래로는 땅에 있는 세상의 군왕들을 벌하실 것이다"라고 선언한다(사 24:21). "하늘의 군대"는 수명이 다한 지상 통치자들과 대응되는 보이지 않는 영역의 통치자들을 가리킨다. 천사든 인간이든, 이러한 권세는 감금되고 처벌받을 것이다(사 24:22). 이사야는 그날을 묘사하기 위해 생생한 우주적 이미지를 사용한다.

> 달은 볼 낯이 없어 하고,
>   해는 부끄러워할 것이다.
> 주님께서 시온 산에 앉으셔서
>   예루살렘을 다스릴 것이며,
>   장로들은 그 영광을 볼 것이다. (사 24:23)

이 시점에서 당신은 약간 혼란스러울 수 있다. 이것이 해와 달과 무슨 관계가 있을까?

천체와 왕권의 관계는 창세기 1장에 이미 확립되어 있다. 해, 달, 별은 하늘을 다스리기 위한 목적으로 4일째에 명시적으로 창조되었으며, 이는 인간이 땅을 다스리기 위해 6일째에 창조된 것과 같다. "하나님이 두 큰 빛을 만드시고, 둘 가운데서 큰 빛으로는 낮을 **다스리게** 하시고, 작은 빛으로는 밤을 **다스리게** 하셨다"(창 1:16, 강조는 저자). 성경에 따르면, 해와 달과 별은 단순한 장식이 아니며, 우리가 일할 수 있도록 단순히 빛을 제공하는 것도 아니다. 우리의 주된 임무가 이 땅에서 질서를 유지하는 것이듯, 그들의 주된 임무는 날, 해(年), 절기를 정하는 것이다.

왜 해와 달이 부끄러워할까? 해와 달과 별이 지닌 질서 유지의 성격 덕분에, 그것들은 보이지 않는 권세와 인간 통치자 모두에게 적절한 유비가 된다. 왜냐하면 이들 모두는 생명을 불어넣는 방식으로 하나님의 통치를 행사하도록 세워졌기 때문이다. 결과적으로 구약의 예언자들이 우주적 이미지를 사용하여 왕국의 흥망성쇠를 묘사하는 것은 매우 흔한 일이다. 이사야가 해와 달을 언급할 때, 그는 하나님의 영광을 빼앗은 통치자들을 말하는 것이다. 하나님의 영광스러운 통치가 회복되면, 이 가짜 통치자들은 부끄러움을 당하게 될 것이다. 그들이 얼마나 거짓된 존재인지 만천하에 드러날 것이다.

리처드 미들턴은 마태복음 24장과 요한계시록 6장에서 하늘의 별이 떨어지는 개념이 이사야 34:4의 그리스어 번역본에서 비롯된 것이라고 설명한다. 이사야 34:4은 "타락한 하늘의 존재로서의 별이 하나님의 재림 때 심판받을 것"이라는 개념을 담고 있다.[3] (구약성경 영역본은 일반적으로 히브리어 본문을 기반으로 하기 때문에, 우리는 이 연결 고리를 쉽게 놓칠 수 있다.) 미들턴은 별과 통치자 사이의 이러한 연관성이 분명하게 드러나는 또 다른 구절을 언급하는데, 예를 들어 이사야 14장에서는 바빌론의 왕이 떨어진 별로 묘사된다.[4] 미들턴은 다음과 같이 결론을 내린다. "따라서 신약성경에서 하늘의 별이 떨어지는 이미지는 우주의 일부가 문자 그대로 소멸되는 것을 의미하기보다, 하나님 나라가 도래하는 것과 관련된 타락한 하늘의 권세들에 대한 종말론적(즉, 마지막 때의) 심판을 가리킬 가능성이 높다"[5] 이러한 구절을 창조된 세계의 파괴로 읽는 것은 구약성경의 배경을 고려하지 못한 결과다.

베드로후서 3:10도 광대한 우주적 파괴의 모습을 묘사하는 것 같다. "그 날에 하늘은 요란한 소리를 내면서 사라지고, 원소들은 불에 녹아버리고, 땅과 그 안에 있는 모든 일은 드러날 것입니다." 그러나 땅이 파괴되는 것이 아니라 "드러날 것"이라는 점에 주목하라. 파괴될 "원소"는 정확히 무엇일까? 어떤 사람들은 이 단어가 물리적 우주의 기본 구성 요소를 의미한다고 주장하지만, "원소"는 해, 달, 별 또는 타락한 천사적 힘을 의미할 수도 있다. 별과 통치자가 성경에서 자주 연결되기 때문에, 미들턴은 베드로후서 3:10에서 "하나님이 하늘의 악마적 세력을 파괴하시고 우주의 상층부를 걷어내 땅을 신적인 심판에 노출시키시는" 모습을 떠올릴 수 있다고 주장한다.[6]

베드로후서 3장 같은 구절에서 언급된 불은 파괴적인 힘이 아니라 하나님의 정화하는 불이다. 마태복음 24장과 요한계시록 6장 같은 구절들에 나오는 우주적 언어의 대부분은 구약의 예언서에서 온 이미지를 활용하며, 대규모의 사회적 격변과 반역적인 통치자들이 그들의 왕좌에서 제거되는 것으로 이해하는 것이 적절하다.[7]

부패한 정부와 적대적인 영적 권세들 때문에 괴로워하고 있다면, 좋은 소식은 하나님이 모든 반역적인 존재를 끌어내려 멸하실 것이라는 점이다. 그들의 통치로 인한 악영향은 완전히 사라질 것이며, 창조세계는 하나님이 의도하셨던 상태로 회복될 것이다. 하나님의 심판에 휩쓸리지 않은 우리는 기쁨으로 이 새롭게 된 창조세계로 인도될 것이다!

당신은 정원사인가요?

새 창조에 대해 생각할 때, 나는 예수님의 부활 이야기, 곧 막달라 마리아가 무덤에서 울고 있을 때 예수님이 그녀에게 오시는 순간으로 돌아가고 싶다. 여기 한 여성이 있다. 이 여성은, 예수님이 그녀를 사로잡았던 악한 권세를 물리치시고 그녀가 창조된 본연의 모습으로 자유롭게 되도록 해 주셨기 때문에, 평생을 예수님께 헌신했다. 그녀는 예수님의 죽음을 슬퍼하고 있지만, 동시에 자신을 구해 준 예수님의 시신이 학대받는 것처럼 보이는 상황에 대해서도 슬퍼하고 있다. 그것은 그녀가 감당하기에 버거운 일이었다.

마리아를 혼란스럽게 하는 빈 무덤은 인류 역사상 최고의 소식이지만, 그녀는 아직 그것을 깨닫지 못한다. 예수님은 "왜 울고 있느냐?"라고 물으신다. 그녀의 시야가 눈물로 인해 흐려졌을까? 슬픔에 눈이 멀었을까? 예수님이 뒤에서 다가오신 것일까? 어떤 이유에서인지 마리아는 예수님을 바로 알아보지 못한다. 그녀는 "여보세요, 당신은 정원사인가요?"라고 묻는다(요 20:15 참조).

그분은 누구일까? 그녀가 생각하는 사람은 아니지만, 그분은 자신이 만드신 인간과 교제하기 위해 실제로 동쪽, 에덴에 정원을 만든 분이다. 그분은 흙을 갈고 나무를 가지 치며 익은 열매를 거두는 일을 멈추지 않는 분이다. 이 정원사는 잡초가 무성하고 굳어진 이 땅을 결코 포기하지 않으셨다. 그분은, C. S. 루이스의 말처럼, 그곳을 되찾기 위해 "지옥"까지 갔다 올 정도로 노력을 기울이셨다.

나는 대학에서 이 주제를 발견했을 때를 잊지 못한다. 구약신학 시간에, 우리는 성경 전체를 관통하여 추적할 수 있는 하나의 주제나 이미지를 선택해야 했다. 나는 시작에 정원이 있고 마지막에도 정원이 있다는 것을 알고 있었기에, 그 중간에도 정원이 있는지 살펴보기로 했다. 정말 재미있는 탐구였다! 나는 성전 안에 있는 정원의 이미지를 발견했다. 또한 약속의 땅이 정원처럼 묘사되었다는 것, 반역의 결과로 결실을 맺는 능력을 잃었다는 것, 그리고 예수님이 가장 큰 유혹을 받으셨던 순간들 역시 정원에서 일어났다는 것을 발견했다. 나는 성경이 하나의 장엄한 이야기를 들려주고 있으며, 그 이야기의 결말이 처음에 제기된 문제들에 대한 해결책을 제공한다는 것에 더욱 확신을 갖게 되었다. 만약 창조세계가 요한계시록에서도 여전히 중요하다면, 하나님의 형상으로서의 우리의 소명 또한 여전히 유효한 것이다.

요한계시록에 나오는 요한의 환상 마지막 장들은 우리의 영광스러운 미래를 드러낸다. 인간이 하늘로 올라가는 게 아니라, 하늘이 정육면체의 정원 도시인 새 예루살렘의 형태로 우리에게 내려온다. 마침내 하늘과 땅이 다시 교차한다. 인간의 문명은 착취적인 권력과 탐욕이 아닌 선함으로 특징지어질 것이다. 요한의 환상은 이전의 예언서들에 등장한 수많은 실타래를 엮어 낸다. 생명나무에 영원히 접근할 수 있는 에덴동산, 온갖 종류의 과일, 열두 지파를 상징하는 열두 성문의 보석 기초들, 에스겔의 성전 환상에 나오는 생명수가 흐르는 강, 그리고 모든 민족의 참여. 바로 이곳에서 우리는 가장 참된 인간 본연의 모습이 되어, 하나님의 형상으로서의 역할을 수행하며, 창조세계를 잘 다스리고 우리의 창조주를 섬기는 청지기 직분을 감당하게 될 것이다. 그 도시의 정육면체 모양은 이스라엘 성막의 지성소 크기를 모방하지만, 한 가지 핵심적인 차이가 있다. 그것은 바로 새 예루살렘이 창조세계 전체를 아우른다는 것이다.[8] 새 창조세계의 어떤 부분도 하나님의 임재로부터 감추어지지 않는다. 해가 없다는 것은 시간을 표시하기 위한 절기가 더 이상 필요 없음을 의미한다(창 1:14 참조). 매일이 하나님의 영광스러운 임재 속에서 보내질 것이다.

환상의 절정에서 우리 정체성의 두 가지 주요 차원이 어떻게 합쳐지는지 주목하라.

> 다시 저주를 받을 일이라고는 아무것도 그 도성에 없을 것입니다. 하나님과 어린 양의 보좌가 도성 안에 있고, 그의 종들이 그를 예배하며, 하나님의 얼굴을 뵐 것입니다. 그들의 이마에는 그의 이름이 적혀 있고, 다시는 밤이 없고, 등불이나 햇빛이 필요 없습니다. 그것은 주 하나님께서 그들을 비추시기 때문입니다. 그들은 영원무궁하도록 다스릴 것입니다. (계 22:3-5)

에덴의 저주가 끝난다. 하나님의 임재가 인간 사회의 한가운데에 회복된다. 그분의 임재 속에서 기쁨을 누리는 이들은 바로 그분의 이름을 지닌 사람들일 것이다. 구속받은 인류는 태초부터 그들에게 맡겨진 일을 하게 될 것이다. 바로 하나님의 대사(ambassador)로 통치함으로써 그분을 섬기는 것 말이다.

새 예루살렘은 공동체의 모든 구성원에게 안전한 곳이다. 우리는 공격, 마술, 음행, 살인, 이단 행위, 또는 거짓 고발의 희생자가 될 것을 두려워할 필요가 없다(계 22:15). 모든 반항적인 세력은 패배했고, 그곳으로 들어올 수 없다. 도시의 모든 사람은 예수님의 보혈로 씻기고 생명나무의 열매를 마음껏 먹을 것이다(계 22:14).

이 소망은 희망사항이 아니다. 유진 피터슨이 말하듯, "소망은 꿈꾸는 것이 아니다. 그것은 우리의 지루함이나 고통으로부터 우리를 보호하기 위해 착각이나 환상을 만들어 내는 것이 아니다. 소망은 하나님이 말씀하신 바를 행하실 것이라는 확신에 찬, 깨어 있는 기대를 의미한다. 그것은 믿음의 굴레에 씌워진 상상력이다."[9] 정원사이신 예수님은 새 창조세계를 가꾸는 일에 동참하도록 우리를 초대하신다.

혁명에 동참하라

요한계시록에 관해 이야기할 때, 사람들은 보통 두 가지 태도 중 하나를 취하는 경향이 있다.

어떤 사람들은 요한계시록에 과도하게 몰입하여 미래에 대한 단서를 찾으려고 샅샅이 뒤지고, 마치 종말의 징조라도 포착하려는 듯 일간지의 기사와 요한계시록을 함께 읽기도 한다. 이런 사람들에게 요한계시록은 흥미진진한 퍼즐과 같다. 반면에 어떤 사람들은 요한계시록을 멀리한다. 그들은 요한계시록이 무섭거나, 이상하거나, 너무 혼란스럽게 느껴져서, 차라리 다른 누군가가 알아서 이해하도록 내버려두는 편을 택한다.

아이러니하게도, 요한계시록은 두 가지 효과 중 어느 것도 의도하지 않았다. 요한계시록은 우리가 읽는 일간지의 안내서도 아니고, 우리를 두려움에 떨게 하여 복종하게 만드는 수단도 아니다. 요한계시록은 1세기 신자들에게 위로의 말을 전하기 위해 쓰였다. 우리가 그렇게 보지 못하는 이유 중 하나는 묵시 문학에 대한 이해가 부족하기 때문이다. 묵시(Apocalypse)는 '덮인 것을 걷어낸다'는 뜻이다.[10] 본래는 현실을 가리는 것이 아니라 드러내기 위해 의도되었지만, 우리는 대부분 그렇게 느끼지 않는다. 이는 서구 문학에 묵시 문학과 완전히 일치하는 장르가 없기 때문이다. 가장 유사한 장르라면 정치 풍자 만화다.[11]

정치 풍자 만화에서 국가나 정당은 종종 관습적인 동물로 표현된다(러시아는 곰, 중국은 용, 미국은 독수리, 캐나다는 비버, 공화당은 코끼리, 민주당은 당나귀 등). 자유의 여신상이나 엉클 샘 같은 다른 국가 상징들도 등장한다. 이 상징들은 오랜 역사를 지니고 있다. 그리고 농담을 설명하면 재미가 없어지기 때문에, 정치 풍자 만화에는 종종 명확한 표식이 담겨 있지 않다. 독자들은 다양한 상징이 무엇을 나타내는지 이미 알 거라고 기대된다. 이 상징들은 충분히 관습적이어서 그 의미가 대개 분명하기 때문이다.

다니엘서와 요한계시록 같은 성경의 묵시 문학을 읽다 보면, 짐승, 뿔, 눈, 그릇, 봉인된 두루마리, 다양한 야생 동물 등 많은 상징적 등장인물을 만나게 된다. 이 동물들은 현대 미국의 정치 풍자 만화처럼 왕국이나 통치자를 나타낸다. 이 사실을 깨닫지 못하면, 미래가 정말 끔찍할 거라고 생각하기 쉽다!

요한의 환상이 상징들로 가득 차 있다는 사실이 그 환상을 허구로 만들지는 않는다. 그 상징들은 실제로 인류 역사 속에서 일어나는 정치적, 신학적 현실을 가리킨다.[12]

요한계시록에서 가장 눈에 띄는 특징 중 하나는 성경 전체 이야기의 실타래들을 하나로 엮어낸 방식이다. 특히 창세기 1-3장의 내용이 두드러진다. 만일 창조세계가 여전히 중요하다는 사실을 의심한다면, 요한계시록은 그 생각을 단번에 불식시킬 것이다.

요한계시록의 초반부에서는 그리스도가 "인자와 같은 분"으로 등장한다(계 1:13). 그분은 "살아 있는 자"라고 불리시며(계 1:18), 오른손에 별을 쥐고 계신다(계 1:20). 또한 그분은 "하나님의 창조의 처음이신 분"이다(계 3:14). 온전한 인간의 모범이신 예수님은 보이지 않는 영역을 포함한 창조세계를 다스리도록 부여된 인간의 소명을 올바르게 행사하셨다.[13]

예수님은 요한에게 교회들이 회개하고 신앙을 굳게 지키도록 그들에게 편지를 쓰라고 말씀하셨다. 예수님은 교회들에게 자신의 통치에 대항하는 우주적 투쟁에 맞서 경계심을 늦추지 말라고 강력히 촉구하셨다. 마이클 고먼이 설명하듯, "그들은 이 전쟁에서 칼을 휘두름으로써가 아니라, '세상과 다른' 예배와 신실한 증언으로 예수님을 따름으로써 승리할 것이다."14) 그렇게 하는 사람들은 '하나님의 낙원에 있는 생명나무의 열매를 먹게 되고'(계 2:7), "둘째 사망의 해를 받지 않을 것이다"(계 2:11). 그리고 "벌거벗은 수치"(계 3:18)를 가릴 흰 옷을 사게 될 것이다. 죄와 죽음이 뒤집히고 생명나무에 대한 접근이 회복되었으니, 예수님을 신실하게 따르는 이들이 그분과 함께 통치하게 되는 것은 놀라운 일이 아니다. 예수님은 "이기는 사람은, 내가 이긴 뒤에 내 아버지와 함께 아버지의 보좌에 앉은 것과 같이, 나와 함께 내 보좌에 앉게 하여 주겠다"라고 말씀하셨다(계 3:21). 그리고 "내가 이긴 뒤에 내 아버지와 함께 아버지의 보좌에 앉은 것과 같이, 나와 함께 내 보좌에 앉게 하여 주겠다"라고 말씀하셨다(계 2:26). 살아 계신 분과 연합한 사람들은 모든 창조세계를 돌보고 다스리는 청지기이자 통치자로서 인간의 소명을 수행하게 될 것이다.

요한계시록 4장에 나오는 보좌 장면에서는, 다양한 종류의 생물들(들짐승, 가축, 인간, 새)이 하나님의 보좌를 둘러싸고 그분을 경배한다. 그들이 경배하는 이유는 분명하게 명시되어 있다.

> 우리의 주님이신 하나님,
> 　주님은 영광과 존귀와 권능을 받으시기에 합당하신 분이십니다.
> 주님께서 만물을 창조하셨으며,
> 　만물은 주님의 뜻을 따라 생겨났고,
> 　또 창조되었기 때문입니다. (계 4:11)

하나님이 의도하신 바가 이 창조세계를 파괴하고 믿는 자들을 천국으로 데려가는 것이라면, 왜 그분을 창조주로 경배해야 할까? 하나님의 하늘 보좌에서, 그분의 가장 영광스러운 속성은 바로 창조주로서의 역할이다. 창조세계는 하나님의 영광스러운 자기 계시의 필수적인 부분이며, 인간이 자신의 소명을 실천할 수 있는 핵심적인 영역이다.

요한계시록 5장에서, 죽임당하신 어린양 예수님이 하나님의 명령을 상징하는 두루마리를 펼치기에 합당하신 분이라는 사실이 밝혀지면서, 장면은 계속 전개된다. 네 생물들과 장로들은 예수님이 합당하시다는 내용의 또 다른 노래를 부른다.

> 주님께서는 그 두루마리를 받으시고,
>   봉인을 떼실 자격이 있습니다.
> 주님은 죽임을 당하시고,
>   주님의 피로 모든 종족과 언어와 백성과 민족 가운데서 사람
>   들을 사서
>   하나님께 드리셨습니다. (계 5:9)

그리스도는 모든 민족에게서 사람들을 구속하셨고, 이로써 그의 후손을 통해 모든 민족이 복을 받을 것이라는 아브라함에게 주신 약속(창 12:1-3)을 성취하셨다. 하지만 다음 절에 나오는 이 구속의 목적에 주목해야 한다. "주님께서 그들을 우리 하나님 앞에서 나라가 되게 하시고, 제사장으로 삼으셨습니다, 그래서 그들은 땅을 다스릴 것입니다"(계 5:10). 그들의 제사장적 섬김은 에덴동산에서의 아담과 하와가 수행했던 제사장적 섬김을 연상케

한다(창 2:15). 이제 그들은 창세기 1:28에서 부여받았던 역할을 수행하게 될 것이다. 곧, 하나님을 대신하여 모든 창조세계를 다스리는 것이다. 다시 말해, 영원(eternity)은 "주의 사랑을 영원히 노래하는" 한없이 긴 예배 시간이 아니라, 회복된 창조세계를 능동적으로 통치하는 삶이다.[15]

우리는 성경에 나오는 왕권의 이미지를 너무 쉽게 영적으로 해석하는 바람에, 요한의 환상이 지닌 정치적 차원을 놓칠 수 있다. 보좌 환상은 하나님의 지극히 높으심을 드러내는 동시에, 카이사르의 통치권을 대담하게 비난한다. 예수님은 로마 황제의 궁정을 모방함으로써, 카이사르가 찬탈자임을 폭로하신다. 데이비드 매튜슨(David Mathewson)이 설명하듯, "카이사르의 보좌가 아닌 하나님의 보좌가 모든 실재의 중심에 있다."[16] 이러한 진리는 하나님을 배제한 채 세상 문제에 대한 해답이 지상의 왕국들에 있다고 여기는 우리의 모든 착각을 흔들어 놓아야 한다.

구원받는 것은 단순히 어디에 가지 않는 것이 아니라 무엇을 하게 되는 것, 곧 하나님과 함께 창조세계를 다스리는 영광스러운 소명을 회복하는 것이다. 이것은 참된 왕에 대한 충성의 선언이며, 그 결과 인간의 잠재력은 실현된다. 요약하면, 죄와 사망에 대한 예수님의 승리와 이 땅에서의 그분의 통치에 참여하지 않는다면, 우리는 본래 되어야 했던 모습을 완전히 이룰 수 없다. 기독교의 소망은 철저하게 실제적이며 정치적이다. 이것은 통치 구조의 완전한 변화를 가져오는 혁명이다. 우리는 지금도 이 소망에 참여할 수 있다.

> **핵심 개념**

- 예수님의 재림은 이 땅의 멸망이나 믿는 자들의 비밀스러운 휴거를 알리는 것이 아니라, 오히려 이 땅에서 왕으로서 그분의 통치를 시작할 것이다.
- 하늘과 땅의 반역 세력은 결정적으로 패배할 것이며, 이 세상은 정화되고 회복될 것이다.
- 예수님은 우리에게 죄에서 돌이키고, 그분께 충성을 선언하며, 그분의 재림을 기대하며 기다리라고 촉구하신다. 기다리는 동안, 우리는 창조세계의 청지기로서 인간의 소명을 수행해야 한다.

더 깊은 연구를 위하여

* Bates, Matthew W. *Gospel Allegiance: What Faith in Jesus Misses for Salvation in Christ*. Grand Rapids, MI: Brazos, 2019. 『왕이신 예수의 복음』(새물결플러스).

Beale, G. K. *The Temple and the Church's Mission: A Biblical Theology of the Dwelling Place of God*. New Studies in Biblical Theology. Downers Grove, IL: IVP Academic, 2004. 『성전신학』(새물결플러스).

* Chalmers, Aaron. *Interpreting the Prophets: Reading, Understanding and Preaching from the Worlds of the Prophets*. Downers Grove, IL: IVP Academic, 2015.

* Gorman, Michael J. *Reading Revelation Responsibly: Uncivil Worship and Witness Following the Lamb into the New Creation*. Eugene, OR:

Cascade, 2010. 『요한계시록 바르게 읽기』(새물결플러스).

* Middleton, J. Richard. *A New Heaven and a New Earth: Reclaiming Biblical Eschatology.* Grand Rapids, MI: Baker Academic, 2014.

* Wright, N. T. *Surprised by Hope: Rethinking Heaven, the Resurrection, and the Mission of the Church.* New York: HarperOne, 2008.

바이블 프로젝트 관련 영상: "묵시문학", "요한계시록 1-11장 개요", "요한계시록 12-22장 개요", "성전"

결론

어떻게 살 것인가?

아이들은 때때로 인간다움의 의미를 가장 잘 보여 줄 수 있는 존재다. 아이들의 활동은 어른들의 기대와 일정에 구애받지 않는다. 내가 초등학교 4학년 때 우리 가족은 같은 우편번호 구역 내에 있는 다른 집으로 이사했다. 불과 몇 마일 떨어진 곳이었지만, 새 집은 내 삶의 여러 측면과 잘 어우러지는 느낌을 주었다. 교회는 반 블록밖에 떨어져 있지 않았다. 현관에서도 교회가 보였을 정도다. 초등학교는 그 반대 방향으로 (직선거리로는) 한 블록 거리에 있었다. 그때부터 나와 남동생 존은 걸어서 학교에 다녔다. 처음에는 블록을 돌아서 긴 길로 걸어 다녔지만, 머지않아 아파트 주차장을 가로지르고, 철망 울타리의 틈새를 비집고 지나간 다음, 탁 트인 공터를 가로질러 가면 시간을 절반으로 줄일 수 있다는 것을 알게 되었다.

그 동네에서의 첫 봄을 기억한다. 눈이 녹기 시작할 때였다. 존과 나는 학교에서 집으로 돌아오는 길에 눈과 얼음을 헤치고 걷다가, 주차장 모퉁이에서 커다란 물웅덩이를 발견했다. 녹은 눈이 주차장의 가장 낮은 부분에 작은 호수를 만들어 놓았고, 이 때문에 지나가기가 더 어려웠다. 얼음으로 뒤덮인 나뭇잎들이 배수구를 막고 있었다. 우리가 볼 때, 아파트 관리인이 이 심각한 문제에 대해 아무 조치도 취하지 않고 있음이 분명했다. 그래서 집에 도착하자마자 가방을 내려놓고 삽을 들고 다시 주차장으로 향했다. 우리는 물이 빠지기 시작할 때까지 얼음을 깨고 나뭇잎을 긁어냈다.

이 일과는 며칠, 어쩌면 몇 주 동안 계속되었다. 우리는 학교가 끝나면 간식과 삽을 챙겨 다시 일터로 향했다. 우리는 임무를 수행 중이었다. 우리의 역할을 다하고 있었던 거다.

우리는 누군가의 시선을 받고 있었다. 아파트에 사는 나이 지긋한 아주머니 한 분이 우리를 눈여겨보셨다. 그분은 우리를 안으로 초대해 따뜻한 코코아를 주셨다. 엄마의 허락을 받고, 우리는 그 후로도 가끔 그분을 찾아뵈었다. 그분은 우리에게 쿠키를 주셨고, 우리는 이야기를 나눴다.

그 아주머니의 이름은 기억나지 않지만, 우리의 세대 간 우정에서 느껴졌던 온전함(rightness)은 분명히 기억한다. 나는 그분이 외로우셨을 테고, 우리가 주차장에서 열심히 일하는 모습에서 어떤 즐거움을 찾으셨을 거라 생각한다. 우리와의 만남이 그분에게 돌봄의 기회를 드렸을 거라고 믿고 싶다.

존과 나는 스스로 정한 프로젝트에 전념했다. 우리의 임무는 세상을 구하는 것이었다. 이 일은 봄에 눈이 녹는 동안만 계속되었지만, 우리는 인간의 소명이 무엇인지 경험할 수 있었다. 우리가 세상을 변화시키고 있다는 느낌을 받았다.

클레이 스크로긴스(Clay Scroggins)는 그의 책『당신이 책임자가 아닐 때 리드하는 법』(*How to Lead When You're Not in Charge*)에서 통제력의 부족이 무기력을 초래할 수 있다고 말한다. 우리는 주변의 문제들을 우리의 일이 아니라고 생각하기 때문에 나서서 해결하지 않는다. 우리는 리더십을 권위와 자연스럽게 연결 짓는다. 만약 우리에게 권한이 없다면, 우리는 주저하고 물러서게 된다. 하지만 스크로긴스는 "장기적이고 지속적인 리더십은 권위가 아니라 영향력에 기반을 둔다"라고 주장한다. 그는 우리가 부분적으로 수동성을 거부함으로써 영향력을 키울 수 있다고 말한다. 이는 우리가 권한이 없을 때 특히 더 중요하다. 그는 이것을 달성하기 위한 세 가지 방법을 CPR이라는 약어를 사용하여 제시하는데, 그것은 선택하기(Choosing), 계획하기(Planning), 반응하기(Responding)다. 첫째, 우리는 지시받지 않고도 무언가를 선택해서 할 수 있다. (이것이 존과 내가 길 아래 주차장에서 했던 일이다.) 둘째, 문제에 대한 해결책을 계획하고, 이를 권한을 가진 사람들에게 제안할 수 있다. 셋째, 상사가 가장 중요하게 생각하는 일에 반응할 수 있다.

　스크로긴스의 유용한 패러다임을 바탕으로, 나는 논의를 좀 더 발전시키려 한다. 성경을 살펴보면서, 우리가 권위를 위임받았다는 사실을 깨달았다. 우리는 '아담과 하와의 자손'이다. 인간으로서 우리의 임무는 창조세계를 '채우고…정복하고…다스리는 것'이다. 우리는 둘째 아담이신 그리스도의 통치에 참여하는 존재다. 하나님이 부여하신 이 인간의 소명을 따라 살 때, 우리는 가장 살아 있음을 느낀다. 해야 할 일을 발견했고, 그 일을 할 수 있는 기술과 에너지가 있다면, 주저하지 말고 실행하라! 주차장의 물웅덩이처럼 문제가 사소해 보일 수도 있다. 하지만 작은 일 하나하나가 모여 큰 문제가 된다. 존과 나는 물웅덩이 문제를 해결하면서 우리가 세상을 변화시키고 있다는 느낌을 받았다. 그리고 의도하지는 않았지만, 그 과정에서 외로운 여성과 함께 즐거운 공동체를 경험했다.

이 책 전체에서 나는 인간이 된다는 것이 어떤 의미인지에 대해 성경이 말하는 바를 탐구했다. 3부에서는 인간의 인격을 이해하는 핵심인 예수님의 탄생, 기적, 죽음, 부활, 승천을 살펴보았다. 예수님의 비유 중 하나인 달란트 비유는 이 탐구를 완전히 마무리하는 데 도움이 될 것이다. 여기서 '달란트'는 삶의 기술이 아니라 청지기에게 맡겨진 돈의 단위다. 분명히 예수님의 동시대 사람들도 우리가 흔히 겪는 것과 같은 병을 앓고 있었다. 그들은 하나님의 나라가 당장에 임할 거라고 생각했다(눅 19:11). 신학은 결과를 낳으며, 이 경우에는 종말이 임박했다는 그들의 생각이 이 땅에서 수행해야 할 인간의 소명을 다하지 못하게 만들었다. 예수님은 비유를 통해 그들의 잘못된 관점을 바로잡아 주신다.

이 비유는 왕이 되려는 한 귀족이 종들에게 거액의 돈을 맡기며 "내가 올 때까지 이것으로 장사를 하여라"(눅 19:13)라고 말하는 장면을 묘사한다. 그리고 그 귀족은 결산 날에 돌아와서 "각각 얼마나 벌었는지를" 알아보았다(19:15). 그가 자리를 비운 사이에 일부가 그의 통치를 거부했지만, 그것은 중요하지 않았다. 좋든 싫든 그는 왕이었고, 그들은 그에게 책임을 져야만 했다. 나는 이 비유를 창세기의 창조 이야기, 곧 인간이 하나님을 섬기기 위해 유형의 자원을 맡은 청지기로 임명되는 이야기와 연결 지어 생각하게 된다.

이 비유에서, 돌아온 왕은 자신이 위탁한 것을 받아 투자하고 그에 대한 막대한 수익을 자신에게 가져온 사람들에게 칭찬을 아끼지 않았다. 왕은 "네가 아주 작은 일에 신실하였으니, 열 고을을 다스리는 권세를 차지하여라"(19:17)라고 말한다.

예수님의 비유는 인간의 소명을 밝혀 준다. 예수님이 다시 오시는 날, 우리는 우리의 청지기 직분에 대해 하나님께 책임을 지게 될 것이다. 여기서 '악한 종'은 하나님이 인간을 자신의 대리자로 임명하여 창조세계의 결실을 유지하려는 계획을 못마땅하게 여기는 사람들이다. 그들은 요점을 완전히 놓치고 있으며, 이 비유에서 그들은 궁극적으로 하나님의 나라에서 영생을 놓칠 위험에 처하게 된다.

우리가 좋아하든 싫어하든, 예수님은 왕이시며 언젠가 다시 오실 것이다. 우리는 하나님의 아들과 딸이다. 우리가 사명을 계속 수행할 때, 우리는 하나님의 형상됨의 참된 의미를 깨닫게 된다. 우리가 창조세계의 번영에 대한 비전에 매료되어 전심으로 동참한다면, 이 세상의 영광은 시작에 불과할 뿐이다.

성경을 살펴봄으로써, 우리는 하나님이 만물을 회복하는 과정 중에 계시기 때문에 우리의 일이 중요하다는 것을 깨닫게 되었다. 이 세상은 실패한 실험이나 영원을 위한 일시적인 대기 장소가 아니다. 하나님은 이 세상을 심히 좋다고 하셨다. 하나님은 우리에게 고통과 환멸 속에서도 정직하게 기도하고, 모든 것을 이해하려는 집착을 내려놓고, 그분을 신뢰하며, 여정을 즐기는 법을 배우라고 권유하셨다. 하나님을 믿는 신앙의 특징 중 하나는 미래에 대한 희망이다. 하나님의 창조 목적은 그리스도의 육체적, 물리적 부활을 통해 입증되었으며, 이는 우리에게 다가올 일을 미리 맛보게 해준다. 우리도 육체를 가지고 부활하여, 본래의 영광으로 회복된 이 땅에서 영원한 생명을 누릴 것이다. 우리는 이 영광스러운 비전에 희망을 품고 동참할 수 있다. 물론 모든 것을 혼자 할 수는 없다. 우리는 모두 서로를 필요로 한다. 하지만 우리가 각자의 영역을 돌보며 질서를 세우고 희망을 심을 때, 우리는 창조주께 영광을 돌리고 인간으로서의 소명을 함께 성취하게 된다.

가장 위대한 이야기 전하기

이 모든 것이 사실이라면(나는 그렇다고 믿지만), 우리는 복음 전하는 방식을 다시 생각해 보아야 한다. 물론 예수님은 우리의 죄를 위해 죽으셨다. 하지만 이는 우리가 천국에서 영원히 지내기 위한 것만이 아니다. 구원받는다는 것은 지옥을 피하는 것에 관한 이야기가 아니다. 우리의 운명은 육신이 없는 채로 구름 위를 떠다니는 것이 아니다. 복음은 지금, 우리 몸에 말을 걸고 우리 공동체를 변화시킨다. 복음은 우리의 인간 정체성을 정의하고, 이 땅의 미래에 대한 청사진을 제시한다.

성경은 우리에게 우리의 본질적 가치를 선포한다. 하나님은 자신이 창조한 모든 것 중에서 인간을 자신의 특별한 대리자로 선택하셨다. 그분은 우리에게 하나님의 왕실 가족 구성원이라는 지위에 걸맞은 영광을 부여하셨다. 또한 우리가 서로에게 의지하여 의미 있는 일을 함께 수행할 수 있도록 하셨다. 하나님의 의도는 우리가 창조세계의 자원을 청지기로서 돌보고 질서를 유지하여 만물이 번성할 수 있도록, 하나님과 그리고 서로와 친밀한 교제 속에서 살게 하는 것이었다.

최초의 인간은 이러한 지위를 거부하고 하나님의 방식이 아닌 자신의 방식으로 통치하는 것을 선호했다. 그 결과, 그들은 하나님과 서로에게로부터, 그리고 나머지 창조세계로부터 소외를 경험했다. 그들은 고귀한 지위의 영광을 상실했고, 하나님과의 그리고 서로와의 의미 있는 공동체를 잃었다.

하나님의 창조 목적이 실현되도록, 하나님은 여자에게서 태어난 예수님이라는 인격체를 통해 친히 인간이 되셨다. 예수님은 하나님과의 교제를 유지하고 다른 사람들을 자신에게 이끄심으로써 인간의 소명을 영광스러운 방식으로 구현하셨다. 그분은 다른 이들을 위해 자기를 내어 주는 사랑으로 자신의 몸을 바치셨다.

예수님의 희생적인 사랑의 행위는 죄의 저주를 되돌려 놓았다. 예수님의 부활하신 몸이 무덤에서 나왔을 때, 새로운 창조 또한 우리 세계로 들어왔고 만물을 새롭게 하는 과정이 시작되었다. 예수님의 승천과 즉위는 우리가 삶의 방향을 맞추어야 할 실재다. 우리는 예수님을 참된 왕으로 인정하고 충성을 맹세하며, 자기를 내어 주는 사랑의 모범을 따라야 한다. 우리는 새롭게 된 땅에서의 부활을 기다리는 동안 그분의 대사로 섬기며, 부활 후에는 그분과 함께 영원히 통치하게 될 것이다.

성경은 우리를 완전히 다른 차원의 삶, 곧 우리가 있는 모습 그대로 하나님과 서로를 알아가게 되는 사랑의 공동체로 초대한다. 요컨대, 성경은 화재보험 이상의 것을 제공한다. N. T 라이트가 "성경은 이제까지 전해진 이야기 중 가장 위대한 이야기며, 우리의 모든 이야기를 그 속으로 끌어들일 것이다"[3]라고 탁월하게 말했듯이, 성경은 나니아로 들어가는 문과 같다. 우리는 그 문을 통해 우리가 저 세상에서뿐만 아니라 이 세상에서도 늘 왕과 왕비였음을 깨닫게 된다.

감사의 말

이 프로젝트에 기여해 주신 소중한 분들에게 진심으로 감사드린다. 안나 모슬리 기싱(Anna Moseley Gissing)은 나에게 이 책을 쓰도록 권유해 주었고, 레이첼 헤이스팅스(Rachel Hastings)는 이 책이 완성될 때까지 함께했다. IVP의 팀 전체가 이 프로젝트에 열정을 보여 주었으며, 독자들이 지금 이 책을 손에 들고 있는 것은 그들의 지칠 줄 모르는 헌신 덕분이다.

이 책을 집필하는 것은 『하나님의 이름을 새기다』를 집필하는 것과는 완전히 다른 경험이었다. 첫 번째 책은 내가 직접 연구한 논문을 바탕으로 썼지만, 이 책은 캐서린 맥도웰(Catherine McDowell), 존 킬너, 라이언 피터슨, 마크 코르테즈, 헤일리 고랜슨 제이콥, N. T. 라이트, 그리고 특히 추천서문을 기꺼이 써 주신 리처드 미들턴의 훌륭한 학문적 지원이 있었기에 가능했다. "여러분은 모두 하나님의 형상에 대해 많은 것을 가르쳐 주었습니다! 우리가 의견이 일치하지 않는 부분에서도 여러분의 견해는 제 생각을 명확히 하는 데 도움이 되었습니다."

사우스이스턴 침례 신학교의 신앙과 문화를 위한 루스 부쉬 센터(L. Russ Bush Center for Faith & Culture at Southeastern Baptist Theological Seminary)는 2022년 2월에 개최된 "인격 탐구 컨퍼런

스"에 나를 초청하여, 내가 이러한 생각들을 검증하고 건설적인 피드백을 받을 수 있는 훌륭한 기회를 제공했다. 내가 남침례 교단이 모든 사람을 하나님의 형상으로 대하지 못한 실패에 대해 가혹한 비판을 했을 때도, 그들의 환대는 변함이 없었다.

내가 이 책의 집필을 시작했던 프레리 칼리지와 끝마쳤던 바이올라 대학교의 동료들에게 감사를 드린다. "여러분 모두 훌륭한 대화 상대이자 든든한 친구였습니다." 제임스 엔즈(James Enns), 저스틴 앨리슨(Justin Allison), 찰리 트림(Charlie Trimm), 켄 웨이(Ken Way), 론 피어스(Ron Pierce), 지니 행어(Jeannine Hanger), 옥타비오 에스퀘다(Octavio Esqueda), 레온 해리스(Leon Harris), 도미니크 에르난데스(Dominick Hernandez)에게 특별한 감사의 인사를 전한다.

애나 아임스(Ana Imes)는 나의 첫 번째 편집자였으며, 늘 그렇듯 날카로운 피드백을 제공해 주었다. 스티븐 샤이델(Stephen Scheidell)의 피드백은 신선한 자극이었다. 나의 조교들에게도 감사를 드린다. 앤트라시아 무어링스(Antracia Moorings)는 토론 질문을 작성하고 로렌 손(Lauren Sohn)과 함께 초안을 읽어 주었으며, 조슈아 김(Joshua Kim)은 최종 원고를 검토해 주었다. 많은 자원봉사 독자들이 원고 전체에 대한 피드백을 제공해 주었다. 스티브 아덴(Steve Aden), 조슈아 셔먼(Joshua Sherman), 신디 비버(Cindy Beaver), 브라이언 폴록(Brian Pollock), 대니얼 아임스(Daniel Imes), 그리고 익명을 요청한 나의 트위터 친구다. 이 트위터 친구는 이 책이 비기독교인들에게 어떻게 비칠지 알게 해 주었다. 또한 익명의 동료 심사위원은 취약한 부분을 강화하고 불필요한 요소를 제거하는 데 도움을 주었다.

나의 남편 대니얼은 내가 기대할 수 있는 최고의 조력자였다. 이 책에 담긴 목소리는 내 것이지만, 뒤편에는 나를 흔들림 없이 지탱해 주고, 생각을 정리하도록 도와주고, 저녁 식사를 준비하며, 나의 가장 소중한 사람이 되어 준 남편의 역할이 있다. 강점이 나와 놀랍도록 다른 사람과 함께 삶을 꾸려 나갈 수 있어 정말로 좋다.

이 책을 쓰는 것은 신뢰를 훈련하는 일이었다. 내가 이 광야 여정을 시작할 때 가지고 있던 것은 기본적인 로드맵의 개요뿐이었다. 이 책에 담긴 통찰들은 날마다 만나처럼 내게 임했다. 이 통찰들은 종종 우연한 대화, 우편으로 도착한 책들, 팟캐스트, 설교, 학생들의 질문 등 헤아릴 수 없이 많은 곳에서 왔다. 하나님의 공급하심은 정말이지 경이로운 여정이었다! 인간이 된다는 것이 무엇을 의미하는지에 대해 아직도 할 말이 많고, 또 해야 한다는 것을 알지만, 이 책을 독자 여러분에게 바친다. 이 책을 통해 여러분의 마음에, 여러분을 온전히 아시는 하나님을 더 알고자 하는 열망이 새롭게 타오르기를 기도한다.

"우리는 복음 전하는 방식을 다시 생각해 보아야 한다. 물론 예수님은 우리의 죄를 위해 죽으셨다. 하지만 이는 우리가 천국에서 영원히 지내기 위한 것만이 아니다. 구원받는다는 것은 지옥을 피하는 것에 관한 이야기가 아니다. 우리의 운명은 육신이 없는 채로 구름 위를 떠다니는 것이 아니다. 복음은 지금, 우리 몸에 말을 걸고 우리 공동체를 변화시킨다. 복음은 우리의 인간 정체성을 정의하고, 이 땅의 미래에 대한 청사진을 제시한다."

1. 창조의 패턴

"하늘과 땅" "안식일" "창세기 1장"

2. 창조의 면류관

"창세기 1-11장" "하나님의 형상" "관대함"

3. 일의 시작

"시험" "영생" "생명나무"

4. 인간의 계획

"성경의 영적 존재들" "엘로힘" "천상 회의"

"천사와 그룹" "주님의 천사" "사탄과 귀신"

인터미션 (형상을 비추고 이름을 새기다)

"새로운 인류"

"복과 저주"

5. 인간의 추구

"잠언"

"잠언 8장"

"시편 8편"

6. 인간의 고통

"전도서"

"전도서 개요"

"욥기"

7. 인간이신 예수

"욥기 개요"

"요한복음 1장"

"메시아"

8. 새로운 인류

"요한복음 1-12장 개요"

"하늘과 땅"

"요한복음 13-21장 개요"

9. 사랑하는 공동체

"인자" "에베소서 개요" "빌레몬서 개요"

10. 창조세계에서 새 창조세계로

"묵시문학" "요한계시록 1-11장 개요" "요한계시록 12-22장 개요"

"성전"

서론

창세기 1-11장을 읽고 이 책의 첫 네 장이 어떤 내용을 다룰지 알아보라.

1. 저자는 성경을 읽는 경험을 C. S. 루이스의 책 『사자와 마녀와 옷장』("서론" 첫 단락 참조)에 나오는 옷장처럼 마법의 세계로 들어가는 것이라고 설명한다. 성경을 읽는 것은 다른 세계로 이동하는 것과 어떻게 비슷한가?
2. 저자는 의도적으로 하나님의 형상이 우리가 지니고 있는 것이 아니라 우리 자신이라고 말한다. 하나님의 형상을 지니는 것과 하나님의 형상이라는 것에 어떤 차이가 있다고 생각하는가?

1. 창조의 패턴

창세기 1:1-2:3을 읽어 보라.

1. 저자는 창조 주간이 인간의 노동 주간의 패턴이 되기 위한 것이라고 말한다. 이것은 당신이 창세기 1장을 이해한 방식과 어떻게 비교되는가?
2. 저자는 성경이 고대 근동 문화의 고대인들에게 우리와 다른 언어를 사용하여 말하고 있다고 하는데, 이것은 당신이 성경을 읽는 방식을 어떻게 바꾸었는가?
3. 저자는 "성경에 자신의 견해를 투영하는 것을 막는 한 가지 방법은 공동체 안에서 함께 읽는 것이다"라고 말한다. 당신은 다른 사람과 함께 성경을 읽음으로써 어떤 유익을 얻었는가?
4. 안식일의 쉼이라는 선물을 경험하기 위해 당신의 삶에는 어떤 변화가 필요한가?

2. 창조의 면류관

창세기 2장을 읽어 보라.

1. 저자는 신학자 마크 코르테즈의 말을 인용한다. "우리는 하나님이 세상에서 자신의 거룩한 임재를 나타내기 위해 인간을 창조하셨다는 선언으로 하나님의 형상(*imago*

Dei)을 이해해야 한다." 당신은 다른 사람의 존재를 통해 하나님의 현존을 어떻게 경험했는가?
2. 창세기에서 "우리" "우리의 형상" "우리의 모습"이라는 표현에 나오는 복수 대명사를 이해하는 방법에는 적어도 세 가지가 있다. 그 의미에 대한 어떤 견해가 가장 설득력 있다고 생각하는가?
3. 하나님의 형상으로서의 역할을 수행할 때, 창조세계를 더 잘 돌보기 위해 취할 수 있는 적극적인 조치는 무엇인가?
4. 이 장은 성 역할(gender role)에 대한 당신의 시각에 어떤 방식으로 도전을 주었는가?

3. 일의 시작

창세기 3:1-4:16을 읽어 보라.

1. 저자에 따르면, "하나님이 우리를 세상에서 그분의 일에 적극적으로 참여하도록 빚으셨기 때문에, 그렇게 할 수 없다면 우리는 낙담하게 된다." 당신은 이 말이 어떤 점에서 사실이라고 생각하는가?
2. 이 책을 읽은 후, 자신의 소명에 대한 이해가 바뀌었는가? 그렇다면, 어떻게 바뀌었는지 설명해 보자.
3. 저자는 "하나님을 언급하지 않고는, 우리는 자신을 정확하게 정의할 수 없다"고 말한다. 우리가 하나님을 배제한 채 자신을 정의하려고 한다면 어떤 일이 일어나겠는가?
4. 모든 사람이 능력, 결혼 여부, 성별에 관계없이 하나님의 형상이라는 생각을 진지하게 받아들인다면, 교회나 학교 공동체에서 무엇이 바뀌어야 하는지 예를 들어 설명해 보자.

4. 인간의 계획

창세기 4:17-26; 9장; 11:1-9을 읽어 보라.

1. 창세기 5장의 족보는 그 자체의 패턴을 깨뜨리고 에녹이 '하나님과 동행하였다'고 말한다(창 5:22). 이것은 어떻게 희망을 주는가?

2. 하나님의 형상이 정신적 또는 신체적 능력에 관계없이 모든 사람을 포함한다는 것을 확인하는 것이 왜 중요한가?
3. 창세기 6:1-4에 따르면, 하나님의 아들들은 금지된 사람들을 '보고' '아내로 삼는(NIV 번역에서는 '결혼하다')'는 죄를 범했다. 오늘날에는 이 죄가 어떻게 반복되고 있다고 생각하는가?
4. 하나님의 의도는 인간이 '땅에 충만하고'(창 1:28) 창조세계를 '맡아서 돌보는'(창 2:15) 것이지, 다른 사람들을 지배하는 것이 아니다. 우리의 제도들이 이러한 명령을 충실히 이행하고 있는지 평가하기 위해 어떤 기준을 적용할 수 있겠는가?

인터미션. 형상을 비추고 이름을 새기다

창세기 12:1-9을 읽어 보라.

1. 하나님의 형상을 비추는 것과 하나님의 이름을 새기는 것의 차이는 무엇인가?
2. 『하나님의 이름을 새기다』를 읽었는가? 그렇다면 그 책에서 어떤 통찰과 시사점을 얻었는가?

5. 인간의 추구

잠언 8장; 시편 8편; 89편을 읽어 보라.

1. 저자에 따르면, "지혜는 항상 선택을 수반한다." 삶의 어떤 영역에서 자신의 길을 계획하는 것보다 하나님을 신뢰하기가 가장 어렵다고 느끼는가?
2. 성관계를 필요나 권리라고 생각하는 것이 왜 문제가 되는가?
3. 포르노그래피는 인간 관계에 대한 하나님의 계획을 어떤 방식으로 해치는가?
4. 하나님은 인간을 창조세계를 다스리는 통치자로 임명하셨지만, 우리가 자신의 힘으로 이 일을 하도록 기대하지는 않으신다. 시편은 어떤 방식으로 우리가 하나님께 의존하도록 장려하는가?

6. 인간의 고통

전도서 1-2장; 욥기 1-3장을 읽어 보라.

1. 저자의 주장에 따르면, 전도서는 인생이 무의미하다고 말하는 것이 아니라 오히려 인생의 의미를 파악하기 어렵다고 말한다. 이러한 접근 방식은 당신이 그동안 전도서에 대해 들어 왔던 가르침과 어떻게 비교되는가?
2. 당신 자신이나 가까운 사람이 생명을 위협하는 질병이나 부상을 당해 당신이 인생을 바라보는 관점을 바꾸게 된 적이 있는가? 그렇다면 그 경험을 통해 배운 것을 나눠 보자.
3. 욥의 친구들은 그의 고통을 더 심하게 만든 것 같다. 누군가 당신의 고통에 도움이 되는 방식으로 반응했던 예를 하나 들어 보자.
4. 저자는 "우리가 모든 일을 다 할 수 없고 영원히 살 수도 없다는 것은 오히려 좋은 소식이다"라고 말한다. 한계를 인정하고 사는 것은 당신에게 어떤 영향을 미치는가?

7. 인간이신 예수

요한복음 1:2; 9장; 18:19; 마가복음 5장을 읽어 보라.

1. 예수님의 삶과 사역에 여성들이 남성들과 함께 참여한 방식에는 어떤 것들이 있는가?
2. 예수님이 분노를 다루시는 방식은 우리에게 모범이 된다. 당신은 분노를 다루는 더 건강한 방식으로 분노를 다루기 위해 어떤 방법을 시도해 볼 수 있겠는가?
3. 때로는 하나님이 누군가를 치유하는 대신 그 사람에게 힘을 주시기도 한다. 하나님이 당신의 삶에서 무언가를 기적적으로 고치시는 대신 당신에게 힘을 주셨던 경험에 대해 이야기해 보자.
4. 예수님의 죽음은 참된 인간이 된다는 것이 어떤 것인지 우리에게 보여 준다.

8. 새로운 인류

요한복음 20장; 고린도전서 15장을 읽어 보라.

1. 예수님의 부활이 미래에 대한 우리의 생각을 어떻게 변화시켰는가?
2. 예수님의 부활과 승천이 우리가 몸을 어떻게 생각해야 하는지에 대한 모범이 될 수 있는가?
3. 그리스도의 죽음에 참여하기 위해 이기적인 욕망을 죽일 수 있는 구체적인 방법은 무엇인가?
4. 역사적인 교회력의 어떤 측면에 대해 더 배우거나 실천하고 싶은가?

9. 사랑하는 공동체

에베소서 8장; 로마서 8장을 읽어 보라.

1. 그리스도의 십자가 사역은 바울 시대에 유대인과 이방인의 관계에 어떤 영향을 미쳤는가?
2. 오늘날 신자들이 새로운 피조물로서의 화해 사역을 수행하는 것은 어떤 모습이겠는가? 화해는 어떤 영역에서 필요한가?
3. 저자는 "성경은 우리에게 그리스도를 바라봄으로써 우리 자신이 되는 법을 배우라고 권유한다"라고 말한다. 예수님을 바라봄으로써 우리가 누구인지 더 잘 이해할 수 있는 예를 들어 보라.
4. 교회나 학교 공동체가 장애를 가진 사람들을 돌보고 포용하는 일을 우선시하기 위해 취할 수 있는 실제적인 조치는 무엇인가? 또 완전한 참여를 막는 장벽에는 무엇이 있는가?

10. 창조세계에서 새 창조세계로

골로새서 1장; 요한계시록 21-22장을 읽어 보라.

1. 저자는 예수님이 다시 오신 후에도 창조세계는 여전히 중요하다고 주장한다. 회복된 창조세계에 대한 인간의 적극적인 통치를 포함하도록 영원에 대한 당신의 생각은 어떻게 달라져야 하는가?
2. 휴거에 대한 생각은 일반적으로 신약성경의 두 본문에 근거하고 있다. 이 본문들이 신

자들의 환난 전 비밀 승천을 가르친다는 해석에 저자가 동의하지 않는 이유를 설명해 보라.
3. 저자는 "하나님이 모든 반역적인 존재를 끌어내려 멸하실 것"이라고 강조하면서, 창조세계가 하나님이 의도하신 상태로 회복될 것이라고 말한다. 이 주장은 오늘날 세상의 문제에 대해 어떤 관점을 제공하는가?
4. 10장이 요한계시록에 대한 당신의 견해를 바꾸었는가? 그랬다면 어떻게 바뀌었는가?

결론

1. 권위에 대한 인식 부족은 어떻게 무관심으로 이어지는가? "어떻게 살 것인가" 단락을 보라.
2. 어떻게 하면 이 땅에서 하나님이 주신 권위를 더 잘 활용할 수 있겠는가?
3. 복음이 우리 몸에 말을 걸며 현재 우리의 공동체를 변화시킨다면, 우리가 복음을 나누는 방식에는 어떤 변화가 필요하겠는가?

주

추천서문

1) 형상에 관한 이 모델은 Augustine의 개념과 유사하다. Augustine은 인간 영혼의 세 가지 측면이 하나님의 삼위일체적 속성에 상응한다고 생각했다. Augustine은 *On the Trinity*(특히 7-15권)에서 삼위일체의 신비를 이해하기 위해 다양한 세 가지 세트를 제안했고, 기억, 지성, 의지의 삼위일체로 마무리했다. "The Trinity," in *Augustine: Later Works*, ed. and trans. by John Burnaby, Library of Christian Classics 8(Philadelphia: Westminster, 1955)를 보라. 형상에 대해 내가 배운 견해는 삼위일체 하나님과 명시적으로 연결되어 있지 않았다.
2) Francis Schaeffer, *The God Who Is There*(Downers Grove, IL: InterVarsity Press, 1968), 『거기 계시는 하나님』(생명의말씀사); *Escape from Reason*(Downers Grove, IL: InterVarsity Press, 1968), 『이성에서의 도피』(생명의말씀사); *He Is There and He Is Not Silent*(Wheaton, IL: Tyndale House, 1972), 『거기 계시며 말씀하시는 하나님』(생명의말씀사).
3) 맥락의 중요성(성경적 맥락과 고대 세계의 맥락 모두)은 내가 이 주제에 대해 쓴 첫 번째 소논문의 부제에서 명확히 드러난다. J. Richard Middleton, "The Liberating Image? Interpreting the Imago Dei in Context," *Christian Scholar's Review* 24(1994): 8-25.
4) 하나님의 형상이라는 주제에 관한 더 깊은 탐구는 다음 책에서 볼 수 있다. J. Richard Middleton, *The Liberating Image: The Imago Dei in Genesis 1*(Grand Rapids, MI: Brazos, 2005). 『해방의 형상』(SFC출판부).
5) 나는 다음 책에서 '이마고 데이'(*imago Dei*)를 창조와 구속에 관한 더 넓은 성경적 비전과 연결시켰다. J. Richard Middleton, *A New Heaven and a New Earth: Reclaiming Biblical Eschatology*(Grand Rapids, MI: Baker Academic, 2014). 『새 하늘과 새 땅』(새물결플러스).
6) Carmen Joy Imes, *Bearing God's Name: Why Sinai Still Matters*(Downers Grove, IL: IVP Academic, 2019), 『하나님의 이름을 새기다』(성서유니온); *Bearing YHWH's Name at Sinai: A Reexamination of the Name Command in the Decalogue*, Bulletin for Biblical Research Supplement 19(University Park, PA: Eisenbrauns, 2018). (더 대중적인) 첫 번째 책은 (더 학술적인) 두 번째 책을 바탕으로 쓰였으며, 두 번째 책은 캐나다 성서 연구 학회(Canadian Society of Biblical Studies)로부터 히브리어 성경 및/또는 고대 근동 지역 연구 분야에서 우수한 저

서에 수여되는 R. B. Y. Scott 상을 수싱했다. 나는, 그 해 캐나다 성서 연구 학회 부회장으로서, Imes에게 이 상을 수여하는 영광을 누렸다.

1. 창조의 패턴

1) 이 아이디어 중 일부는 John Walton에게 빚진 것이다.
2) 어떤 사람들은 이것이 무너져서 홍수를 일으킨 수증기 장벽 혹은 덮개를 가리킨다고 주장하기도 한다. 기후 변화는 인간의 수명을 단축시켰고 특정 동물 종의 멸종 원인이 되었다. 이 접근 방식은 성경 텍스트와 과학을 조화시키려는 시도에서 비롯된 것이다. 물론 이러한 이론이 가능하지만, 창세기 1장의 저자가 관찰할 수 있었던 현상은 아니다.
3) Henri Blocher, *In the Beginning: The Opening Chapters of Genesis*(Downers Grove, IL: InterVarsity Press, 1984), 33.
4) Blocher, *In the Beginning*, 33.
5) Blocher, *In the Beginning*, 57.
6) John H. Walton, *Ancient Near Eastern Thought and the Old Testament: Introducing the Conceptual World of the Hebrew Bible*, 2nd ed.(Grand Rapids, MI: Baker Academic, 2018), chap. 7.
7) 이 단어들의 번역은 내가 한 것이다. NIV에는 "vault"라는 단어가 있지만, vaults는 일반적으로 밀폐되고 잠긴 공간을 의미한다.
8) 친족 관계가 하나님 형상의 핵심 요소라는 학문적 논증을 위해서는 다음을 보라. Catherine L. McDowell, *The Image of God in the Garden of Eden: The Creation of Humankind in Genesis 2:5-3:24 in Light of* mis pî pit pî *and* wpt-r *Rituals of Mesopotamia and Ancient Egypt*, Siphrut 15(Winona Lake, IN: Eisenbrauns, 2015).
9) Michael LeFebvre, *The Liturgy of Creation: Understanding Calendars in Old Testament Context*(Downers Grove, IL: IVP Academic, 2019).
10) 이 점을 지적해 준 익명의 동료에게 감사하다.
11) P. P. Jenson, "sheva'," in *New International Dictionary of Old Testament Theology and Exegesis*, ed. Willem VanGemeren(Grand Rapids, MI: Zondervan, 1997), 4:34을 보라.
12) 참조. 대상 22:9.
13) 이 구절들은 다음 책에서 주목되었다. John H. Walton, *Genesis 1 as Ancient Cosmology*(Winona Lake, IN: Eisenbrauns, 2011), 179. Walton은 창조 주간이 우주적 성전의 창시라고 주장한다. 하나님의 안식에 대해 더 알아보려면, Walton, *Genesis 1*, 110-19를 보라.

14) 예를 들어, 신전 건축은 *Enuma Elish*의 절정이다. William W. Hallo and K. Lawson Younger, eds., *The Context of Scripture* (Leiden: Brill, 1997), 1:111, tablet IV, lines 142-46.
15) Walton, *Genesis 1*, 190. 대안적인 관점을 원하면, Daniel I. Block, "Eden: A Temple? A Reassessment of the Biblical Evidence," in *From Creation to New Creation: Biblical Theology and Exegesis*, ed. Daniel M. Gurtner and Benjamin L. Gladd (Peabody, MA: Hendrickson, 2013), 3-29를 보라.
16) 구약의 율법이 유대인만을 위한 것이라고 생각해서 혼란스럽다면, 여기서 잠시 멈추고 다음 책을 읽어 보는 것이 좋을 것이다. Carmen Joy Imes, *Bearing God's Name: Why Sinai Still Matters* (Downers Grove, IL: IVP Academic, 2019). 나는 이 책에서 율법이 여전히 기독교인들에게 적용된다고 주장한다. 다만 문화적 맥락의 변화로 인해 이스라엘에게 적용되었던 방식과 정확히 동일하게 적용되지는 않는다.

2. 창조의 면류관
1) 이러한 관점을 올바르게 비판하는 사람들 중에는 John Kilner, Richard Middleton, Catherine McDowell, Ryan Peterson이 있다.
2) 우상 조각상을 의미하는 '첼렘' (*tselem*)이 사용된 다른 성경 구절은 민 33:52; 왕하 11:18; 암 5:26이다. 이집트어나 아카드어처럼, 이와 관련된 개념을 지닌 다른 고대 언어에 관해서는, J. Richard Middleton, *The Liberating Image: The Imago Dei in Genesis 1* (Grand Rapids, MI: Brazos, 2005), chap. 3을 보라.
3) Marc Cortez, *ReSourcing Theological Anthropology: A Constructive Account of Humanity in the Light of Christ* (Grand Rapids, MI: Zondervan, 2017), 110-11.
4) Cortez, *ReSourcing Theological Anthropology*, 109.
5) N. T. Wright, "Excursus on Paul's Use of Adam," in *The Lost World of Adam and Eve: Genesis 2-3 and the Human Origins Debate*, by John H. Walton (Downers Grove, IL: IVP Academic, 2015), 175.
6) Middleton은 "'다스리는 것'이 *imago Dei*의 목적이지 단순히 결과나 귀결이 아니다"(*Liberating Image*, 53)라고 설명한다. 하지만 우리는 그 목적만으로 형상을 정의할 수 없다. 그것은 "영구적인 함의"(*Liberating Image*, 54)며, "사실상 형상의 구성 요소"(*Liberating Image*, 55)다.
7) Richard Bauckham, *The Bible and Ecology: Rediscovering the Community of Creation* (Waco, TX: Baylor University Press, 2010), 16-19.
8) "형상"(image)과 "모양"(likeness)은 창 1:26에서 동의어로 사용된 것 같다.
9) 이 계보에서는 가인과 아벨이 아닌 셋을 중심으로 다루고 있다. 이는 그들이 아담

의 형상이 아니었기 때문이 아니라, 이 계보가 아담에서 노아로 이어지는 단일한 후손의 계보를 추적하기 때문이다. 노아는 체제적인 죄의 결과로부터 구원을 경험한 인물이다.

10) Catherine L. McDowell, *The Image of God in the Garden of Eden: The Creation of Humankind in Genesis 2:5-3:24 in Light of* mīs pî pīt pî *and* wpt-r *Rituals of Mesopotamia and Ancient Egypt*, Siphrut 15(Winona Lake, IN: Eisenbrauns, 2015), 125-26를 보라.

11) Bauckham, *Bible and Ecology*, 16-17. 또한 수확물의 일부를 야생 동물을 위해 남겨 두라고 명령하는 출 23:10-12을 보라.

12) *The Lion King*, directed by Roger Allers and Rob Minkoff(Burbank, CA: Walt Disney Pictures, 1994).

13) Middleton, *Liberating Image*, 89.

14) 예수님의 신성을 강력히 옹호하기 위해서는, Richard Bauckham, *Jesus and the God of Israel: God Crucified and Other Studies on the New Testament's Christology of Divine Identity*(Grand Rapids, MI: Eerdmans, 2008)를 보라. 다른 해석자들은 창 1:26에서 하나님이 "왕의 '우리'"(royal 'we')를 사용하고 있다고 주장하지만, 이 역시 가능성이 낮다.

15) Chisholm이 지적하듯, 창 1:28에 나오는 모든 명령은 복수형으로 되어 있으며, 남자와 여자에게 주어진 것이다. Robert B. Chisholm, "Male and Female in the Genesis Creation Accounts," in *Sanctified Sexuality: Valuing Sex in an Oversexed World*, ed. Sandra L. Glahn and C. Gary Barnes(Grand Rapids, MI: Kregel, 2020), 66.

16) Lucy Peppiatt, *The Imago Dei: Humanity Made in the Image of God*, Cascade Companions(Eugene, OR: Cascade, 2022), 65. 유사하게, Kilner는 이 근거를 바탕으로 *imago Dei*가 집단적이며, 개인에게도 함의를 지닌다고 주장한다. John F. Kilner, *Dignity and Destiny: Humanity in the Image of God*(Grand Rapids, MI: Eerdmans, 2015), 318.

17) Dorothy L. Sayers는 다음 글에서 이 질문을 제기한다. "The Human—Not-Quite Human," in *Are Women Human?*(Grand Rapids, MI: Eerdmans, 1971), 37.

18) McKirland는 다음과 같이 지적한다. "이 창조 이야기에서 남성과 여성이라는 성별은 등장하지만, 남성성이나 여성성은 등장하지 않는다. 오히려 남성과 여성을 자세히 다룰 때는 둘의 유사성을 보여 주는 것이 핵심이다." Christa McKirland, "Image of God and Divine Presence: A Critique of Gender Essentialism," in *Discovering Biblical Equality*, ed. Ronald W. Pierce and Cynthia Long Westfall, 3rd ed.(Downers Grove, IL: IVP Academic, 2021), 296.

19) Peppiatt, *Imago Dei*, 19, from Gregory of Nyssa, *On the Making of Man*, 16.8-9.
20) 창 2:15은 동산에 대한 위협이 무엇인지 명확히 설명하지 않는다. 히브리어 단어 '샤마르'(shamar)는 단순히 '돌보다'를 의미할 수 있지만, 창 3:24에서는 같은 단어가 생명나무로 가는 길을 '지킨다'는 의미로 사용된 그룹(cherubim)의 칼을 가리키기도 한다.
21) Middleton, *Liberating Image*, 294.
22) 이 표현은 "아담과 하와의 생물학적 기반의 혈연 관계"를 가리킨다. McDowell, *Image of God in the Garden of Eden*, 138-39. 또한 창 29:14; 37:27; 레 18:6; 25:49; 삿 9:2-3; 삼하 5:1; 느 5:5도 보라.
23) 아담이 먼저 존재했기 때문에 그가 우월하다고 주장하는 사람들에게, 나는 창 1장에서 하나님이 인간보다 먼저 동물을 창조하셨음에도 인간이 분명 하나님의 창조 작업의 절정임을 지적할 뿐이다. 이에 대한 다양한 해석을 원한다면, 다음을 보라. Amanda W. Benckhuysen, *The Gospel According to Eve: A History of Women's Interpretation* (Downers Grove, IL: IVP Academic, 2019); and Katherine C. Bushnell, *God's Word to Women: One Hundred Bible Studies on Woman's Place in the Divine Economy* (North Collins, NY: Ray B. Munson, 1923).
24) 결국 "여자의 씨"가 뱀을 밟아 부수게 될 것이기에, 죄의 속박에서 구원받는 것도 여자를 통해 이루어진다.
25) Peter J. Gentry and Stephen J. Wellum, *Kingdom Through Covenant: A Biblical-Theological Understanding of the Covenants* (Wheaton, IL: Crossway, 2012), 189. Quoted in McKirland, "Image of God and Divine Presence," 291.
26) McKirland, "Image of God and Divine Presence," 291. Mary Conway, "Gender in Creation and Fall: Genesis 1-3," in *Discovering Biblical Equality: Biblical, Theological, Cultural, and Practical Perspectives*, ed. Ronald W. Pierce and Cynthia Long Westfall (Downers Grove, IL: IVP Academic, 2021), 38도 보라.
27) 즉, 간성(intersex)이나 트랜스젠더인 사람도 배제되지 않는다. 창 1장의 저자는 이러한 범주를 가지고 있지 않았기 때문에, 그들을 배제하는 방식으로 본문을 해석해서는 안 된다.

3. 일의 시작

1) Mary McDermott Shideler, *Are Women Human?* 서론, by Dorothy L. Sayers (Grand Rapids, MI: Eerdmans, 1971), 14.
2) Douglas J. Moo and Jonathan A. Moo, *Creation Care: A Biblical Theology of the*

Natural World(Grand Rapids, MI: Zondervan, 2018), 74.『창조 세계 돌봄』(죠이북스).

3) Terence S. Turner, "The Social Skin," *HAU: Journal of Ethnographic Theory* 2, no. 2(2012): 486.

4) John F. Kilner, *Dignity and Destiny: Humanity in the Image of God*(Grand Rapids, MI: Eerdmans, 2015), 314.

5) Kilner, *Dignity and Destiny*, 25.

6) Kilner, *Dignity and Destiny*, 38.

7) Nicholas Wolterstorff, *Justice: Rights and Wrongs*(Princeton, NJ: Princeton University Press, 2009), 360.

8) NIV의 "pains in childbearing"(해산의 고통)은 "pains in conception"(잉태의 고통) 혹은 "in becoming pregnant"(임신하게 되는 고통)로도 이해될 수 있다. David Capes, "Curse or Consequences?, with John Walton: Genesis 3:14-19," *Exegetically Speaking*(podcast), Wheaton College, May 9, 2022, https://exegeticallyspeaking.libsyn.com/exegetically-speaking-podcast-curse-or-consequences-with-john-walton-genesis-314-19를 참조하라.

9) J. Richard Middleton, "A New Earth Perspective," in *Four Views on Heaven*, ed. Michael E. Wittmer(Grand Rapids, MI: Zondervan, 2022), 75.『천국에 대한 네 가지 견해』(IVP).

10) Miroslav Volf, *Exclusion and Embrace: A Theological Exploration of Identity, Otherness, and Reconciliation*(Nashville: Abingdon, 1996), 92.『배제와 포용』(IVP).

11) Dietrich Bonhoeffer, *Life Together*(New York: HarperCollins, 1954), 91.『성도의 공동생활』(복있는사람).

12) Bonhoeffer, *Life Together*, 93.

13) Sandra L. Richter, *Stewards of Eden: What Scripture Says About the Environment and Why It Matters*(Downers Grove, IL: IVP Academic, 2020), 78-79.『에덴의 청지기』(CLC).

14) Meilan Solly, "The True Story of the Aberfan Disaster," *Smithsonian Magazine*, November 15, 2019, www.smithsonianmag.com/history/true-story-aberfan-disaster-featured-crown-180973565/를 보라.

15) Jane H. Ives, *The Export of Hazard: Transnational Corporations and Environmental Control Issues*, Routledge Library Editions: Multinationals(Oxfordshire, England: Routledge, 1985)를 보라.

16) 예를 들어, 사 58; 암 2:6-8; 5:11; 눅 4:14-21; 약 5:1-6을 보라. 이와 관련된 더 깊은 논의는 Richter, *Stewards of Eden*을 보라.

4. 인간의 계획

1) 그의 영원으로의 여정은 보통 사람들과 확연히 달랐던 것 같다. 어떻게 그랬는지는 나도 모르겠다.
2) 예를 들어, 길가메시는 3분의 2는 신, 3분의 1은 인간이었다. Simo Parpola, *The Standard Babylonian Epic of Gilgamesh*, State Archives of Assyria Texts 1(Helsinki, Finland: Neo-Assyrian Text Corpus Project, 1997), 1:46. Kenton L. Sparks, *Ancient Texts for the Study of the Hebrew Bible: A Guide to the Background Literature*(Peabody, MA: Hendrickson, 2005), 275도 보라.
3) John H. Walton, *Genesis*, Zondervan Illustrated Bible Backgrounds Commentary(Grand Rapids, MI: Zondervan, 2009) 1:43-44를 보라.
4) 이러한 주장을 뒷받침하는 주요 근거는 바로 앞선 족보가 셋의 탄생에서 하나님의 형상/아담을 긍정하는 것으로 시작하며, 그의 가계가 노아까지 이어진다는 점이다.
5) 이러한 관점에 대해 더 자세히 알아보려면, Michael S. Heiser, *The Unseen Realm: Recovering the Supernatural Worldview of the Bible*(Bellingham, WA: Lexham, 2015)을 보라. 『보이지 않는 세계』(좋은씨앗).
6) 나에게 추천된 80편의 영화 중에는 다음과 같은 영화들이 있었다. *Ghost, Warm Bodies, Zombies, Twilight, Meet Joe Black, City of Angels, Hercules, Lord of the Rings, Dead Like Me, Sabrina the Teenage Witch, Corpse Bride, The Preacher's Wife, Buffy the Vampire Slayer, Ghost Whisperer, Thor, Stranger Things, Wonder Woman, Beowulf, Superman, Thanos Infinity War, Vampire Diaries, The Addams Family.*
7) Heiser, *Unseen Realm*, 102.
8) Heiser, *Unseen Realm*, 108.
9) 대부분의 성경 이야기가 하나님의 형상으로서 잘 살아야 하는 인간의 소명에 초점을 맞추고 있는 반면, 시 82편은 천사적 존재들에게 그들의 불의에 대한 책임을 물으라고 요구한다.
10) 교차대구는 다음 글들에서 인용해 약간 변경한 것이다. Gordon J. Wenham, "The Coherence of the Flood Narrative," *Vetus Testamentum* 28(1978): 336-48; *Genesis 1-15*, Word Biblical Commentary 1(Dallas: Word, 1987), 155-208.
11) David Smith, "What Hope After Babel?: Diversity and Community in Gen 11:1-9; Exod 1:1-14; Zeph 3:1-13 and Acts 2:1-13," *Horizons in Biblical Theology* 18, no. 2(1996): 175.
12) 사 14:13-15이 이 주장을 뒷받침한다.
13) 예를 들어, Walton, *Genesis*, 1:61-63를 보라.
14) J. Richard Middleton, *The Liberating Image: The* Imago Dei *in Genesis 1*(Grand

Rapids, MI: Brazos, 2005), 169.
15) '그 머리가 하늘에 있게 하여'(with its head in the heavens, 창 11:4, 저자 번역)라는 표현은 '머리가 높이 솟은 집'(house with a raised head)이라는 의미를 지닌 바빌론의 거대한 사원 에사길을 연상시키려는 의도일 수 있다. D. Smith, "What Hope After Babel?," 174를 보라.
16) Wenham, *Genesis 1–15*, 243.
17) José Míguez-Bonino, "Genesis 11:1-9: A Latin American Perspective," in *Return to Babel: Global Perspectives on the Bible*, ed. John R. Levison and Priscilla Pope-Levison(Louisville, KY: Westminster John Knox, 1999), 14. '주님 앞에서'(before the Lord)라는 표현이 긍정적인 의미를 담고 있는 것은 아니다. 다음 본문을 참조하라. 창 6:11; 레 10:1-2; 민 14:37; 수 6:26.
18) Wenham, *Genesis 1–15*, 240.
19) Míguez-Bonino, "Genesis 11:1-9," 15.
20) Haley Goranson Jacob, *Conformed to the Image of His Son: Reconsidering Paul's Theology of Glory in Romans*(Downers Grove, IL: IVP Academic, 2018), 93를 보라.

인터미션. 형상을 비추고 이름을 새기다
1) "하나님의 형상", 바이블프로젝트(https://youtu.be/px76fFQQXQ4?si=f871Ao_WfNsLyvAy). 십계명에서는 '형상'을 의미하는 히브리어가 다르게 사용된다. 창세기에서는 사람을 '첼렘'(*tselem*)이라고 부르지만, 출 20:4에서는 '페셀'(*pesel*)을 만들지 말라고 한다. 두 단어는 동의어이다. '첼렘'이 완성된 결과물을 나타내는 반면, '페셀'은 형상을 만드는 행위를 강조한다.
2) Christopher J. H. Wright, *"Here Are Your Gods": Faithful Discipleship in Idolatrous Times*(Downers Grove, IL: IVP Academic, 2020), 43. 『이것이 너희 신이다』(IVP).

5. 인간의 추구
1) James K. A. Smith, *You Are What You Love: The Spiritual Power of Habit*(Grand Rapids, MI: Brazos, 2016). 『습관이 영성이다』(비아토르).
2) Nathan Lovell, *The Book of Kings and Exilic Identity: 1 and 2 Kings as a Work of Political Historiography*(New York: T&T Clark, 2021), 218-19를 보라.
3) N. T. Wright, *Surprised by Hope: Rethinking Heaven, the Resurrection, and the Mission of the Church*(New York: HarperOne, 2008), 73. 『마침내 드러난 하나

님 나라』(IVP).
4) Eugene H. Peterson, *Five Smooth Stones for Pastoral Work* (Atlanta: John Knox, 1980), 40. 『목회의 기초』(포이에마).
5) Marc Cortez, *Theological Anthropology: A Guide for the Perplexed* (New York: T&T Clark, 2010), 57-67.
6) 반대로, 어떤 교회들은 하나님의 방식대로 사는 기혼 부부에게 "뜨거운 섹스"를 약속하기도 한다. 이 두 가지 접근 방식 모두 인간의 성(性)과 성적 성취감의 복잡성을 지나치게 단순화한다.
7) Wesley Hill, *Washed and Waiting: Reflections on Christian Faithfulness & Homosexuality*, updated and expanded (Grand Rapids, MI: Zondervan, 2016), 94.
8) Hill, *Washed and Waiting*, 92.
9) Hill, *Washed and Waiting*, 89.
10) "시편 8편", 바이블프로젝트(https://youtu.be/_q6ISJHu9OA?si=OcXe4SxwJV-fl2C2F) 시편에 다섯 개의 작은 모음집이 포함되어 있다는 사실을 알고 있었는가? 다섯 권의 책이 각각 어디서 시작되는지 보려면 시편 1, 42, 73, 90, 107편에 있는 표제들을 살펴보라.

6. 인간의 고통

1) Fred Sanders가 2022년 1월 25일 탈봇 신학교 채플 설교에서 케임브리지의 Charles Simeon의 설교를 인용하며 한 말.

7. 인간이신 예수

1) 요한복음은 예수님을 '인간의 진정한 모범'으로 제시하는 반면, 공관복음서들은 예수님을 '참 이스라엘' 묘사한다. Marc Cortez, *ReSourcing Theological Anthropology: A Constructive Account of Humanity in the Light of Christ* (Grand Rapids, MI: Zondervan, 2017), 27를 보라. 그런 이유로, 이 책에서는 요한복음이 그린 예수님의 모습을 더 집중적으로 따를 것이다.
2) Carmen Joy Imes, *Bearing God's Name: Why Sinai Still Matters* (Downers Grove, IL: IVP Academic, 2019), 139-40.
3) Amy L. B. Peeler, *Women and the Gender of God* (Grand Rapids, MI: Eerdmans, 2022), 174.
4) 요한은 예수님이 이 호칭을 사용하신 네 가지 경우를 기록한다. 이곳에서(요 2:4), 사마리아 여인에게(요 4:21), 십자가에서 어머니에게(요 19:26), 그리고 막달라 마리아에게(요 20:15). 각 경우마다 예수님은 존중하는 태도로 대하신다. 예수님

은 에덴동산에 있던 아담과 하와의 본래적 동반 관계를 환기시키고 계신 것 같다.
5) Peeler, *Women and the Gender of God*, 179.
6) 요한복음은 성전 정화 사건을 예수님 사역의 초기에 배치함으로써 예수님의 나머지 활동 전체를 이해하는 하나의 관점을 제공한다. 반면에 다른 복음서들은 이 사건을 예수님이 체포되시기 직전에 두어, 유대 종교 지도자들과의 갈등의 절정으로 묘사한다. 요한복음에서는 예수님의 성전 정화 사건이 예배의 상업화를 겨냥한 반면, 공관복음서(마태, 마가, 누가복음)에서는 성전이 죄인들의 사교장이 되었음을 문제 삼는다. Craig S. Keener, *The Gospel of John: A Commentary*(Peabody, MA: Hendrickson, 2003), 1:527. 예배의 상업화는 그 속성상 착취적이었기 때문에, 이 두 가지 문제는 서로 연결되어 있는 것이다.
7) Charles C. Torrey, ed., *The Lives of the Prophets: Greek Text and Translation*, JBL Monograph Series 1(Philadelphia: SBL, 1946), 20.
8) 출 4:14-16은 모세가 하나님께 도움을 요청하기도 전에 하나님이 아론을 보내 모세를 만나게 하셨음을 암시한다.
9) 오로, 정액, 그리고 피부병은 모두 삶과 죽음 사이의 경계 공간(liminal space)을 넘나든다. 피부가 부패하는 현상은 우리가 시신에서 목격하는 것이다. 살아 있는 사람의 피부가 손상된다면, 그 사람은 삶과 죽음 사이에 있는 것처럼 보인다. 오로와 정액은 생명을 창조하는 물질이지만, 몸 밖으로 배출되고 나면 더 이상 그 기능을 하지 못한다. 그것들은 어떤 의미에서 삶에서 죽음으로 이동한 것이다. 아기를 출산하기 전에는 태반을 통해 생명을 유지시켜 주던 혈액이 출산 후에는 더 이상 필요 없게 된다. 이것은 생명에서 일종의 죽음으로의 이행(移行)을 나타낸다.
10) Matthew Thiessen, *Jesus and the Forces of Death: The Gospels' Portrayal of Ritual Impurity Within First-Century Judaism*, paperback edition(Grand Rapids, MI: Baker Academic, 2021), 96.
11) Thiessen, *Jesus and the Forces of Death*, 83.
12) Thiessen, *Jesus and the Forces of Death*, 73.
13) John Behr, "God's Project and Our Response"(2022년 2월 10일, 사우스이스턴 침례 신학대학원의 L. Buss 신앙 및 문화 센터가 주최한 인격 탐구 컨퍼런스에서 발표).
14) Haley Goranson Jacob, *Conformed to the Image of His Son: Reconsidering Paul's Theology of Glory in Romans*(Downers Grove, IL: IVP Academic, 2018), 126를 보라.
15) M. David Litwa, "Behold Adam: A Reading of John 19:5," *Horizons in Biblical Theology 32*(2010): 135.
16) 요 4:34; 5:36; 17:4도 보라. 이 구절들은 예수님이 완수하고 계신 일에 대해 언급한다. 다음 글을 참조하라. Gary Manning Jr., "'Paid in Full'?: The Meaning of

tetelestai in Jesus' Final Words," *The Good Book Blog*, Talbot School of Theology Faculty, Biola University, April 20, 2022, www.biola.edu/blogs/good-book-blog/2022/paid-in-full-the-meaning-of-tetelestai-in-jesus-final-words.

8. 새로운 인류
1) Joshua Sherman이 개인적인 대화에서 이 점을 지적해 준 것에 대해 감사하다.
2) Richard Middleton은 개인적인 대화에서 성경이 명시적으로는 여자의 후손을 메시아적이라고 여기지 않는다고 언급했다. 하지만 뱀을 물리칠 자는 적어도 하와의 인간적인 후손이거나, 더 나아가 하나님 백성 전체의 후손일 것이 분명하다. 예수님은 우리의 대표자로서 이것을 성취하신다(참조. Irenaeus, *Against Heresies* 5.21).
3) C. S. Lewis, *The Great Divorce* (New York: Collier, 1946).『천국과 지옥의 이혼』(홍성사).
4) Stephanie Tait, "Disability Theology Is for Everyone," *Bible for Normal People*, podcast episode 165, May 2, 2021, https://podcasts.google.com/feed/aHR0cHM6Ly9mZWVkLnBvZGJlYW4uY29tL3RoZWJpYmxlZm9ybm9ybW-FscGVvcGxlL2ZlZWQueG1s/episode/M2EwZGM2ODMtODM2MC00YzVjLT-gyOGEtNjVjNTExNmIzNDRl?sa=X&ved=0CAIQuIEEahgKEwio04L3z6H6A-hUAAAAAHQAAAAAQlwI.
5) James D. G. Dunn, *The Theology of Paul the Apostle* (Grand Rapids, MI: Eerdmans, 1998), 67.『바울신학』(CH북스).
6) N. T. Wright, *Surprised by Hope: Rethinking Heaven, the Resurrection, and the Mission of the Church* (New York: HarperOne, 2008), 26.『마침내 드러난 하나님 나라』(IVP).
7) 나는 사망 시 불에 타거나, 물에 빠지거나, 폭발 등으로 몸이 망가진 사람들, 또는 사망 후 화장된 사람들도 부활 때는 본래의 모습으로 회복될 거라고 믿는다. 수백 년 전에 사망한 사람들의 몸도 지금쯤은 흙으로 돌아갔을 것이다. 창조주의 권능은 재난이나 부패 따위로 무력화되지 않는다.
8) Philip F. Reinders, *Seeking God's Face: Praying with the Bible Through the Year* (Grand Rapids, MI: Faith Alive Christian Resources; Calvin Institute of Christian Worship, 2012), 329; 참조. *Catechism of the Catholic Church* (Vatican: Libreria Editrice Vaticana, 2000), §648.
9) *Catechism of the Catholic Church*, §665.
10) *Catechism of the Catholic Church*, §664.
11) Patrick Schreiner, *The Ascension of Christ: Recovering a Neglected Doctrine*,

Snapshots(Bellingham, WA: Lexham, 2020), 3장을 보라. 『그리스도의 승천』(이레서원).
12) 구약의 희생 제사의 목적과 히브리서와의 관계에 대한 유익한 설명은, John Goldingay, *Do We Need the New Testament? Letting the Old Testament Speak for Itself*. Downers Grove, IL: IVP Academic, 2015, 5장을 보라. 이 챕터를 알려 준 Richard Middleton에게 감사하다.
13) 2022년 재의 수요일 예배(리디머교회, La Mirada, CA) 때, Greg Stump이 이 진리를 밝혀 주어 감사하다.
14) Cindy Beaver와 Joshua Sherman으로부터 이 통찰을 얻었다.
15) 세례가 우리의 회개와 신앙 공동체로 들어감을 상징하지만, 우리의 구원이 세례 자체에 달려 있는 것은 아니다. 그럼에도 신약 시대의 신자들은 예수님의 세례 명령에 기꺼이 순종했다.
16) 요 3:3, 7이 "다시"(again)로 번역한 헬라어 단어는 "위로부터"(from above)라는 뜻도 지니고 있다. 예수님은 이 단어의 두 가지 의미를 모두 의도하신, 흔치 않은 종류의 언어유희를 사용했을 수 있습니다.
17) John Hammett, "Human Beings as Persons Created in the Image of God"(2022년 2월 11일, 루이빌에 있는 the L. Buss Center for Faith & Culture Conference on Exploring Personhood at Southeastern Baptist Theological Seminary에서 발표).
18) Wright, *Surprised by Hope*, 269.
19) J. Richard Middleton, *A New Heaven and a New Earth: Reclaiming Biblical Eschatology*(Grand Rapids, MI: Baker Academic, 2014), 153.

9. 사랑하는 공동체

1) Gary M. Burge, Lynn H. Cohick, and Gene L. Green, *The New Testament in Antiquity*(Grand Rapids, MI: Zondervan, 2009), 86-91.
2) 고고학자들이 성전에 게시되었던 표지판 중 하나를 발견했는데, 여기에는 "이방인은 누구도 성전 뜰과 성소 난간 안으로 들어오지 말라. 이를 어기고 붙잡히는 자는 그 이후의 죽음에 대한 책임을 스스로 져야 할 것이다"라고 적혀 있었다. 참조. Clinton E. Arnold, ed., *Zondervan Illustrated Bible Backgrounds Commentary*(Grand Rapids, MI: Zondervan, 2002), 2:435. 이 표지판은 엡 2장과 행 21:28-31에 분명하게 나타난 내용을 뒷받침한다.
3) Lynn H. Cohick, *The Letter to the Ephesians*, NICNT(Grand Rapids, MI: Eerdmans, 2020), 348-406. 『NICNT 에베소서』(부흥과개혁사).
4) 이 문단 전체에 관해서는, Cynthia Long Westfall, *Paul and Gender: Reclaiming*

the Apostle's Vision for Men and Women in Christ(Grand Rapids, MI: Baker Academic, 2016), 91-105를 보라.
5) 이 섹션은 나의 블로그에 처음 게시되었다. Chastened Intuitions, in 2018: https://carmenjoyimes.blogspot.com/2018/03.
6) Stephanie Tait, "Disability Theology Is for Everyone," *Bible for Normal People*, podcast episode 165, May 2, 2021, https://www.youtube.com/watch?v=cKw-4mwMa1xE.
7) Marc Cortez, *ReSourcing Theological Anthropology: A Constructive Account of Humanity in the Light of Christ*(Grand Rapids, MI: Zondervan, 2017), 116, 120.
8) Ryan S. Peterson, "Created and Constructed Identities in Theological Anthropology," in *The Christian Doctrine of Humanity: Explorations in Constructive Dogmatics*, ed. Fred Sanders and Oliver D. Crisp(Grand Rapids, MI: Zondervan, 2018), 137.
9) Peterson, "Created and Constructed Identities in Theological Anthropology," 143.
10) John F. Kilner, *Dignity and Destiny: Humanity in the Image of God*(Grand Rapids, MI: Eerdmans, 2015), 62-63.
11) Suzanne McDonald, *Re-Imaging Election: Divine Election as Representing God to Others and Others to God*(Grand Rapids, MI: Eerdmans, 2010), 159-64.
12) Kyle Strobel and John Coe, *Where Prayer Becomes Real: How Honesty with God Transforms Your Soul*(Grand Rapids, MI: Baker Books, 2021), 131.
13) McDonald, *Re-Imaging Election*, 164.
14) Haley Goranson Jacob, *Conformed to the Image of His Son: Reconsidering Paul's Theology of Glory in Romans*(Downers Grove, IL: IVP Academic, 2018), 201.
15) Wright는 "로마서 1-8장의 위대한 절정은 모든 피조물의 갱신이다"라고 말한다. N. T. Wright, "Excursus on Paul's Use of Adam," in *The Lost World of Adam and Eve: Genesis 2-3 and the Human Origins Debate*, by John H. Walton(Downers Grove, IL: IVP Academic, 2015), 173.
16) Jacob, Conformed to the Image of His Son, 249.
17) Jacob, *Conformed to the Image of His Son*, 251.
18) Jacob, *Conformed to the Image of His Son*, 226.
19) Jacob, *Conformed to the Image of His Son*, 193의 번역을 따랐다.
20) Jacob, *Conformed to the Image of His Son*, 251.

10. 창조세계에서 새 창조세계로

1) N. T. Wright, *Surprised by Hope: Rethinking Heaven, the Resurrection, and the Mission of the Church* (New York: HarperOne, 2008), 50.
2) Anthony Hoekema, *The Bible and the Future* (Grand Rapids, MI: Eerdmans, 1994); J. Richard Middleton, *A New Heaven and a New Earth: Reclaiming Biblical Eschatology* (Grand Rapids, MI: Baker Academic, 2014); N. T. Wright, *Surprised by Hope: Rethinking Heaven, the Resurrection, and the Mission of the Church* (New York: HarperOne, 2008).
3) Middleton, *New Heaven and a New Earth*, 184-85.
4) Middleton, *New Heaven and a New Earth*, 185. 눅 10:17-18과 계 9:1; 12:4, 7-10도 언급한다.
5) Middleton, *New Heaven and a New Earth*, 187.
6) Middleton, *New Heaven and a New Earth*, 192.
7) Middleton, *New Heaven and a New Earth*, 182-89.
8) 이 통찰을 다음 책에서 얻었다. to G. K. Beale, *The Temple and the Church's Mission: A Biblical Theology of the Dwelling Place of God*, New Studies in Biblical Theology(Downers Grove, IL: IVP, 2004), 369-72. 『성전신학』(새물결플러스).
9) Eugene H. Peterson, *A Long Obedience in the Same Direction*, 2nd ed. (Downers Grove, IL: InterVarsity Press, 2000), 138. 『한 길 가는 순례자』(IVP).
10) NIV는 계 1:1에서 *apokalypsis*를 "계시"(revelation)로 번역한다.
11) 짧지만 유용한 논의를 원하면 다음 책을 보라. Aaron Chalmers, *Interpreting the Prophets: Reading, Understanding and Preaching from the Worlds of the Prophets* (Downers Grove, IL: IVP Academic, 2015), 136-40.
12) 요한계시록에 나오는 상징들이 역사적으로 사실인지에 대한 논의는 다음 책을 보라. Michael J. Gorman, *Reading Revelation Responsibly: Uncivil Worship and Witness Following the Lamb into the New Creation* (Eugene, OR: Cascade, 2010), 20-21. 『요한계시록 바르게 읽기』(새물결플러스).
13) 예수님이 손에 쥐고 계신 별들은 천사를 상징한다(계 1:20). 이러한 연관성은 별들이 밤을 '다스리도록' 만들어 우주의 빛과 영적인 통치자를 자연스럽게 연결시켰던 창 1:16-18까지 거슬러 올라간다. 예수님이 별들을 쥐고 계시다는 것은 그분이 영적인 영역 전체에 대한 권위를 지니고 계심을 나타낸다.
14) Gorman, *Reading Revelation Responsibly*, 97.
15) "I Could Sing of Your Love Forever," lyrics by Martin James Smith, Curious Music UK, 2005.
16) David Mathewson, *A Companion to the Book of Revelation*, Cascade Com-

panions(Eugene, OR: Cascade, 2020), 58.

결론

1) 이 인용문은 존더반(Zondervan)에서 출판된 책의 부속 영상 자료인 'Master Lectures'에서 가져온 것이지만, 저자 Clay는 리더십에서 영향력이 차지하는 역할에 대해 책에서도 이야기한다. Clay Scroggins, *How to Lead When You're Not in Charge: Leveraging Influence When You Lack Authority*(Grand Rapids, MI: Zondervan, 2017), 33를 보라.
2) Scroggins, *How to Lead When You're Not in Charge*, 157-64.
3) N. T. Wright, "Excursus on Paul's Use of Adam," in *The Lost World of Adam and Eve: Genesis 2-3 and the Human Origins Debate*, by John H. Walton(Downers Grove, IL: IVP Academic, 2015), 180.

보충설명 주

형상대로 아니면 형상으로?
a) Bruce K. Waltke and M. O'Connor, *An Introduction to Biblical Hebrew Syntax*(Winona Lake, IN: Eisenbrauns, 1990), 196(11.2.5).
b) 신약성경에서 그리스도에 관한 이야기가 아니라 사람과 관련된 형상에 대해 이야기할 때 전치사를 사용하는 것은 사실이다(골 1:15; 3:10). 나는 다른 요인들이 이것을 설명한다고 생각한다. 골 3:10에서, 우리는 하나님의 형상을 따라(*kata*) 새롭게 된다. 여기서 전치사 '*kata*'가 목적격 '형상'과 함께 쓰인 것은 우리가 새로워지는 기준('~에 따라') 또는 참조점('~에 관하여')을 나타낸다. 즉, 죄가 우리를 하나님으로부터 멀어지게 했기 때문에, 우리는 하나님의 형상으로서 우리의 진정한 정체성에 대한 하나님의 의도에 '따라' 또는 '관하여' 새롭게 될 필요가 있다. 우리는 우리의 정체성에 맞게 사는 법을 배워야 한다. 고후 3:18은 사람에 대해 어떤 전치사도 사용하지 않는다. 바울은 단순히 우리가 그리스도를 닮아 감에 따라 우리의 형상(우리 자신!)이 점점 영광스럽게 변하고 있다고 말한다.
c) Waltke and O'Connor, *Introduction to Hebrew Syntax*, 198(11.2.5e). David J. A. Clines, "The Image of God in Man," *Tyndale Bulletin* 19(1968): 53-103도 보라.

과학과 기독교인
a) Alister McGrath, *Science and Religion: A New Introduction*, 3rd ed.(Hoboken, NJ: Wiley-Blackwell, 2020).

바빌로니아의 창조 서사시
a) "Epic of Creation"(1.111), trans. Benjamin R. Foster, in *The Context of Scripture*, ed. William W. Hallo and K. Lawson Younger(Leiden: Brill, 1997), 1:390-402.

<에누마 엘리쉬>에서의 인간 창조
a) "Epic of Creation"(1.111), trans. Benjamin R. Foster, in Context of Scripture, ed. William W. Hallo and K. Lawson Younger(Leiden: Brill, 1997), 1:390-402.
b) J. Richard Middleton, The Liberating Image: The Imago Dei in Genesis 1(Grand

Rapids, MI: Brazos, 2005), 121.『해방의 형상』(SFC출판부).

기독교인과 환경
a) Sandra L. Richter, *Stewards of Eden: What Scripture Says About the Environment and Why It Matters* (Downers Grove, IL: IVP Academic, 2020), chap. 6.

사탄의 "몰락"
a) John H. Walton과 J. Harvey Walton은 요한계시록이 창 3장에 대해 아무것도 말해 주지 않으며, 교회가 직면한 현재 위기에 대한 요점을 강조하기 위해 그 이미지를 재사용할 뿐이라고 주장한다. John H. Walton and J. Harvey Walton, *Demons and Spirits in Biblical Theology: Reading the Biblical Text in Its Cultural and Literary Context* (Eugene, OR: Cascade, 2019), chap. 10, esp. 143-47.
b) Michael S. Heiser는 *The Unseen Realm: Recovering the Supernatural Worldview of the Bible* (Bellingham, WA: Lexham, 2015), 73-91에서 이 견해에 빛지고 있다.『보이지 않는 세계』(좋은씨앗).

성경의 지혜는 독특한 것일까?
a) "Instruction of Amenemope," trans. Miriam Lichtheim, in *The Context of Scripture*, ed. William W. Hallo and K. Lawson Younger (Leiden: Brill, 1997), 1:47.6.11-15.
b) Lichtheim, "Instruction of Amenemope," 1:47.
c) 아마르나 서신과 마리 서신은 이스라엘이 국제 관계에 참여했음을 보여 준다.

포르노그래피 문제
a) Belinda Luscombe, "Porn and the Threat to Virility," *Time*, March 31, 2016, https://time.com/magazine/us/4277492/april-11th-2016-vol-187-no-13-u-s/.
b) James K. Childerston and Debby Wade, "Pornography, Prostitution, and Polyamory," in *Sanctified Sexuality: Valuing Sex in an Oversexed World*, ed. Sandra L. Glahn and C. Gary Barnes (Grand Rapids, MI: Kregel, 2020), 297.
c) Childerston and Wade, "Pornography, Prostitution, and Polyamory," 301.
d) Childerston and Wade, "Pornography, Prostitution, and Polyamory," 300.

e) Jeremy Wiles, "15 Mind-Blowing Statistics About Porn and the Church," Conquer Series, last modified July 11, 2022, www.conquerseries.com/15-mind-blowing-statistics-about-pornography-and-the-church. 그런데 포르노 문제를 해결하기 위한 프로그램을 가진 교회는 7퍼센트에 불과하다.
f) Conquer Series, www.conquerseries.com/.

예수님의 성(gender)

a) Amy L. B. Peeler, *Women and the Gender of God* (Grand Rapids, MI: Eerdmans, 2022).
b) Matt Boswell, Matt Papa, and Stuart Townend, "Sing We the Song of Emmanuel," © 2015 by Messenger Hymns, Townend Songs, and Love Your Enemies Publishing. https://www.stuarttownend.co.uk/song/sing-we-the-song-of-emmanuel/.
c) Amy Beverage Peeler, "The First and Second Adam and Eve: Gender and Representative Humanity"(presentation, L. Buss Center for Faith & Culture Conference on Exploring Personhood at Southeastern Baptist Theological Seminary, Louisville, KY, February 10, 2022).
d) Irenaeus, *Against Heresies*, III.22.4. 이 자료를 알려 준 Joshua Sherman에게 감사한다.

인종차별에 대한 재고

a) Bryan Stevenson, *Just Mercy: A Story of Justice and Redemption* (New York: Spiegel & Grau, 2015), 299-301를 보라.
b) James H. Cone, *The Cross and the Lynching Tree* (Maryknoll, NY: Orbis, 2011), 49.
c) "Facts About the Death Penalty," Death Penalty Information Center, Washington, DC, updated August 18, 2022, https://documents.deathpenaltyinfo.org/pdf/FactSheet.pdf. 다른 수많은 최근 사례들에 대해서는, Stevenson, *Just Mercy*를 보라.
d) Willie James Jennings, *The Christian Imagination: Theology and the Origins of Race* (New Haven, CT: Yale University Press, 2010), 6.
e) Richard W. Wills Sr., *Martin Luther King Jr. and the Image of God* (New York: Oxford University Press, 2009), 118, 133.

휴거에 대해서는 어떻게 생각해야 하는가?

a) 이 시리즈는 7천5백만 부 이상이 판매되었다. "레프트 비하인드" 시리즈에 대한 해석학적, 영적, 신학적, 정치적 문제점에 대한 통찰력 있는 비평을 원한다면, 다음 책을 보라. Michael J. Gorman, *Reading Revelation Responsibly: Uncivil Worship and Witness Following the Lamb into the New Creation* (Eugene, OR: Cascade, 2010, 『요한계시록 바르게 읽기』, 새물결플러스), 71-73. 휴거에 대해 다시 생각하게 해준 James-Michael Smith에게 감사한다.

b) Stanley J. Grenz, *The Millennial Maze: Sorting Out Evangelical Options* (Downers Grove, IL: InterVarsity Press, 1992), 93.

c) 세대주의 학자들은 휴거를 지지하기 위해 이 구절을 인용하지 않지만, 학자가 아닌 경우는 Larry Norman의 1969년 노래 "I Wish We'd All Been Ready"의 영향으로 인해 정기적으로 이 구절을 그런 식으로 해석한다. Middleton, *A New Heaven and a New Earth*, 227 주31을 보라.

d) Anthony Hoekema, *The Bible and the Future* (Grand Rapids, MI: Eerdmans, 1994), 168. 『개혁주의 종말론』(부흥과개혁사). 다음 책도 보라. N. T. Wright and Michael F. Bird, *The New Testament in Its World: An Introduction to the History, Literature, and Theology of the First Christians* (Grand Rapids, MI: Zondervan Academic, 2019), 424. 『신약성경과 그 세계』(비아토르). 행 1:11이 이 재림을 묘사한다는 점에 주목하라.

참고문헌

Allers, Roger, and Rob Minkoff, dirs. *The Lion King*. Burbank, CA: Walt Disney Pictures, 1994.

Arnold, Clinton E., ed. *Zondervan Illustrated Bible Backgrounds Commentary*. 4 vols. Grand Rapids, MI: Zondervan, 2002.

Bartholomew, Craig. *Ecclesiastes*. Baker Commentary on the Old Testament: Wisdom and Psalms. Grand Rapids, MI: Baker Academic, 2009. 『전도서 주석』 (CLC).

Bates, Matthew W. *Gospel Allegiance: What Faith in Jesus Misses for Salvation in Christ*. Grand Rapids, MI: Brazos, 2019. 『왕이신 예수의 복음』(새물결플러스).

___. *The Gospel Precisely: Surprisingly Good News About Jesus Christ the King*. Vol. 4 of Real Life Theology. N.p.: Renew.org, 2021.

Bauckham, Richard. *The Bible and Ecology: Rediscovering the Community of Creation*. Waco, TX: Baylor University Press, 2010.

___. *Jesus and the God of Israel: God Crucified and Other Studies on the New Testament's Christology of Divine Identity*. Grand Rapids, MI: Eerdmans, 2008.

Beale, G. K. *The Temple and the Church's Mission: A Biblical Theology of the Dwelling Place of God*. New Studies in Biblical Theology. Downers Grove, IL: IVP Academic, 2004. 『성전신학』(새물결플러스).

Benckhuysen, Amanda W. *The Gospel According to Eve: A History of Women's Interpretation*. Downers Grove, IL: IVP Academic, 2019.

Blocher, Henri. *In the Beginning: The Opening Chapters of Genesis*. Downers Grove, IL: InterVarsity Press, 1984.

Block, Daniel I. "Eden: A Temple? A Reassessment of the Biblical Evidence." In *From Creation to New Creation: Biblical Theology and Exegesis*, edited by Daniel M. Gurtner and Benjamin L. Gladd, 3-29. Peabody, MA: Hendrickson, 2013.

Bonhoeffer, Dietrich. *Life Together*. New York: HarperCollins, 1954. 『성도의 공동생활』(복있는사람).

Brown, William P. *Wisdom's Wonder: Character, Creation, and Crisis in the Bible's Wisdom Literature*. Grand Rapids, MI: Eerdmans, 2014.

Burge, Gary, Lynn Cohick, and Gene Green. *The New Testament in Antiquity*. Grand Rapids: Zondervan, 2009.

Bushnell, Katherine C. *God's Word to Women: One Hundred Bible Studies on Woman's Place in the Divine Economy*. North Collins, NY: Ray B. Munson, 1923.

Catechism of the Catholic Church. Vatican: Libreria Editrice Vaticana, 2000.

Chalmers, Aaron. *Interpreting the Prophets: Reading, Understanding and Preaching from the Worlds of the Prophets*. Downers Grove, IL: IVP Academic, 2015.

Childerston, James K., and Debby Wade. "Pornography, Prostitution, and Polyamory." Pages 291-311 in *Sanctified Sexuality: Valuing Sex in an Oversexed World*. Edited by Sandra L. Glahn and C. Gary Barnes. Grand Rapids, MI: Kregel, 2020.

Cohick, Lynn H. *The Letter to the Ephesians*. NICNT. Grand Rapids, MI: Eerdmans, 2020. 『NICNT 에베소서』(부흥과개혁사).

Cone, James H. *The Cross and the Lynching Tree*. Maryknoll, NY: Orbis, 2011.

Conway, Mary. "Gender in Creation and Fall: Genesis 1-3." In *Discovering Biblical Equality: Biblical, Theological, Cultural, and Practical Perspectives*. Edited by Ronald W. Pierce and Cynthia Long Westfall, 35-52. Downers Grove, IL: IVP Academic, 2021.

Cortez, Marc. *ReSourcing Theological Anthropology: A Constructive Account of Humanity in the Light of Christ*. Grand Rapids, MI: Zondervan, 2017.

___. *Theological Anthropology: A Guide for the Perplexed*. New York: T&T Clark, 2010.

Dunn, James D. G. *The Theology of Paul the Apostle*. Grand Rapids, MI: Eerdmans, 1998.

Fox, Bethany McKinney. *Disability and the Way of Jesus*. Downers Grove, IL: IVP Academic, 2019.

Gentry, Peter J., and Stephen J. Wellum. *Kingdom Through Covenant: A Biblical-Theological Understanding of the Covenants*. Wheaton, IL: Crossway, 2012.

Glahn, Sandra L., and C. Gary Barnes, eds. *Sanctified Sexuality: Valuing Sex in an Oversexed World*. Grand Rapids, MI: Kregel, 2020.

Goldingay, John. *Do We Need the New Testament? Letting the Old Testament Speak for Itself*. Downer's Grove, IL: IVP Academic, 2015.

Gorman, Michael J. *Reading Revelation Responsibly: Uncivil Worship and Witness Following the Lamb into the New Creation*. Eugene, OR: Cascade, 2010. 『요

한계시록 바르게 읽기』(새물결플러스).

Grenz, Stanley J. *The Millennial Maze: Sorting Out Evangelical Options*. Downers Grove, IL: InterVarsity Press, 1992.

Hallo, William W., and K. Lawson Younger, eds. *The Context of Scripture*. Vol. 1. Leiden: Brill, 1997.

Heiser, Michael S. *The Unseen Realm: Recovering the Supernatural Worldview of the Bible*. Bellingham, WA: Lexham, 2015. 『보이지 않는 세계』(좋은씨앗).

Hill, Wesley. *Washed and Waiting: Reflections on Christian Faithfulness & Homosexuality*. Updated and expanded. Grand Rapids, MI: Zondervan, 2016.

Hoekema, Anthony. *The Bible and the Future*. Grand Rapids, MI: Eerdmans, 1994. 『개혁주의 종말론』(부흥과개혁사).

Imes, Carmen Joy. *Bearing God's Name: Why Sinai Still Matters*. Downers Grove, IL: IVP Academic, 2019. 『하나님의 이름을 새기다』(성서유니온).

___, ed. *Praying the Psalms with Augustine and Friends*. Sacred Roots Spiritual Classics. Kansas City, MO: Samuel Morris, 2021.

Ives, Jane H. *The Export of Hazard: Transnational Corporations and Environmental Control Issues*. Routledge Library Editions: Multinationals. Oxfordshire, England: Routledge, 1985.

Jacob, Haley Goranson. *Conformed to the Image of His Son: Reconsidering Paul's Theology of Glory in Romans*. Downers Grove, IL: IVP Academic, 2018.

James, Carolyn Custis. *Half the Church: Recapturing God's Global Vision for Women*. Grand Rapids, MI: Zondervan, 2011.

Jennings, Willie James. *The Christian Imagination: Theology and the Origins of Race*. New Haven, CT: Yale University Press, 2010.

Jones, Beth Felker. *Faithful: A Theology of Sex*. Grand Rapids, MI: Zondervan, 2015.

Keener, Craig S. *The Gospel of John: A Commentary*. 2 vols. Peabody, MA: Hendrickson, 2003.

Kapic, Kelly M. *You're Only Human: How Your Limits Reflect God's Design and Why That's Good News*. Grand Rapids, MI: Brazos, 2022.

Kilner, John F. *Dignity and Destiny: Humanity in the Image of God*. Grand Rapids, MI: Eerdmans, 2015.

LeFebvre, Michael. *The Liturgy of Creation: Understanding Calendars in Old Testament Context*. Downers Grove, IL: IVP Academic, 2019.

Levison, John R., and Priscilla Pope-Levison. *Return to Babel: Global Perspectives on the Bible*. Louisville, KY: Westminster John Knox, 1999.

Litwa, M. David. "Behold Adam: A Reading of John 19:5." *Horizons in Biblical Theology* 32(2010): 129-43.

Longman, Tremper III, and John H. Walton. *The Lost World of the Flood: Mythology, Theology, and the Deluge Debate*. Downers Grove, IL: IVP Academic, 2018. 『노아 홍수의 잃어버린 세계』(새물결플러스).

Lovell, Nathan. *The Book of Kings and Exilic Identity: 1 and 2 Kings as a Work of Political Historiography*. New York: T&T Clark, 2021.

Lubeck, Ray. *Read the Bible for a Change: Understanding and Responding to God's Word*. Waynesboro, GA: Authentic, 2005.

Lynch, Matthew J. *Flood and Fury: Old Testament Violence and the Shalom of God*. Downers Grove, IL: IVP Academic, 2023.

Manning, Gary, Jr. "'Paid in Full'?: The Meaning of *tetelestai* in Jesus' Final Words." *The Good Book Blog*, Talbot School of Theology Faculty, Biola University, April 20, 2022. www.biola.edu/blogs/good-book-blog/2022/paid-in-full-the-meaning-of-tetelestai-in-jesus-final-words.

Maros, Susan L. *Calling in Context: Social Location and Vocational Formation*. Downers Grove, IL: IVP Academic, 2022.

Mathewson, David. *A Companion to the Book of Revelation*. Cascade Companions. Eugene, OR: Cascade, 2020.

McDonald, Suzanne. *Re-Imaging Election: Divine Election as Representing God to Others and Others to God*. Grand Rapids, MI: Eerdmans, 2010.

McDowell, Catherine L. 친족 관계가 하나님 형상의 핵심 요소라는 학문적 논증을 위해서는 다음을 보라. Catherine L. McDowell, *The Image of God in the Garden of Eden: The Creation of Humankind in Genesis 2:5-3:24 in Light of* mīs pî pīt pî *and* wpt-r *Rituals of Mesopotamia and Ancient Egypt,* Siphrut 15. Winona Lake, IN: Eisenbrauns, 2015.

McGrath, Alister. *Science and Religion: A New Introduction*. 3rd ed. Hoboken, NJ: Wiley-Blackwell, 2020.

McKirland, Christa. "Image of God and Divine Presence: A Critique of Gender Essentialism." In *Discovering Biblical Equality*, edited by Ronald W. Pierce and Cynthia Long Westfall, 282-309. 3rd ed. Downers Grove, IL: IVP Academic, 2021.

McNall, Joshua M. *The Mosaic of Atonement: An Integrated Approach to Christ's Work*. Grand Rapids, MI: Zondervan Academic, 2019.

Middleton, J. Richard. *The Liberating Image: The* Imago Dei *in Genesis 1*. Grand Rapids, MI: Brazos, 2005. 『해방의 형상』(SFC출판부).

___. "A New Earth Perspective." In *Four Views on Heaven*, edited by Michael E. Wittmer, 65-94. Grand Rapids, MI: Zondervan, 2022.『천국에 대한 네 가지 견해』(IVP).

___. *A New Heaven and a New Earth: Reclaiming Biblical Eschatology*. Grand Rapids, MI: Baker Academic, 2014.『새 하늘과 새 땅』(새물결플러스).

Míguez-Bonino, José. "Genesis 11:1-9: A Latin American Perspective." In *Return to Babel: Global Perspectives on the Bible*. Edited by John R. Levison and Priscilla Pope-Levison, 13-16. Louisville, KY: Westminster John Knox, 1999.

Moo, Douglas J., and Jonathan A. Moo. *Creation Care: A Biblical Theology of the Natural World*. Grand Rapids, MI: Zondervan, 2018.『창조 세계 돌봄』(죠이북스).

Neudorf, Vance. *The Scroll: Bringing Ancient Wisdom to Life*. AB, Canada: Novel Concept, 2015.

Parpola, Simo. *The Standard Babylonian Epic of Gilgamesh*. State Archives of Assyria Cuneiform Texts, Vol. 1. Helsinki, Finland: Neo-Assyrian Text Corpus Project, 1997.

Peeler, Amy L. B. *Women and the Gender of God*. Grand Rapids, MI: Eerdmans, 2022.

Peppiatt, Lucy. *The Imago Dei: Humanity Made in the Image of God*. Cascade Companions. Eugene, OR: Cascade, 2022.

Peterson, Eugene H. *Five Smooth Stones for Pastoral Work*. Atlanta: John Knox, 1980.『목회의 기초』(포이에마).

___. *A Long Obedience in the Same Direction*. 2nd ed. Downers Grove, IL: InterVarsity Press, 2000.『한 길 가는 순례자』(IVP).

Peterson, Ryan S. "Created and Constructed Identities in Theological Anthropology." In *The Christian Doctrine of Humanity: Explorations in Constructive Dogmatics*, edited by Fred Sanders and Oliver D. Crisp, 124-43. Grand Rapids, MI: Zondervan, 2018.

___. *The Imago Dei as Human Identity: A Theological Interpretation*. Journal of Theological Interpretation Supplement 14. Winona Lake, IN: Eisenbrauns, 2016.

Reinders, Philip F. *Seeking God's Face: Praying with the Bible Through the Year*. Grand Rapids, MI: Faith Alive Christian Resources; Calvin Institute of Christian Worship, 2012.

Richter, Sandra L. *Stewards of Eden: What Scripture Says About the Environment and Why It Matters*. Downers Grove, IL: IVP Academic, 2020.

Sayers, Dorothy L. *Are Women Human?* Grand Rapids, MI: Eerdmans, 1971.

Schreiner, Patrick. *The Ascension of Christ: Recovering a Neglected Doctrine.* Snapshots. Bellingham, WA: Lexham, 2020. 『그리스도의 승천』(이레서원).

Scroggins, Clay. *How to Lead When You're Not in Charge: Leveraging Influence When You Lack Authority.* Grand Rapids, MI: Zondervan, 2017.

Smith, David. "What Hope After Babel?: Diversity and Community in Gen 11:1-9; Exod 1:1-14; Zeph 3:1-13 and Acts 2:1-13." *Horizons in Biblical Theology* 18, no. 2(1996): 169-91.

Smith, James K. A. *You Are What You Love: The Spiritual Power of Habit.* Grand Rapids, MI: Brazos, 2016. 『습관이 영성이다』(비아토르).

Sparks, Kenton L. *Ancient Texts for the Study of the Hebrew Bible: A Guide to the Background Literature.* Peabody, MA: Hendrickson, 2005.

Stevenson, Bryan. *Just Mercy: A Story of Justice and Redemption.* New York: Spiegel & Grau, 2015.

Strobel, Kyle, and John Coe. *Where Prayer Becomes Real: How Honesty with God Transforms Your Soul.* Grand Rapids, MI: Baker Books, 2021.

Tait, Stephanie. "Disability Theology Is for Everyone." *Bible for Normal People,* podcast episode 165, May 2, 2021, https://podcasts.google.com/feed/aHR0cH M6Ly9mZWVkLnBvZGJlYW4uY29tL3RoZWJpYmxlZm9ybm9ybWFscGVvcGx lL2ZlZWQueG1s/episode/M2EwZGM2ODMtODM2MC00YzVjLTgyOGEtNjVj NTExNmIzNDRl?sa=X&ved=0CAIQuIEEahgKEwio04L3z6H6AhUAAAAAHQ AAAAAQlwI.

Thiessen, Matthew. *Jesus and the Forces of Death: The Gospels' Portrayal of Ritual Impurity Within First-Century Judaism.* Paperback edition. Grand Rapids, MI: Baker Academic, 2021.

Torrey, Charles C., ed. *The Lives of the Prophets: Greek Text and Translation.* Vol. 1 of *JBL Monograph Series.* Philadelphia: SBL, 1946.

Turner, Terence S. "The Social Skin." *HAU: Journal of Ethnographic Theory* 2, no. 2(2012): 486-504.

VanGemeren, Willem, ed. *New International Dictionary of Old Testament Theology and Exegesis.* 5 vols. Grand Rapids, MI: Zondervan, 1997.

Volf, Miroslav. *Exclusion and Embrace: A Theological Exploration of Identity, Otherness, and Reconciliation.* Nashville: Abingdon, 1996. 『배제와 포용』(IVP).

Waltke, Bruce K., and M. O'Connor. *An Introduction to Biblical Hebrew Syntax.* Winona Lake, IN: Eisenbrauns, 1990.

Walton, John H. *Ancient Near Eastern Thought and the Old Testament:*

Introducing the Conceptual World of the Hebrew Bible. 2nd ed. Grand Rapids, MI: Baker Academic, 2018.
___. *Genesis*. Zondervan Illustrated Bible Backgrounds Commentary. Grand Rapids, MI: Zondervan, 2009.
___. *Genesis 1 as Ancient Cosmology*. Winona Lake, IN: Eisenbrauns, 2011.
___. *Job*. NIV Application Commentary. Grand Rapids, MI: Zondervan, 2012.
___. *The Lost World of Adam and Eve: Genesis 2-3 and the Human Origins Debate*. Downers Grove, IL: IVP Academic, 2015.
___. *The Lost World of Genesis One: Ancient Cosmology and the Origins Debate*. Downers Grove, IL: IVP Academic, 2009. 『창세기 1장의 잃어버린 세계』(그리심).
Walton, John H., and J. Harvey Walton. *Demons and Spirits in Biblical Theology: Reading the Biblical Text in Its Cultural and Literary Context*. Eugene, OR: Cascade, 2019.
Wenham, Gordon J. "The Coherence of the Flood Narrative." *Vetus Testamentum* 28(1978): 336-48.
___. *Genesis 1-15*. Word Biblical Commentary 1. Dallas: Word, 1987. 『창세기 상』(솔로몬).
Westfall, Cynthia Long. *Paul and Gender: Reclaiming the Apostle's Vision for Men and Women in Christ*. Grand Rapids, MI: Baker Academic, 2016.
Wills, Richard Wayne, Sr. *Martin Luther King Jr. and the Image of God*. New York: Oxford University Press, 2009.
Wolterstorff, Nicholas. *Justice: Rights and Wrongs*. Princeton, NJ: Princeton University Press, 2009.
Wright, Christopher J. H. *"Here Are Your Gods": Faithful Discipleship in Idolatrous Times*. Downers Grove, IL: IVP Academic, 2020. 『이것이 너희 신이다』(IVP).
Wright, N. T. *The Resurrection of the Son of God*. Vol. 3 of *Christian Origins and the Question of God*. Minneapolis: Fortress, 2003. 『하나님의 아들의 부활』(CH북스).
___. *Surprised by Hope: Rethinking Heaven, the Resurrection, and the Mission of the Church*. New York: HarperOne, 2008. 『마침내 드러난 하나님 나라』(IVP).
Wright, N. T., and Michael F. Bird. *The New Testament in Its World: An Introduction to the History, Literature, and Theology of the First Christians*. Grand Rapids, MI: Zondervan Academic, 2019. 『신약성경과 그 세계』(비아토르).

하나님의 형상을 비추다
Being God's Image

지은이 카먼 조이 아임스 • 옮긴이 서재은
펴낸곳 (사)한국성서유니온선교회 • 등록 제14-6호(1978. 10. 21.)
판권 ⓒ (사)한국성서유니온선교회 2025 • 초판 발행 2025년 11월 25일
주소 05663 서울시 송파구 오금로 22길 13 • 전화 02-2202-0091 • 팩스 02-2202-0095
이메일 edit02@su.or.kr • 홈페이지 www.su.or.kr

ISBN 978-89-325-2175-6 03230

성서유니온선교회(Scripture Union)는 1867년에 영국에서 어린이 전도와 성경읽기 사역을 시작하여, 현재 120여 개국에서 다양한 사역을 펼치고 있는 국제 선교단체입니다.

한국성서유니온선교회는 1972년에 시작되어 한국 교회에 성경묵상(QT)을 소개하였고, 현재 전국 12개 지부에서 성경읽기, 어린이·청소년 전도, 캠프, 개인성경공부(PBS), 그룹성경공부(GBS), 지도자 훈련, 기독교 서적 출판 등의 사역에 힘쓰고 있습니다.

성서유니온선교회의 목적은 어린이와 청소년 그리고 그들의 가정에 하나님의 복음을 전하는 한편, 모든 그리스도인이 규칙적이고 체계적인 성경묵상을 통해 온전한 믿음에 이르도록 돕는 것입니다.